人才盘点的模式与实践

夏勇军◎ 著

电子工业出版社·

Publishing House of Electronics Industry

北京·BEIJING

内 容 简 介

本书围绕人才盘点这一组织实践，从人才盘点的价值及关键要素、人才的标准及其构建流程、常见的人才评价方法、人才盘点的九种模式、组织整体的盘点分析、人才盘点的落地应用、人才盘点机制的构建，以及典型场景下人才盘点的方案及案例等方面，进行了系统的介绍。

本书适合从事人才工作的专业人士阅读。特别是在组织发展到一定阶段，需要系统探索构建适合组织的人才管理体系，以助力组织塑造人才竞争优势时，本书可以在人才的评价与盘点部分提供专业的指引。

图书在版编目（CIP）数据

人才盘点的模式与实践/夏勇军著. —北京：电子工业出版社，2024.5

ISBN 978-7-121-47779-9

Ⅰ. ①人… Ⅱ. ①夏… Ⅲ. ①企业管理－人才管理－通俗读物 Ⅳ. ① F272.92-49

中国国家版本馆 CIP 数据核字（2024）第 088820 号

责任编辑：王天一　　特约编辑：田学清
印　　刷：三河市鑫金马印装有限公司
装　　订：三河市鑫金马印装有限公司
出版发行：电子工业出版社
　　　　　北京市海淀区万寿路 173 信箱　　邮编：100036
开　　本：720×1000　1/16　印张：23.25　字数：312 千字
版　　次：2024 年 5 月第 1 版
印　　次：2024 年 5 月第 1 次印刷
定　　价：78.00 元

凡所购买电子工业出版社图书有缺损问题，请向购买书店调换。若书店售缺，请与本社发行部联系，联系及邮购电话：（010）88254888，88258888。
质量投诉请发邮件至 zlts@phei.com.cn，盗版侵权举报请发邮件至 dbqq@phei.com.cn。
本书咨询联系方式：wangtianyi@phei.com.cn。

推荐序

"这是一个最好的时代，也是一个最坏的时代。"狄更斯在《双城记》中的这句话不仅描述了18世纪的法国，也刻画了处在变化之中的社会。**当今世界形势瞬息万变，无论是国际政治，还是科学技术，抑或是经济活动，谁都无法精准地预测未来。**过去大家常用VUCA来形容我们的世界，即易变（Volatility）、不确定（Uncertainty）、复杂（Complexity）、模糊（Ambiguity），而现在又有一种更极端的说法是BANI，即脆弱（Brittle）、焦虑（Anxious）、非线性（Nonlinear）、费解（Incomprehensible）。在这样的外部环境下，每个组织和个体，既会觉得有无限的可能，也会发现每个方向都阻碍重重。

环境在加速变化，我们想要持续地生存和发展，就要快速地调整自己来适应环境的要求。但问题的关键在于，我们总是会有路径依赖，一旦成功过一次，便希望在下一次也能复制这种成功，也就是"一招鲜，吃遍天"。在生产力的解放使人们的基本需求得到满足后，市场就会提出更高、更新、更多样化的要求。在这些要求的推动下，过去那种线性发展的模式已经宣告终结。**商业竞争的核心，已经从价格、质量、成本，逐渐倾斜到客户体验、满意和综合效率上。**这种变化正体现在从消费互联网到产业物联网的扩展中，更多的组织需要从结构、流程、制度、文

化等方面进行调整，只有这样才能适应环境，持续发展。

在变化的环境中，速度不是优势，及时变化的速度才是。 企业改变自身以适应外部变化的能力，是一种最强的竞争力。这种竞争力能够让企业快速重组资源，重新聚焦市场价值，发现客户新的需求，塑造出不容易被竞争对手所复制的、稀缺的组织能力。这种能力无法像产品、技术或设备一样，可以通过花钱买来，而只能通过自身系统性的行动，来成为与众不同的自己。在面对不确定时，人们总是会想"别人是怎么做的"，作为一种开阔视野的方式这无可厚非，但很多人会盲目模仿"最佳实践"或"世界500强"，毕竟这样不仅避免了实事求是进行分析的烦恼，还能在失败之后推卸责任——你看这已经是最好的了。企业要培育自身所特有的适应能力，需要企业家高瞻远瞩，组织结构灵活多变，但归根结底，更需要以内部的人才竞争优势为基础，因为最终所有的事情，都需要有人去想、去做。

基于这种适应的要求，在看待组织与员工的关系时，我们不得不调整观念，从监督和管理转变为合作和赋能。这种转变的核心理念是"开放"：不再唯上、唯权，不是雇佣、指令，不能封闭、自满。**在这种开放的文化下，企业与个体之间是平等、互利、可持续的合伙人关系，甚至人才不一定要为我所有，只需要能为我所用就好。**

在过去那种高权力距离的文化下，人才并不被真正重视，他们只是领导意志的延伸，是为领导大脑配备的手和脚。当环境和业务很简单时，这种模式是有效的，但如果环境更模糊，业务更复杂，这种模式就难以为继，此时我们更需要低权力距离的文化和模式。在这种模式下，员工可以无障碍地与领导频繁沟通，可以无负担地指出领导的错误，可以无迟滞地开动脑筋思考问题。开放的氛围，并不是说投票决定一切，实际上投票的结果有可能是错误的，开放更强调的是充分交流，其结果很有可能是多数服从专家。只有以这样开放的文化为基础，组织才能塑造人才队伍的竞争优势，使人才队伍保持旺盛的生命力。

对人才竞争优势的理解，我们往往认为是"拥有大量优秀人才"，这种想法既正确又错误：正确之处在于优秀人才的确能带来优势，但错误之处在于这种优势不仅容易丢失，而且容易被竞争对手复制，因为"优秀人才"也是可以"购买"的。**组织人才竞争力的核心，不只是静态地拥有优秀人才，还要有动态地输出业务所需人才的能力。**能从市场上"购买"到合适的人才的确是一种本事，但如果你的竞争对手敢下血本，那么也能轻易建立这样的优势。要培育组织长远的人才竞争优势，必须采取系统性的行动。

系统性地开展人才工作，要先搞清楚一个问题：业务发展究竟需要什么样的人才？这个问题看起来很容易回答，实际上非常困难。比如，要一个国际化人才，或者开拓型人才，或者专业领军人才，这些标准都是模糊的。我们需要从知识结构、经验积累、价值观、个性特点、能力素质等多种角度来确定人才标准，方能清晰了解我们想要的人才是什么样的，在哪里能找到，眼前这个是不是。在人才标准上还有一种错误的观念，那就是"求全责备"：**我们很难抵制心目中"完美人才"的诱惑，要求过高过多，最后发现没有人能达到。**实际上每个人相对于他的工作职责而言，最多是"大致符合要求"，因为工作的要求总是在变化和提高，而人的改变和成长却没有那么快。

我们理想的思路是基于业务发展所要求的标准，来建设相应的队伍，但实际上很少有企业能立刻获得想要的人才。《三国演义》里刘备第**一回就出来创业了，但要等到第三十八回才得到诸葛亮的辅佐。**组织外部的人才经常是可遇而不可求的，很多时候组织只能先看看自己有什么样的人才，再来决定如何妥协地开展业务，并在过程中逐渐解决人才的问题。对大部分组织而言，尤其是发展到一定阶段的组织，对内部人才进行精准的评价与盘点，是支撑业务发展的关键能力。对人的评价，可能是所有量化管理中最不可思议的，其中最有价值的不是对绩效结果的评价，而是对导致结果的内在深层次原因的评价。

过去的人才管理更注重对人才显性绩效结果的考核与激励，但未来的人才管理则更注重对人才隐性能力素质的评价与发展：绩效结果的考核与激励是滞后的，能力素质的评价与发展却是超前的。心理科学和管理实践共同发展了非常多样化的人才评价方法与工具，但"君子不器"，这些手段并不能直接产生最终的用人决策和管理行动。组织需要创建一套流程和机制来保证组织对人才的评价和发展的有效性，这就是人才盘点的核心价值。

这些年我给不少企业提出过管理的建议，也深度参与过一些企业的管理和决策，我的总体感受是各家企业都有相同的对美好未来的期待，但面临的具体挑战和有效的行动策略大相径庭。世界上究竟有没有放之四海而皆准的真理？我认为还是要实事求是，具体问题具体分析。在人才盘点这件事情上同样如此，虽然有很多最佳实践，但它们都不是唯一的答案。对于人力资源管理者，我的建议是尽可能多地了解可能的路径，而不是一条道走到黑。

一件事情的终点，往往是另一件事情的起点。组织的人才管理能力，不仅体现在建标准、做评价、搞盘点方面，更要体现在关注评价与盘点后的落地和改善方面：从结构调整、流程优化、制度建设、岗位重构、人才招募、人才优化、人才激励、人才发展等角度，采取系统全面的行动。**任何单一的能力都很容易被模仿，但如果是多种能力组合成的优势，则不太容易被复制。**

彼得·德鲁克在《卓有成效的管理者》一书中，强调了管理者有效利用自己时间的困难和价值。成功的管理者会在人才上花更多时间，他们懂得如何吸引、留住、培养优秀的员工，而不会把这项重要的工作推给人力资源部门。当然，成功的人力资源管理者，应该懂得如何让管理者成为这样的人。在这个过程中，组织里的每个人都需要有利他的精神，这种精神可以使组织上下齐心，帮助每个人发现、发展、发挥自身的优势，以创造更大的价值。

对于上述谈到的关于人才管理的这些话题，勇军是一位前沿的实践者和深度的思考者。他协助我为一些顶级的企业构建了人才管理体系，这些具体实践背后的原理和方法，以及典型案例，在这本书中都有系统的论述和分享。相信对期望建立人才竞争优势的组织，盼望开阔自身管理视野的管理者，以及渴望提升个人专业性的专业人士来说，这本满是干货的专业著作，会具有参考、启发和升华的价值。

要做好"人"的工作确非易事，不仅需要丰富的管理经验，还需要一定的理论素养；不仅要懂组织的业务，还要懂人们的心理；不仅要有行事果断的魄力，还要有久久为功的耐心。经常有企业家和高层管理者跟我说："等我……之后，我就轻松了。"实际上这种想法不是理想，而是空想，不是期望，而是奢望，管理者的工作是永无止境的。"此亦多丽之阳春，此亦绝念之穷冬"，前方还有更多的挑战在等待我们。但我相信黎明总会到来，希望总会实现，只要我们行动起来，就能创造一个越来越美好的世界。

忻榕

中欧国际工商学院管理学教授

拜耳领导力教席教授

副教务长（欧洲事务）

前　言

.... ＊ ....

塑造人才竞争优势

　　第二次世界大战末期，盟军从东西两面攻占德国，并加紧了对德国科技遗产的争夺。美国甚至专门成立了一个数百人的工作组，分成十余个分队，专门争夺德国的先进科技人才。在德国投降后，美国继续发起了"回形针计划"，招募更多的德国科学家为其所用。这些科学家的加入，使美国在多个科学领域快速超过了德国。此时世界科技中心也从英、法、德等欧洲国家转移到了美国①。

　　一个国家的竞争优势，包括土地、矿产、科技、资本，但归根结底，能释放所有要素价值的，只有人才！我们当前正处在一个"百年未有之大变局"的时代，在这样的一个时代里，要实现经济的转型升级，持续提升社会生产力，提供更好的物质和精神产品，让人们过上更美好的生活，离不开各行各业人才的主动性和创造性。**在人的体力被机器和能源所替代，而人的智力尚未被人工智能完全超越时，对人才头脑的发掘和发展，将是这个世纪最重要的事情。**

---

① ［美］小李克特：《科学概论——科学的自主性，历史和比较的分析》，吴忠厚等译，中国科学院政策研究室1982年版。

"江山代有才人出，各领风骚数百年。"人才并不是一个静态的群体，而是一个动态的集合。华为创始人任正非在谈到人才时说："人才不是华为的核心竞争力；对人才进行有效管理的能力，才是企业的核心竞争力。"当初美国从欧洲搜刮的人才都已离世，但他们所奠定的基础，建立的政策机制，培养的后继人才依然在发挥作用。一家具有人才竞争优势的企业，不仅因为其当前拥有大量的优秀人才，还因为其拥有可以培养更多优秀人才的组织能力。

持续培养与输出优秀的人才并非易事。土地的面积、矿产的质量、科技的水平、资本的数量，都很容易衡量，因此也就容易管理。而人的事业心有多强、人际敏感度有多高、思维有多敏捷，却不那么容易能说得清楚，何况要改变或强化这种内心的活动，更是难上加难。所以，对人才的管理是"靡不有初，鲜克有终"，虽然这一工作极有价值，但也极为困难，很少有企业或管理者能把它做好。

在《成长力觉醒：探寻人生与职业幸福之路》一书中，作者分析了当前两种基本的社会发展趋势：一方面，社会加速带来的竞争加剧，要求我们执行越来越高的工作要求；另一方面，生活改善带来的以人为本，又使人们更遵从内心感受的良好体验。在这两种趋势的作用下，人的心理和行为必然会发生巨大的变化。而由人所构成的组织想要在竞争中赢得胜利、健康生存、长久发展，就不得不严肃面对人才管理这一艰难的挑战，并将之放在一个新的高度。

我们无法有效管理我们不了解的事物，就像绘画者不能区分颜色就无法作画，作曲者不能区分音调就无法谱曲。对人才的有效管理，最重要的是对人才进行准确的量化和区分。这一工作向前承接了组织战略与业务的出发点，向后决定了管理计划与行动的落脚点。实际上，人才盘点是人才管理的枢纽，是"死生之地，存亡之道，不可不察也"。

最近十几年，关于人才评价与盘点的话题受到越来越多的关注。作者在这段时间看到了很多案例，也亲自实施了大量的人才盘点项目，其间经历过一些错误，积累了一些经验，总结了一些规律。本书期望通过进行更加全面和深入的介绍，使更多的人才工作者建立起对人才盘点工作的系统认识，而不是七零八碎地东拼西凑，或是亦步亦趋地照抄照搬。

虽然已有很多人才管理的优秀实践和学术研究，但是人才盘点工作并没有统一的模式和标准的答案，即便大家普遍认知的"人才九宫格"，也不是唯一的选择！如果涉及评价方法、盘点模式，则更加千变万化，不一而足。我们习惯于追捧知名的大企业，希望复制它们的优势和成功，但这种模仿几乎不可能获得回报。"橘生淮南则为橘，生于淮北则为枳"，我们只有通过对人才工作目标与现状的深入分析，从更广阔的视角看到人才盘点工作的各种路径，才能找到适合组织人才管理工作的最有效模式，并不断提升我们应对挑战的专业性。

作者在人才盘点中经常会发现人们在思考与行动时，存在两种相互对立的错误：**一种是高谈阔论，听起来言之凿凿，但实则空洞无物；另一种是埋头苦干，看起来兢兢业业，但实则漫无目的。**在人才盘点这件事情上，我们不仅要像实干家一样着眼行动，而不是做个满嘴口号的政客，也要像思想家一样深入思考，而不是做个误打误撞的无头苍蝇。因此，本书既包含相对专业的理论和概念介绍，又有实践过程中的大量经验总结；既全面介绍了各种方法和模式，又重点挑选了其中比较常见的案例进行详细分析。

当前流行的管理书籍里充斥着大量的"言必称希腊"，对国外企业的实践案例大加追捧，但其中大部分都没有直接的观察互动，而只是对引用的"引用"。学习先进并非坏事，但值得借鉴更加重要。随着中国的发展和复兴，我们周围涌现了大量业绩出众、管理出色的优秀企业，它们值得我们去了解和学习。本书在各个章节，介绍了作者亲自参与过的大量案例，包括相应的流程、工具、模板等。但如前所述，这些案例并非用以"按图索骥"，而是作为路径多样性的例证以扩展我们的思考范围。当然，如果确有可以借鉴之处，则也能作为项目设计与实施的指引和参考。

基于上述这些考虑，本书总共设计了13章的内容，组织逻辑如下。先介绍了人才盘点的价值与时机（第1章），并总结当前企业在实践中常见的问题和成功的关键（第2章）。然后论述了人才盘点的各种标准及人才类型（第3章），并深入阐述了"素质模型"这一常用人才标准的概念及构建方法（第4章）。按照标准对人才进行评价有很多手段，本书总结了常见的八类方法（第5章），并在方法的基础上组合出九种人才盘点的模式（第6章）。在这些模式中，由于测评校准（第7章）、评价中心（第8章）和综合盘点（第9章）三种模式应用较广而对其做了详细的说明。之后分析了对组织进行整体盘点的角度和方法（第10章），以及基于盘点结果开展的一系列落地应用（第11章）。最后详细讲解了设计人才盘点机制的思考模型（第12章），并分享了四种典型场景下的盘点方案及案例（第13章）。

做好人才的工作着实不易。有的人可能会说："人有什么稀奇的，办公室、马路边、商场里，到处都是人。"正是这些随处可见的"两腿生物"，给我们的工作和生活带来了巨大的挑战：**我们可以很轻松地飞到万米高空，但很难走进别人拳头大小的心中**。要做好人才的工作，尤其是站在更高的角度统筹整个组织的人才工作，不仅需要拥有经验，也需要掌握经验背后的理论。只有这样，我们在面对变化时才能"万变不离其宗"，有效应对新挑战。

作者平时很少详细介绍这些有价值的理论/原理，不是因为敝帚自珍，而是因为没有人愿意听，但是作者期望本书能具有一点点跨越场景和时间的生命力，成为一本"有事就拿来翻翻"的参考书，所以在各个部分都做了较多理论性的论述。如果本书读起来有催眠的作用，这绝非读者的问题，全部是作者的责任。

人才的工作离不开对人心冷暖和社会变迁的考虑，本书所总结的众多原则、模式、方法，也无法穷举所有的情况。书中有很多判断和结论也只能代表一家之言，肯定会有诸多不足之处。作为作者这些年人才工作经验和思考的总结，如果本书略有益处于更多专业工作者实现专业价值，促进企业创建人才竞争优势，进而对社会的发展贡献半丝半缕的价值，那也着实无憾了。

致　谢

.... * ....

有许多需要感谢的人，他们的教诲、示范、信任、帮助和支持，对我有很大的影响和价值。

我的导师闫巩固教授把我带进了心理学和人才工作的专业领域，教会了我很多专业的知识和思考问题的方式。

与我师出同门的大师兄李常仓给我提供了很多探索尝试的宝贵机会，使我很早就积累了较多的人才工作经验。

在近几年协助中欧国际工商学院忻榕教授为头部企业应对人才管理的挑战时，她融合学术与实践，展现出的智慧与能力，让我看到了国际顶尖专家学者的高度，是我学习的楷模。

还有这些年一起合作的众多组织及在其中任职的小伙伴，没有他们的信任与支持，我也不会凭空增加自己的认识，并对人才工作进行系统的思考。

徐畅、徐佳琪、黄梦婷等小伙伴帮我分担了很多具体工作，使我有更多的时间来思考和写作，她们也反复阅读了几轮书稿，提出了很好的优化建议。

电子工业出版社的王天一编辑，在帮我完成上一本书的出版后，又促成了本书的付梓。

最后谨以此书献给我的家人。

目　录

.... ✻ ....

Chapter 1
第1章｜人才盘点的价值与时机

Chapter 2
第2章｜人才盘点的关键要素

Chapter 3

第3章｜人才的标准及类型

Chapter 4

第4章｜素质及素质模型

Chapter 5

第5章｜常见的人才评价方法

Chapter 6
第6章｜人才盘点的九种模式

Chapter 10
第10章 │ 从个体到组织

Chapter 11
第11章 │ 盘点结果的应用

Chapter 12
第12章│构建组织人才盘点机制

Chapter 13
第13章│典型场景方案及案例

Chapter
1

第1章

*

人才盘点的价值与时机

古往今来，凡成大事者，无不重视并擅长吸引人才、包容人才、用好人才：齐桓公用管仲而称霸，秦孝公因商鞅变法而强秦，刘备得诸葛亮而三分天下……时至今日，这一规律依然适用，不得其人就难成其事。随着业务复杂性的增加，人才的重要性正在逐渐贯穿组织的各个层级和各种职能。一位睿智的高层管理者是必要的，但大量能力出色的中层干部和训练有素的基层员工，也是业务成功所不可缺少的。

中国经济在过去几十年快速发展，遍地的机会已经大大地减少了优秀人才的相对供给。很多组织不得不构建自己的人才管理体系，通过各种方法提供业务发展所需的人才。一方面，市场和客户的要求越来越高，同行越来越"卷"，对人才的能力要求也在不断升级；另一方面，人才的心理诉求更为多样化且强烈，年轻人不再像他们的父辈一样委屈自己，甚至"00后"都已经开始"整顿职场"了。在这样的背景下，很多组织的人才工作也在发生转变。

1.1 人才工作的转变

作者总结了人才工作领域正在发生的一些最为明显的转变，虽然不同行业和地域的组织转变的节奏与重点不同，但一直原地踏步还能高枕无忧的很少。

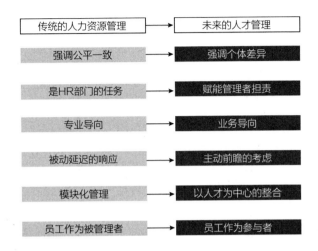

1. 从"强调公平一致"到"强调个体差异"

在人的工作只是流水线上的一种动作时，对人的管理强调的是步调统一，做到公平即可：干两件比干一件拿得多，人们就有积极性并感到满足。这个时候，员工只是企业为了雇佣一双手，而不得不顺便雇佣的一整个人。但随着工作要求的提高，个性化需求的强化，企业不得不更加关注完整的、独特的个体，对人的管理就不能只是公平一致，而要更多关注个体差异。不管是人岗匹配、学习成长，还是激励保留、职业发展等，都更强调个体差异，而不只是公平一致。可以非常肯定的是，**对个体差异的认识和应用，奠定了一个组织对人才开发的程度，也反映了从业者的能力水平。**

2. 从"是HR部门的任务"到"赋能管理者担责"

人力资源（HR）部门的工作进阶水平，可以简单地分为三个阶段：第一个阶段是事务性工作，第二个阶段是专业性工作，第三个阶段是赋能性工作（而非通常有人所宣称的战略性工作，因为**每个部门都是战略**

的执行者，而 HR 部门执行战略的核心路径就是赋能）。人才工作不是单纯的人的工作，而是融合"人"和"事"的工作。是融事于人，还是融人于事？恐怕后者的可能性更大：毕竟 HR 专业人士不太容易成为各方面的业务专家，但组织各方面的业务管理者比较容易获取人才管理的部分能力。赋能管理者参与并承担人才工作，相比由 HR 部门大包大揽，更能使人才工作取得成效，创造价值。

3. 从"专业导向"到"业务导向"

作者曾经为很多企业开发并实施过评价中心（Assessment Center），这些企业都是航空、建材、汽车、保险、制药、电力、快消等行业里的翘楚。这些项目毫无疑问得到了内部管理者和 HR 专业人士的好评，但很遗憾只得到了少数企业的续单。其根本原因是这些项目的专业性太强，几乎"不说人话"，很难被广泛地接受和应用，没有群众基础，也就没有生存下去的空间。**专业工作者容易陷入"专业陷阱"，而忽略了解决问题的更有效的方法。**当前我们面临的人才工作的重要转变，就是要以解决业务需求为导向来应用专业，而不是为了应用专业而重新定义业务需求。

4. 从"被动延迟的响应"到"主动前瞻的考虑"

人才对组织成败的影响从未像现在这样强烈，因此人才工作需要在时间维度上往前走一步。否则等到组织缺人手了再招人，能力不行了再培训，后继无人了再建梯队，那队伍的准备度始终是滞后的。虽然人才工作很难领先于业务战略的转型，但只有更加主动和前瞻性地考虑业务需求，提前采取行动进行人才布局，才有可能使组织的速度更快。如果要新开100家店，就要提前一两年开始储备150位店长；如果要新建一个工厂，就要在原有工厂预先复制一整套人马；如果要有持续领先行业半步的产品，就要组建一支领先行业两步的研发团队。

5. 从"模块化管理"到"以人才为中心的整合"

"人力资源三支柱"（共享服务＋业务伙伴＋专家中心）在近些年的流行，本身就是对"人才工作如何更好地支撑业务发展"这一问题的回答。这种机制的好处，一是为人才工作的专业分工提升效率，二是为业务部门提供更为整合的专业服务，并且后者更为重要。三支柱中业务伙伴（HRBP）的一个重要要求，就是不再割裂地进行招聘、选拔、培养和激励等工作，而是更加一体化地围绕人才的需要，整合专家中心和共享服务的力量，解决业务发展中的人才问题。

6. 从"员工作为被管理者"到"员工作为参与者"

作者曾经了解的一个案例很好地反映了这种转变：一家地方性国企聘请了一家国际知名的咨询公司，给所有的中层干部做了盘点。由在 40 度的夏天依然穿西服打领带的顾问，先对每位干部进行了长达 1.5 小时的访谈，然后出具了评价分数和评语交给公司领导。本以为项目到此就结束了，没想到这个项目引起了其中"80 后""90 后"干部的强烈不满，甚至有人评论 HR 部门就是公司里的"东厂"，行事风格就像特务机关一样神秘莫测，对自己究竟表现如何，哪些方面需要提升等，均不能做客观公正的反馈！**宇宙如此浩渺，事情只要发生过一次，就绝不会只有一次，这样的事情应该是非常普遍的。**据作者过去的观察，组织里的大部分人才其实并不抗拒"差评"，但他们渴望能有公开的参与、积极的反馈和持续的进步，因此人才工作不能只是把员工作为被动的服从者，而是要将其作为建设性的参与者。

以上这些转变，只是当前我们所看到的较为普遍的情况，在不同的组织里可能还有比较独特的需求，甚至未来还会有新的变化。这些转变，并不是人才工作者为了主动折磨自己而做的，也不是企业家们的突发奇想，而是组织为了更加有效地预防三种人才风险，不得不把工作做得更为深入的几种表现。

1.2 预防三种人才风险

组织用人的需求非常多样，人才工作也很复杂，但是从逆向的角度来看，这些工作无外乎是为了预防三种人才风险：无人可用、用人失察和结构失调。

1. "无人可用"的风险

所有的事业，都需要有人来付诸行动。一个组织无论是研究新技术、开发新产品，还是整合供应链、拓展新客户，如果没有足够的人才，其功能就无法正常运行，就好像人体缺失健康的器官就无法维持生命一样。

抗战八年中，抗大先后办了八期，总校和分校共培养出二十多万名干部，大多在各条战线上成为骨干力量，对争取抗战胜利，对以后的革命和建设事业，做出了重要贡献[①]。

人才管理的终极追求，就是要保障组织有合适的人可用。如果要为这个目标增添一些传奇色彩，那就是让组织"随时随地"都有人可用。由于人才始终具有稀缺性，因此这显然是一种永远无法达到的境界。就

---

① 中共中央文献研究室：《毛泽东传》，中央文献出版社2012年版。

作者对上百家企业的观察，没有一家企业敢说自己拥有充足的人才。立足长远考虑，我们还有很多工作要做，如果组织总是寄希望于从外部获取大量优秀的人才，要么由于业务的独特性根本找不到人，要么就要为此付出巨大的成本。因此，从内部发现并培养人才，是预防组织"无人可用"风险的最佳策略。

2."用人失察"的风险

"无人可用"很常见，"用人失察"也同样普遍。古今中外由于用人不当而产生严重后果的情况比比皆是：纸上谈兵的赵括、丢失街亭的马谡、陷害忠良的秦桧。诚然，他们的错误固然有自身能力不足和性格缺陷的原因，但更多的责任恐怕要由任用他们的人来承担。

这些用人者为何会犯这样的错误？其原因主要有两个方面：**一方面是自己识人能力欠缺，偏听偏信，不分皂白；另一方面是形势所迫没有选择，只能从矮子里面拔高个。**"多智而近妖"的诸葛亮，即便总结了七条知人之道（一曰问之以是非而观其志，二曰穷之以辞辩而观其变，三曰咨之以计谋而观其识，四曰告之以祸难而观其勇，五曰醉之以酒而观其性，六曰临之以利而观其廉，七曰期之以事而观其信），但在面临无人可用的情况时，也很难做出明智的用人抉择。后来诸葛亮也认识到马谡失街亭的错误在自己——咎皆在臣授任无方。

在面临岗位空缺时，相应功能缺失产生的成本，使管理者迫切想要找人填补空缺。**由于管理者长期兼任或协调而产生的疲惫和烦躁，会使他看谁都会很顺眼，难免觉得随便杵个人都比岗位继续空着强，而这会产生更大的风险。**如果所选非人，那么在一段时间以后，这个错配的人所带来的成本反而越来越高，最终甚至超出让这个岗位继续空缺的成本！这个倒霉的管理者可能要花更多的时间来做补救的工作。由此可见，相比"无人可用"的风险，"用人失察"的风险更大。

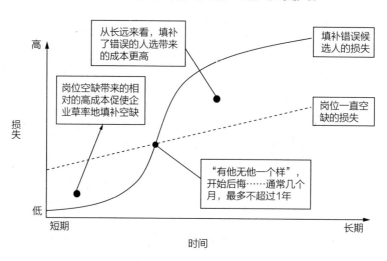

如果用人者在做决策时能够看到未来的风险，在错配的人所发挥的正面价值多于负面损失的阶段，提前做出人员调整，过渡性地使用人才以降低总体成本，这种情况则不在用人失察之列，因为其风险是可控的。但这样的做法如果事先没有与当事人充分沟通，也没有对后续工作进行妥善安排，而只是拿他当垫脚石，虽然可能不用承担法律责任，但这是不道德的。

3."结构失调"的风险

除了上述两种风险，还有一种由人才的各种结构失调所产生的风险。这种风险更为宏观，主要包括能力结构风险、成本结构风险、年龄结构风险、其他结构风险。

能力结构风险：如果员工的能力只围绕某种业务流程进行建构，哪怕他表现非常优秀，当组织业务转型时，员工的能力结构也会有系统性的不足；或者高能力者与低能力者的比例失衡，无法充分发挥高能力者的价值等，都是能力结构风险。

成本结构风险：如果组织支付了严重偏离市场行情的员工成本，则无论高低都有风险。如果员工成本严重偏高，却没有别的品牌或组织优势来提升内部效率，就必然会降低组织的竞争力；如果员工成本严重偏低，则会导致人才流失或敬业度降低。另外，有的员工给得太多，有的员工给得太少，也会导致内部矛盾。

年龄结构风险：跨过了快速成长期进入相对稳定期的组织，如果某年龄段的人数比例过高，则会产生集中退休多、晋升困难大、人才断档等风险。

其他结构风险：人员在当前岗位任职时间过长或过短，性别比例严重失衡，复合型人才和专业型人才比例失衡等，都是需要关注并加以预防的用人风险。

通过人才管理来预防这三种人才风险，需要做很多工作，而核心的环节是人才盘点。**所谓人才盘点，即定期或临时的，基于业务战略需求，对组织全部或局部人才的数量、质量、结构等进行清查，并据此清查结果开展针对性的举措，以提升组织人才竞争优势的系列管理行动。**这项工作要产生效果，就必须为相关方创造价值。

1.3 人才盘点的价值

很多工作本身是没有价值的，除非有人说它有价值。人才盘点工作究竟能产生什么样的价值，可以从四个相关方来分析：组织整体、业务部门、HR部门及员工本人。对这四个相关方需求的满足倾向和程度，决定了应该采取何种方案来实施人才盘点。

以下分别从四个角度，分析并罗列了人才盘点可能的好处。

组织价值：

➤ 传递组织用人理念和标准，明确组织对人才的期望。

➤ 使人才工作更为公开，减少负面的揣测，塑造健康的人才文化。

➤ 了解人才队伍现状，找到队伍关键差距，提升人才工作的针对性。

➤ 识别并储备优秀人才，构建健康的人才梯队。

➤ 针对性地激励核心骨干，充分发挥有限资源的价值。

➤ 打通业务反馈循环，了解业务一线具体的工作案例和挑战，促进业务发展。

➤ 使人才成为组织的人才，而不是事业部/部门的人才。

➤ 促进业务部门的横向交流，增进了解，降低跨部门的合作门槛。

➤ 盘点组织能力现状，找到可改进的方向。

➤ 识别组织结构和流程中的问题，探寻改善的机会。

➤ 精准优化队伍结构，提升效率，淘汰人员"不错杀"。

业务价值：

➤ 提升业务部门领导者识人用人的能力。

➤ 提供人才工作抓手，借助外力解决业务部门发展中的人才问题（如辞退、降职、升职等）。

➤ 提升人才任用的有效性，发挥人才价值。

➤ 充分了解部门一线的业务开展情况，有助于优化业务流程与制度。

➤ 增强相关方对部门业务和挑战的了解，赢得更广泛的支持。

HR 价值：

➤ 促进 HR 部门对业务的了解，密切联系业务，更好地支撑业务发展。

➤ 展现人才工作的专业价值，构建专业影响力，提升组织对人才工作的重视度。

➤ 准确把握业务需求，明确未来相关工作的重点，为人才工作奠定基础，便于其他 HR 工作的开展（如招聘、培训、激励等）。

员工价值：

➤ 给予员工展示自我机会，满足其职业发展期望，使其能"被看见"。

➤ 提供照镜子的机会，帮助员工更加清晰地了解自己，改善员工的心智模式。

➤ 提供针对性的培养和辅导支持，促进员工学习效率的提高和能力的提升。

➤ 相互交流以促进横向观察与学习。

➤ 总结与回顾过往工作，使员工更好地思考未来的工作要求，提升个人表现。

这些价值看起来的确吸引人，但它们都只是一种可能性。比如，口袋里有一笔钱，可以买一屉包子，也可以买一瓶水，还可以买一支笔。我们发现自己全部都想要，但实际上只能从众多可能性中选择一种。我们没有充足的资源来满足所有的愿望，而做出取舍就需要考虑场景和时机：什么时候应该做？要先满足哪些要求？怎么做更容易做好？这些问题虽然没有固定的答案，但也有一些比较常见的情况，在这些情况下，人才盘点更容易产生实际价值。

1.4 人才盘点的时机

开展人才盘点工作，需要满足相关方特定的需求，尤其是组织业务发展的需求。作者总结了几类比较常见的时机，组织在这些时机下的具体要求各不相同，但都需要通过人才盘点来达成目标。

1. 业务高速发展，选拔储备人才

在业务高速发展阶段，如果由于业务独特性强或人员成本高等原因，不能及时从人才市场获取所需的人才，那么组织就需要提前从内部选拔，并培养储备未来业务所需的人才。这是人才盘点最为常见的场景之一。

某知名白酒企业计划在未来5年使销售收入从100亿元增长到200亿元，在解决了产能与品质的保障后，销售队伍的复制就是实现这一战略目标的关键。由于该企业选择了一条完全不同于竞争对手的营销模式，很难从市场上直接找到合适的人才，因此该企业从业务代表、销售主管，到销售经理、大区经理等岗位，用了两年的时间，自下而上地开展了人才盘点，选拔并培养了数百个满足更高一级要求的销售管理人才，使销售梯队更能支撑战略目标的实现。

2. 岗位出现空缺，竞聘提拔人才

过去比较传统的人才提拔流程，是经由提名、考察后，由老板或领导班子决定提拔与否。后来由于管理公开公正的需要，逐渐演化为竞聘上岗的方式。但大部分的竞聘主要以"功劳吹嘘"和"岗位理解"为主，具有较大的误差。而借助人才盘点比较完整的机制流程，则可以使提拔更加有理有据，减少"用人失察"的风险。

某新能源企业的一批干部在工作中取得了很好的绩效，除物质激励外，还需要给予其中能力卓著者更高的管理地位和权力，以承担更大的责任。针对有可能被提拔的40余位各级干部，该企业对他们开展了全面立体的盘点，通过内外部评委的共识，最终提拔了其中的15人，其余25人做了暂缓提拔的处理。这些没有被提拔的人虽然绩效很好，但在管理潜力和经验成熟度上还有较大差距，一旦走上更高岗位则很难发挥有效的价值。相比传统"提名—考察—决策"的流程，全面立体的盘点显著控制了提拔人员的质量，减少了用人的风险。

3. 新任领导到岗，了解团队状况

《孙子兵法》讲"上下同欲者胜"，一个组织要有力量，需要自上而下地建立起相同的目标与相互的信任，来保障战略执行的一致性。其中尤其重要的是中层干部与高层管理者之间、高层管理者与核心领导之间的共识与信任。人才盘点是达到这个关键目标的有效方法之一。

某化妆品企业原有CEO因为无法妥善处理内部矛盾，在组织业绩不断下滑的情况下"被迫"离开。董事会寻觅了一位新CEO，新CEO并没有带入自己的团队，所以必须依靠原有的队伍，采取不一样的举措来改变现状。在经历了六个月的观察、谈话、调研后，该企业发起了中层干部的人才盘点项目，在盘点中确认哪些人是想做事的，哪些人是思路清晰的，哪些人会是改革的拥趸，哪些人是"冥顽不化的异己"，当然对于更多人还要借由这个过程来点醒和教育。通过人才盘点，该企业能够确保战略执行过程中的内部一致性，以达到"上下同欲"。

4. 业务整合并购，推动人才融合

组织为了实现快速扩大规模，提升市场占有率，补全关联优势，获取技术专利等目标，会采取整合并购的方法。按照"收购狂人"思科公司的经验[①]，成功的并购除要有远景目标的统一、短期成功的盈利、地理位置的接近等因素外，尤其需要关注文化观念的融合：在保证队伍稳定的前提下，既要包容差异又要促进融合，以尽力提升彼此的协同度。

某文旅公司由两家公司合并组建，其管理团队由双方指派。在业务逐渐走上正轨时，团队员工构成包括1/3原A公司员工、1/3原B公司员工及1/3新招聘员工。三类员工的职位等级和薪酬水平存在较大的差异，并且大家对人才标准的理解也不同。

---

① [美]博圣：《思科成长探秘——"兼并与收购"指南》，缪卓群等译，上海交通大学出版社2003年版。

因此，该公司发起了人才标准构建及人才定级盘点，按照新公司的独特要求，对管理人才和专业人才分别进行了盘点。尤其是专业序列涉及的人数较多，通过统一标准下客观公正地定级定薪，使优秀人才不至于因为历史原因导致的不公平而流失，同时让所有基层员工能看到未来的要求与努力的方向，减少组织整合后产生的内部矛盾。

5. 组织面临变革，推动文化转型

随着环境的不断变化，组织需要及时做出调整，甚至提前做好准备。支撑组织变革，重要的是员工思维和行为的改变，而这种改变极难通过常规的开会培训等手段来达成，因为员工不会关心与自己无关的事情。人才盘点可以使用变革的标准来提拔人才、树立典型、反馈不足，使员工看到个人行为与利益的切实关系，明确自己需要改变的方向，并在工作中强化这方面的思维和行为。

某汽车公司是国内领先的自主品牌，该公司的军工背景使其一直以来非常强调员工和干部的忠诚。但在充分竞争的市场环境中，忠诚并不能提供让客户惊喜的产品，也不能提升效率、降低成本，所以该公司需要重塑组织内部的文化。一把手亲自重新梳理了适用于市场竞争的人才标准，并通过持续不断地人才盘点和反馈，改变了"唯听话，重执行"的用人文化，把客户导向、团队领导、战略思维等理念植入人心，推动了组织的自我革新。

6. 统一管理语言，提升管理能力

人体的不同器官需要细胞密切地配合才能运转良好，由这些器官组成的各种系统也需要相互协调才能使身体健康。同样，一个健康的组织，其中的个人、团队、部门也需要有效协作才能使组织功能顺畅。生命各个系统的协调需要血液的贯通，组织的协调则需要有统一的语言，这种语言不仅包括流程、制度，更包括大家的思想认识和价值信念。

某手机公司聚焦海外市场取得了快速发展，在队伍扩张过程中补充了大量的社招人才，这种多样化的背景使其在创新和整合方面表现出很强的优势，但也逐渐暴露了一些理念和行为上的冲突：是以员工为本还是以客户为本，是成本优先还是体验优先，是技术引领还是市场引领等。该公司通过战略澄清、文化梳理等工作统一了"写在纸上、挂在墙上"的标准。后续更通过人才盘点，进一步明确并践行了提拔与任用干部的标准，使组织的行动路线和行为标准得到了更广泛的共识，真正实现"一家人不说两家话"。

7. 组织业务萎缩，区分处理人才

就如同任何生物都会经历生老病死一样，所有组织的发展，也都会经历新兴、壮大、衰老和消亡的历程。**一个组织越是构建起了适应当前环境的能力，在面对不同的环境时就会越加无力。** 在业务萎缩的情况下，组织不管是自保生机以图未来的复苏，还是清理活力不再的成员以降低成本，都需要先鉴别哪些人是"火种"，哪些人是"灰烬"。

某特种设备公司随着新进同行增多，市场竞争变得激烈，原有的产品、服务、技术、人员都在逐渐失去竞争优势。这种情况的长期持续，必然会导致公司的破产。因此，该公司通过人才盘点，识别并保留了还有较强战斗力的骨干，而将其余非核心人才与非核心业务进行了剥离。随后通过补充关键技术人才，开展产品攻坚和客户维护等关键活动，最终度过危机，起死回生。

开展人才盘点工作的关键时机大概如上所述，但这七种时机并非全部，如有的组织纯粹把人才盘点当成发展的手段，有的组织只是为了锻炼HR队伍等，此类时机太多，难以穷尽所有。很多时候，我们既要选拔优秀，又要淘汰落后，既要统一认识，又要推动转型，所以这七种时机也并非完全独立。不管是常见的、独特的需求，还是单一的、复合的需求，都要通过人才盘点来满足。我们需要分析并解构这项工作，了解我们可能会犯的错误，以及成功的关键要素。

第 2 章

*

人才盘点的关键要素

2.1　人才盘点的五个层次

在社会持续转型发展的背景下，以人才盘点为核心的人才工作的重要性与日俱增。人才盘点工作逐渐从行业头部企业走向"千家万户"。哪家企业不重视人才管理，没有做过人才盘点，都不好意思说自己是一个管理先进的组织。虽然企业普遍重视人才管理，但是其人才管理能力还有很大的提升空间，各家企业要塑造自身的人才竞争优势，还有很长的路要走。据作者的观察，人才盘点大概可以分为五个层次，分别对应五个阶段。

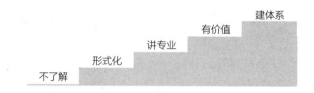

➤ **阶段一**："人才什么？什么盘点？人什么点？"处于这一阶段的组织对人才工作几乎不重视，对人才盘点也缺乏基本的认知和了解，还没有开展相关的工作。

➤ **阶段二**："我们也有做人才盘点，我们用的是人才九宫格。"当组织发展到一定规模时，就开始重视人才工作，对人才管理有了一些基本的认知，如知道"人才九宫格"等概念。处于这一阶段的执行者常常是为了做而做，浮于表面而不及内里，如认为只要把人都放到格子里，就算完成了工作。

➤ **阶段三**："我们给全员做了360度反馈（或其他心理测评），基于数据的统计分析对人才进行了分类。"处于这一阶段的组织开始认识到标准、流程和数据的重要性，尝试采取相对专业的工具和方法，但并未真正把握做好这件事情的关键，容易陷入"专业陷阱"，对组织业务发展的链接程度较低。

➤ **阶段四**："我们采取了较为体系的方法，邀请了领导一起参与，对后备队伍和关键人群进行了盘点。"处于这一阶段的组织对工具和方法有较好的掌握，不再赶时髦，能根据最终目标选用合适的方法，其人才工作与业务需求有了对接，开始真正有效满足业务发展所提出的人才需求。

➤ **阶段五**："每年我们都会开展自下而上的，由全部管理者参与的人才盘点，并与组织和各个部门的工作计划相衔接。"处于这一阶段的组织已经把人才管理融入组织经营管理之中，使其成为组织流程和能力的一部分。目前能达到这个阶段的组织虽不能说绝无仅有，但肯定是少之又少。

处于前三个阶段的组织，表现出来的不良状态是"三不"，即"不做""不准""不用"。"不做"是组织根本不投入时间和资源来开展人才盘点工作，或者无法按照时间计划完成盘点，最后不了了之。"不准"则是虽然做了，但由于各种原因导致盘点结果完全脱离实际，没有参考性。"不用"是盘点结果没有任何应用，无论是对员工、部门还是对组织，都不产生实际价值。

出现这些现象的原因有很多，常见的问题分析如下。

2.2　人才盘点的常见问题

据说一架波音747飞机包含600多万个零件，假如每个零件有百万分之一的概率出错，那么这架飞机在某一时刻存在问题的概率可不止百万分之一，而是99.75%。人才盘点工作也包含诸多要素，其中任何一个环节的失效，都会让整个工作失败。不幸的是，可能出错的因素有很多。

1. 价值无共识

内部各级管理者，尤其是中高层管理者，对人才盘点工作的价值认识不充分，导致不重视也不愿意投入时间和精力到这项工作中。**意识的问题如果不能首先解决，那么能力就不会被调动，资源就不会被投入，机制就不会被执行，事情当然就办不成。**

2. 标准不清晰

用人的方向错了，越努力越无用。人才标准不清晰主要有四种表现：一是标准比较片面，如重业绩而不重能力，看忠诚而不看思维，评经验而不评潜能；二是标准没有契合实际，不能反映组织或岗位的要求，组织业务往西，而对人的要求却往东；三是标准没有把握重点，有些组织的人才标准多达几十项，**对人什么都要求，就等于什么都没要求**，并且会导致评价结果的失真；四是标准不具有"操作性定义"，往往只有内涵却没有刻度，导致使用者理解模糊，而无法通过量化来评价人才。

3. 只依赖测评

很多组织在人才管理上有一种机械主义的观点，认为人才就如同机器、资金、原料一样具体而明确，可以采用心理测评工具进行精准的评估。这种观点导致人们摇摆在两种极端之间：一种是过度依赖测评工具，相信"测评万能"，认为人的内心世界"全部可知"；另一种是遇到测评的误差后，摇摆到"测评无用"，认为人的心理活动"全不可知"。这两种极端，都不是一位成熟的管理者应该持有的态度。

4. 工具不匹配

很多组织能意识到测评工具的辅助作用，但如果工具选用不恰当，则也可能降低人才盘点工作的价值。比如，用类型理论的个性测评工具来做人才盘点（如DISC、MBTI等），或者通过在线心理测验来直接评价能力素质，或者绝对地使用360度反馈结果进行排序，这些做法都可能带来非常大的误差。

5. 信息无交流

有的组织会组建人才管理委员会，通过评委小组的评审来盘点人才，但由于过度追求"形式公正"而非"结果有效"，常常会采取评委先各自打分再求均值的方法来算分。这种做法看似公平公正，实则敷衍了事：由于信息不对称、缺乏交流、责任扩散等原因，所有评委都没有加深对人才的认识，其结论也只能是多种观点的简单折中：**坏的意见丢掉一半，好的意见也随之丢掉一半。**

6. 业务没关联

有的组织会用案例分析、小组讨论、情景模拟等方法来盘点人才，

由于这些方法比较专业，因此业务管理者通常难以理解和参与。如果在评价过程中忽视了与实际业务的关联，就会导致评价结论既无法解释当事人为什么做得好／不好，也不能预测他未来是否能做得好。**人才盘点一旦陷入无关业务场景的抽象评价，就很容易变成情绪化的八卦。**

7. 能力未内化

这是最常见的问题，在盘点中不关注人才管理能力的内化，忽略流程、制度、工具、方法的沉淀，无视各级管理者意识和能力的提升。这样即便组织年年都做人才盘点，也无法把局部的、短期的价值转化为全局的、长期的价值，不能塑造组织在人才管理方面的内在优势。

8. 角色不合理

由于人才盘点工作是HR部门的关键绩效指标（KPI），因此很多组织里的人才盘点工作完全由HR部门主导。业务管理者的重视和参与程度不足，导致对盘点结果认知不一致，与后续的人才使用脱节。还有的HR工作者认为自己只需搭台无须唱戏，不需要对人才进行意见的输出，这就导致评价视角比较单一，没有内部的制衡与矫正，人才盘点工作也变成了领导者走过场，盘和不盘一个样。

9. 不注重发展

有的组织会把人才盘点当成对员工的"刺探"，人才盘点工作只顾满足组织"摸清队伍"的需求，完全不顾员工的需求：既不关心盘点过程中员工的感受，也不关注盘点之后员工的成长。这种做法会令员工觉得神秘兮兮，容易对此心生抗拒，进而使这项工作失去群众基础。每次开展人才盘点工作时，员工心里难免会想："哦，HR部门又要来摸我的底了。"

10. 应用不落地

个体经常做一些没有实际价值的事情，浪费一点时间和金钱，来体验自己的自由。但如果组织或部门也同样不理性，则会被认为愚蠢至极。盘点过程和结果落地的可用性差，包括忽略应用、过于复杂，或者无法使用，都是对组织资源的浪费，也必然会导致工作失败。

上述这些导致失败的原因，其实也只是问题的表象，其根源来自组织内大家普遍的错误观念。常见的三种错误观念如下。

短期主义："一年之计，莫如树谷；十年之计，莫如树木；终身之计，莫如树人。"没有人会反对这种说法，但只有很少的人会去做。**如果人们缺乏智慧和经验来兼顾当下与长远，短期目标就会成为长期目标的最大阻碍。**当人才发展碰上业务发展时，很多管理者会毫不犹豫地选择关注后者，毕竟如果今年都活不过，谈何未来！这种短期主义听起来冠冕堂皇，但未来终究会变成现在，不预而立的事情从不会发生，最终业务发展也会一年更比一年难。

责任推脱：组织也可能认为树人的确重要，但把人才供给、人才流失、员工关系、雇主品牌等，都交给 HR 部门来负责，如果出了问题就是 HR 部门的工作没有做好。**所有组织的业务下滑分析与诊断，最后结论都是三个原因：人才招聘没招对，人才培养没做好，考核激励不到位。总之都是 HR 部门的问题。**可是组织内部很多人事问题，根本不是 HR 部门可以全部直接解决的。比如，有一家科技企业的产品开发部人才流失严重，也很难从市场上招到人，部门负责人说是因为工资待遇不够高，但实际上所有主动和被动离开的人都对他心怀恨意，在朋友圈和校友圈散布了大量关于他的负面评论。如果这个负责人不承担起应有的责任，解决自身的问题，那么 HR 部门更是什么问题都解决不了（当然 HR 部门要负起责任来解决这个负责人的问题）。

机械简单：人的复杂性毋庸置疑，几千年以来不管是哲学家还是社会学家，抑或是心理学家和生物学家，都没有把人完全搞清楚。但还是有很多管理者低估了人的复杂性，把人看得过于机械简单。当他们在组织内秉持这样的理念开展工作时，就会倾向于采用简单粗暴的方法，尽量减少自己的认知资源投入，其结果当然会和实际情况谬以千里。比如，某金融企业每个季度都要做一次360度反馈，并根据分数排序进行绩效考核，实施几次后大家的评分都很高，几乎没有区分度，也就没有用处。

失败的原因各有不同，成功的样子大体相似。做好人才盘点的确要避免失败的陷阱，但不失败并不代表能成功，所以我们还要把握共性的成功要素。

2.3　人才盘点的成功关键

当我们谈论一个伟大的成就时，总想使用宏大的、罕见的、奇特的叙事方式，可实际上改变历史的都是一些技术性的进步。含有锡或铅的青铜、统一标准的度量衡、用植物纤维造的纸，比那些伟大的帝王更能促进社会的进步。很多时候我们以为高手过招一定是棋逢对手、深刻睿智的，实际上他们可能就是在改错别字。在分析人才盘点的成功关键时，我们大可忽略战略、组织、文化等高级概念，埋头从实施的细节中找到真正的影响要素。基于对众多组织人才盘点工作的观察，作者总结了五点人才盘点的成功关键。这些关键要素尤其适用于中国文化主导下的企业（至于其他文化主导下的企业是否适用就不得而知了）。

1. 准确可靠

对内部人才的评价与盘点，相比对外部人才的评价与招聘，有更高的准确度要求，否则就会造成非常大的负面影响。对外招聘人才时，只要招进来的1个人还不错，大家并不知道你拒绝了9个更优秀的人。但是在内部人才盘点中，10个人中只要有1个被明显地误判，就会使相关方觉得很不公正。要使评价结果准确可靠，需要采取一系列举措，如提升标准的清晰度，提高评委的多样性、专业性与开放度，工具与方法的有效整合，结果产出的合理呈现和应用等。

2. 领导共识

组织在用人方面，不应仅仅走流程，而应通过洞察人才来促进业务和人才的共同成长。**中国管理者的一个普遍特点是"百闻不如一见"，直白点说就是"从技术和政治上都不太信任他人"。**如果中层干部的盘点高层不参加，基层干部的盘点中层不参加，那么他们就很难认同盘点的结果，也就不会在工作中采取任何行动，因此人才盘点需要有管理者识人用人的共识。要想达成共识，需要有充分的信息交流，甚至是对人才的激烈争辩，以增加个人不曾了解的剖面，打破信息壁垒，消除对人才的偏见。

3. 能力内化

人才管理是组织的核心能力之一。构建这种能力不仅要沉淀人才盘点的方法、工具和流程，更需要各级管理者的积极参与。各级管理者需要具备相应的知识和技能，保持公平客观的态度，以做出准确的判断。人才竞争优势的建立，需要HR部门付出大量的努力，但这种优势绝不是HR工作者可以独自承载的，必须有各级管理者的深度参与。因此，在衡量人才盘点项目的成败时，需要考虑**"组织各级管理者是否通过参与这项工作，在人才管理方面得到了意识和能力的提升"**。

4. 业务密联

成功的人才盘点应使用与业务紧密相关的语言，而不是难以理解的专业方法和概念。人才盘点不是专门只评价人，而是要"知事识人"，即把人放到具体岗位和任务中去评判。所以，人才盘点必须讨论与业务相关的事情，要看到人是如何做业务、如何思考和行动的。中国企业的老板和管理者大都信奉"耳听为虚，眼见为实"，不相信所谓的第三方权威，所以国外企业常用的评价中心，在国内其实没有太大的生存空间。

5. 发展导向

组织的竞争优势来自队伍的不断进步，而人才盘点也不应该放弃对人才的发展。从员工的角度来讲，参与了人才盘点却没有任何反馈，就如同"脱光了让医生检查，医生却不给诊断报告"一样，他们的内心一定是不满且不安的，如果下次再做，那么他们一定不会再"赤诚相见"。从组织的角度来讲，人才工作的目标是培养更强大的组织能力，如果通过各种形式的反馈，让人才客观地了解自己（优势、不足而非盘点的结论），并在组织和上级的帮助下实现持续的成长，那对组织而言是百利而无一害的。

以上五个要素是中国企业做好人才盘点最普遍的成功关键。由于不同组织在不同场景下的需求有所不同，其成功关键可能会有所侧重：有的以能力内化的试点为主，有的以领导达成用人共识为主，有的以促进业务的交流融合为主。但无论如何，这些关键要素只能通过具体的工作来实现。人才盘点要做的事情，可以分为四个模块。

2.4　人才盘点的四项工作

任何一座宏伟的宫殿都需要一砖一瓦的积累，同样地，任何一项工作也都由更小的任务组成。人才盘点主要包括四个关键环节，分别是标准（Criteria）、评价（Assessment）、盘点（Review）和行动（Action），简称CARA。

第一项工作是建立人才标准体系。即在盘点之前，要清楚需要用什么样的标准来评价与盘点人才。是只评价过往绩效，还是要综合考虑个人潜力？潜力是只看思维能力，还是也要考察内在驱动力？不同的组织、不同的岗位、不同的发展阶段，对人的要求是不同的，如果标准设立不当，方向不对，那么后边的评价与盘点工作不仅会毫无价值，甚至

反而会误导组织的用人观念。

第二项工作是构建人才评价体系。对人进行量化，尤其是对人的心理属性进行量化，是一项极具挑战性的任务，否则也不会有"画虎画皮难画骨，知人知面不知心"的古训。评价人才虽然困难，但只要遵循科学的评价方法，我们就依然有可能深入地了解他人。不同的工具与方法有不同的优势和不足，只有充分了解所有可能的工具与方法，才能组合设计出最优的解决方案。

第三项工作是建立人才盘点体系。人才评价并不等同于人才盘点。人才盘点还包括更多的内容，如对人才的最终评价定论，对其未来的任用、发展、继任等意见，以及组织和部门的行动计划等。可以打一个比方，测评就好像准备鸡蛋和番茄，人才盘点不仅是炒好鸡蛋和番茄，还得盛到盘子里，准备好碗筷才行。人才评价是人才盘点不可缺少的一部分，但人才盘点更加系统完整。由于整合工具与方法和形成最终意见的设计有多种可能性，因此人才盘点有很多模式。

第四项工作是构建落地应用体系。如果人才盘点的结果不能发挥实际的作用，那么这项工作的价值就等于零。人才盘点既是对人才个体的区分，也是对组织整体人才情况的诊断，因此需要在盘点后从组织、部门、个体等层面采取系统的行动，通过组织调整、流程优化、人才升降、实践历练、辅导教练等方式，解决盘点中发现的各种具体问题，以持续塑造组织的人才竞争优势。

这四项工作由于关联紧密，因此通常会合并起来实施，成为组织人才管理的核心任务。以这些工作为基础，组织可以构建一条体系化的人才供应链，有效地解决业务发展中的人才问题。

从宏观层面来看，以组织业务需求为出发点，通过开展上述四项工作，可系统性地回答"**我们需要什么样的人，我们有什么样的人，如何**

才能拥有这样的人"三个问题，构建起支撑业务的人才竞争力，并最终落实到绩效目标的达成中。

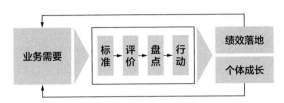

从微观层面来看，这些工作可具体到组织中的个体。以业务的需要来衡量人才，并通过系统性的方法，包括晋升、转岗、历练、辅导等，促进人才和岗位的匹配，塑造并发挥人才的最大价值。

人才盘点工作不仅关注宏观层面的组织需求，也兼顾微观层面的个体需求，把"事"的有效完成落实到"人"上，也把"人"的成长发展依附于"事"中，有效满足了组织持续竞争及人才自我解放的两大需求。在第 4 章到第 11 章中，我们将详细介绍这四个方面的相关原理方法和实践案例。

Chapter
3

第3章

人才的标准及类型

《孙子兵法》里说："将者，智、信、仁、勇、严也。"儒家认为做人应当遵循"仁、义、礼、智、信"的五常道德准则。由此可见，要评价一个人，首先需要有一套标准。如果组织没有清晰的人才标准，那么在评价与盘点自己的人才时就会乱套。下面先分享两个人才盘点中的真实案例，来说明人才标准的重要性和价值点。

> **案例一**：在一次专业人才的晋升盘点项目中，作者与一位内部评委就一个专业人才的评价产生了分歧：按照事先确定的专业人才评价标准（包括专业洞察、专业精神、专业影响等方面），该员工不能被晋升到更高的专业职级。但是内部评委不同意，说："他现在负责部门内部的很多事情，处理了大量沟通协调的困难工作，过去一年几乎天天加班，人都瘦了一圈，对于这样的人才，还是要给予认可的。"这种情况，该如何回应是好？

> **案例二**：在另一次销售人员后备人才库选拔盘点项目中，作者又与一位内部评委就某个人才的评价产生了不同意见：按照公司业务转型对销售人才的要求（包括市场敏锐、经营意识、共启愿景等方面），这个员工的评分很低，并非公司所期望的人才类

型，绝不可能被放入明星员工的位置。但是内部评委竭力为其辩护，说："他在服务当地的强势经销商方面做得非常好，之前好几个人都被经销商骂走了，他不管对方怎么骂都是笑脸相迎，磨合得很好。虽然他的经营规划能力的确很弱，但是经销商本身比较强，他只需要做好支持就行。"这种情况，又该如何对人才进行定论？

上述两个场景中的分歧，其根源不在于识人能力的高低，而是评价者内心对人才标准的认知差异。案例一中内部评委的观念是：晋升是对过往业绩和贡献的奖励，只要能晋升就行，管它是专业通道还是管理通道。案例二中内部评委的观念则是：有业绩的人才就是高潜力人才，只要能适应岗位做出贡献即可，不管他凭借的是什么优势。我们暂不赘述讨论的过程，先说明两个案例的最终处理共识：案例一中的员工不走专业路线，改走管理路线；案例二中的员工不进入高潜力人才库，但可以给予奖励，并继续在岗任职。

作者之所以经常与企业的内部评委就人才的评价产生分歧，并不是因为作者对人际关系不敏感或合作性太差，而是人才盘点中最重要的价值，就在于对人才标准和人才情况的深入辨析。"真金不怕火炼，真人不怕考验"，不同视角甚至相反意见的交流、整合、矫正，可以使我们加深对人才情况的认识，为后续的人才工作奠定基础。但人才辨析的基础，应该有一个相对清晰全面的标准，来指引评价和讨论的方向。在上述两个案例中，如果没有事先确立人才标准，则无法分辨是非对错，对人才的讨论很容易陷入各执己见的争论，且无法达成最终的共识。

人才标准之所以是值得重点探讨的议题，底层原因是人的多样性和

不完美。**如果每个人都完全一样，相互之间具有可替代性，那么所有的人才工作都只需要做加减乘除即可。**正是因为人的多样性，我们才需要根据个体的特点、优势和不足，把人和岗位进行最佳匹配。要描绘人的多样性，我们需要有较为全面的标准，通过结构化的分析，看到每个人在各方面的高低状态。

人不仅有千差万别的多样性，更有金无足赤的不完美。世界上可能不乏一事无成之人，但绝对没有完美无瑕的人。如果每个人都是完美的，或者能够通过努力成为完美的人，那么我们也不需要思考组织或岗位的独特要求，只需要用一套完美的标准来要求和评价人即可。**正是因为人的不完美，我们才需要抓住影响成功的关键要素，放弃那些次要的要素，不再以完美的标准来要求人，否则我们连一个可用之人都找不到。**

基于人的这两个特点（多样性和不完美），组织构建的人才标准也应当兼顾两个要求：一是能全面区分，二是能聚焦关键。要描述和解释个体的独特性，评价的标准就越多越好；但如果要在普遍的不完美中找到相对的完美，评价的标准就要百里挑一。比如，我们只用聪明与否来评价人才，就只能对人才进行简单分类，很难更进一步与具体岗位相匹配。但也不能走到另一个极端，像某公司提出了24项能力素质来衡量其管理者，虽然每个人的得分各有高低且每个人都非常独特，但24项分数整合起来看旗鼓相当，没有在关键标准上区分出人才。

为了兼顾上述两个要求，我们经常需要舍弃一些看似重要的人才标准，如"组织忠诚""诚信正直"。作者评价过很多次这样的指标，发现人们在这类标准上的得分很难有差异：既没有很多吃里爬外的内贼，也没有大把舍生忘死的义士。有的组织或领导非常看重这些标准，我们可以把它们作为一种基础指标或否决指标，但不要作为人才的区分性因素。

由于人的复杂性和资源的有限性，因此对人才的盘点很难同时做到广度上的"一览无遗"和深度上的"一目了然"。人才盘点的标准既要相对全面又要突出重点，因此建议重点关注三类标准：绩效、潜力和经验。

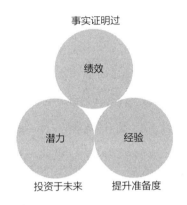

绩效是过去一段时间个人在岗位上做出的价值和贡献。在过去长时间内没有成就和贡献的人，也不太可能在瞬息之间就转而表现卓越。潜力是一个人内在具备的，对适应未来岗位要求至关重要，又相对难以改变的内在心理特质，是组织对人才在未来的投资。经验是一种发展性的指标，反映了人才的准备度。只有经历众多磨难和挑战的人，才有把握应对更多的磨难和挑战。

绩效、潜力和经验三个要素并非完全独立，而是彼此相关：内在潜力高的人，更有可能取得高绩效；绩效表现优秀的人，更有可能得到更多历练的机会；而丰富的经验也能反过来促进内在潜力的提升。这三个要素也是动态变化的，即使相对稳定的潜力，也有可能发生一些变化，所以人才盘点不是一项一次性的工作，而是需要周期性开展的工作。**如果每个人毫无改变自身的可能性，那么只能臣服于先天赋予的命运。**如果组织的人才工作"一盘而定终身"，那么人们也不再需要努力学习和工作，只要奋力获取一个好的盘点结果就一劳永逸了。

3.1 绩效

预测一个人在未来成功的可能性，最简单也是最有效的指标（但不是100%有效），就是他过去在这个领域或相似领域的成就。绩效指标是一种相对客观且容易衡量的标准。如果组织的绩效考核做得比较客观，则可以直接采用过去1～3年的绩效数据来盘点人才。如果由于各种原因导致绩效数据不可信，也可以由了解实际情况的直属业务管理者来评定。

不同岗位的工作内容各不相同，为了增强绩效评价的横向可比性，可以采用如下五个等级的标准来区分绩效的水平。

等级	描述
1-缺失	没有达到工作的基本要求，几乎不能产出岗位要求的成果
2-底线	达到底线的要求，工作成就在同事中处于较低水平
3-达标	达到企业和岗位的要求，但表现不够稳定，有时会有差距
4-优秀	持续达到工作的要求，偶尔有超越目标的表现
5-卓越	长期高质量地达成目标，经常取得超越他人期望的表现

五个绩效等级的形象表现如下图示意。

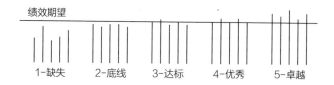

人才盘点中对个人绩效的评价，需要全面考虑其主要价值与贡献。任何一种岗位的目标都可以拆分为若干个小目标，这些目标之间存在三种关系。

1. 相互促进

主要的绩效目标是前后衔接的，后一阶段的成效受前一阶段的制约，如销售岗位的新客户开发数量、销售成交额、销售回款额等。这种绩效指标的设计基于对工作的全流程管理，常见于基础性岗位。

2. 相互独立

工作是若干个模块的组合，各个模块分别有其价值，如财务经理岗位的成本控制、会计核算质量、资金管理、服务质量等。这种绩效指标的设计基于岗位负责的多个工作模块，但相互之间没有强烈的影响，常见于专业性岗位。

3. 相互制约

主要工作目标之间具有相互抵消的影响。例如：质量、进度、成本三者很难同时兼顾，高质量和快速度往往意味着高成本；追求营收的快速增长就要在一定程度上放弃对利润的要求；增加研发投入减少盈利会使短期股价较低，但对企业长期发展更有价值。由于这些目标需要进行平衡和取舍，因此常见于管理性岗位。越是高层级的管理性岗位，越是要做出困难的平衡和取舍。

3.2 潜力

人才"潜力"的概念非常模糊。"潜"是指在水底下，引申为隐蔽的、暗中的，因此"潜力"是尚未被转化的能力或趋势。按照这样的定义，"潜力"实际上是相对而非绝对的概念，这里的"相对"有三个方面的含义。

第一个方面：潜力是相对于岗位的角色要求而言的。在陆地上有生存潜力的动物，在海底却很有可能被淹死。一个人是否有潜力，取决于匹配的发展方向是什么。比如，一个有潜力干好销售的人，不见得有潜力做好研发；一个有潜力做居委会主任的人，不见得有潜力到企业里做HR经理。

第二个方面：潜力是相对于特定的时间周期而言的。一个人在某段时间相对于某个岗位没有潜力，并不代表他永远没有改变的希望。短期内相对稳定的心理特点，在较长时间内也有改变的可能。人们可以通过学习和锻炼来发展自己的潜力，如一个对人际关系不太敏感的人，可以通过刻意地学习和锻炼，使自己的人际感知变得敏感，只是这种改变需要较长时间。

第三个方面：潜力是相对于转化的结果产出而言的。不同的人所说"潜力"的内涵差异巨大，即便同一个人在不同场景下使用"潜力"一词，所表达的意思也大有不同。其原因在于，根据"转化的结果产出"不同，"潜力"一词具有的内涵也不一样。我们可以把"潜力"的内涵划分为三个层次。

➤ **广义内涵——尚未兑现为晋升提拔的综合因素，即具有潜力则有提拔重用之可能：**如果要判断能否重用、是否提拔人才，潜力标准就必须是一种多因素的综合。比如，有的机构认为高潜力人才是"对组织忠诚，在过去做出了较大成就和贡献，且有匹配未来的专业技术和较强的能力素质优势"。这种潜力的定义包含各种因素，是一种广义的内涵。

➤ **中间内涵——尚未转换为工作成果的有效行为，即具有潜力则有取得成果之可能**：介于狭义的深层心理属性和广义的多种指标综合之间，中间内涵的潜力关注个体有效的行为及其内在原因，即我们通常所熟知的素质。这种潜力既包含狭义内涵中的价值观、个性、智力，也包含相应的知识和技能，其优势在于直接评价并预测人们行为的强度或高度。

➤ **狭义内涵——尚未表现为有效行为的底层属性，即具有潜力则有行为习得之可能**：从心理学的视角出发，可以把潜力定义为个体内在具备的、难以改变的，用于支撑个体在未来表现出某种行为能力的心理属性。按照这个定义，潜力的核心成分包括价值观、个性、智力三个因素，而不包括知识、技能、经验等容易改变的心理属性。这种只看底层心理属性的潜力，是一种狭义的内涵。

三种潜力的内涵示意如下，广义内涵包含中间内涵，中间内涵包含狭义内涵。

我们无须花费时间和精力来争论究竟哪种潜力才是真正的潜力。所有先有概念、再有内涵的争论都不会有结果，很有可能争论的各方都是对的，但又不完全对。与其徒劳纷争，不如分析清楚在什么场景下，使用哪种标准可能更有实际价值。

如果是进行较长期的预测（3年以上），如分析个人的职业倾向，探索个人的底层优势，预测个人的脱轨因素，则通常使用狭义内涵的潜力标准，即关注价值观、个性、智力等难以改变的心理属性。比如，我们说一个大学生有做科研的潜力，大概率指的是他的性格能静下来，智商比较高，并且对科学和真理更感兴趣，而不是认为他已经掌握了充足的科学知识和方法，马上就要产出高质量的科研成果了。

如果是预测人才的中期表现［1～3年（含）］，如选拔储备干部，分析人才业务增长的可能，则通常使用中间内涵的潜力标准，不仅要分析价值观、个性、智力，更要分析它们已经被开发到的真实水平，即个体可以表现出的实际行为，也就是素质。**一个人能把事情做好，不是因为其内在的价值观、个性、智力，而是因为其行为，而行为的背后是包含多种心理因素的素质。**因此，在人才盘点中，评价人的素质，相比关注其内心个性或价值取向，可以更有效地预测中期的未来。比如，我们说一个销售经理非常有潜力，绝对不只是因为他性格积极、智力合格、对业绩有强烈渴望，而是因为他展现出了高水平的行为，有潜力拿到更多的订单。

如果是短期内进行的人才决策［6～12个月（含）］，如提拔人才、优化队伍，则要使用广义内涵的潜力标准，除了人的内在素质，还要把年龄、专业对口、经验等因素综合起来，以决定谁可以马上被提拔任用，谁可以立刻被优化剔除。广义内涵的潜力标准，往往根据组织性质、发展阶段、适应层级等而不同。比如，对基层管理者的盘点，几乎不用太考虑忠诚的问题，因为大部分人都很容易产生身份认同感，并且他们不像中高层管理者会因为忠诚的问题带来巨大的风险。再如，盘点专业序列人才，就要把专利、著作等作为重点标准，而不用像盘点管理者一样考察其管理经验。

综上，将中间内涵的潜力标准，即素质，作为人才盘点的标准，有三个好处。

一是更加重视人的内在综合属性，与行为表现直接相关。

二是关注中短期的预测，更具管理实践的可行性。

三是预测有效性相对更强，减少误差。

这也是很多组织都会构建素质模型，并且用以评价与盘点人才的底层原因。本书将素质作为潜力评价标准来展开相应模式和实践的论述，在第 4 章会详细介绍素质及素质模型的有关内容。

不同的素质的内涵差异巨大，如"概念思维"和"成熟稳重"两项素质完全不同。我们在使用时需要对这些素质进行量化，最好有明确且一致的刻度。通常采用五个等级的刻度来描述素质的水平。

等级	描述
1- 入门	几乎没有表现出某项素质，仅处于一知半解的水平
2- 有限	表现出某项素质的基本要求，但水平非常有限，或者效果不明显
3- 有效	某项素质达到独立运用的水平，能使用该能力有效解决问题
4- 熟练	非常自如熟练地运用某项素质，并且使用该能力取得显著成果
5- 精通	在某项素质上表现卓越，代表此方面行为的典范和最高水平

3.3 经验

经验既是个人经历的描述，也是个人对所经历事件的全部认知。经验是获取和证明个人知识、技能、价值观等心理活动的重要途径与综合指标。针对不同层级、不同类型的岗位，经验要求相差很大：越是高层级的岗位，所需的经验就越多，且通常都比较重大、复杂；越是低层级的岗位，所需的经验就越少，且通常都比较细微、简单。

以选拔业务单元负责人为例，如果候选人管理过较小的独立核算的经营单位，在集团总部的后端岗位和区域公司的业务一线都干过，还参与过一些跨区域或跨职能的重点项目，做过一些新市场、新客户、新产品的开拓工作，那么他的准备度就会很高，上岗后不胜任的风险就会较小。

再如，某公司在客户经理岗位的人才盘点中，总结了八项核心经验作为评价盘点和发展指导的标准。这些经验标准很好地描述了优秀的客户经理应该有什么经历，是如何成长起来的，以及成长过程中还需要积累哪些经验。

❶ **一线工作经验**：在业务一线从事基础的客户开发、市场管理等工作。

❷ **团队管理经验**：管理并塑造了优秀团队，有效为组织发展输出人才。

❸ **跨区域工作经验**：在不同地理区域工作，成功适应不同环境、文化及挑战。

❹ **新产品导入经验**：在市场成功导入公司新产品，有效推广新产品。

❺ **逆转市场经验**：有效遏制市场下滑，提升团队士气，促进业务回升。

❻ **开发新市场经验**：带领市场从无到有，构建完善的业务体系，为业务增长奠定基础。

❼ **快速增长经验**：带领市场从弱到强，短期内实现收入的快速增长。

❽ **系统学习经验**：参加公司组织的后备培养计划或外部系统性在职教育。

在人才盘点中，经验标准主要有两种价值：一是判断人才的成熟程度，二是规划下一步发展的挑战性任务。在规划人才梯队的培养时，还可以绘制更加精细的"经验地图"，把人才在不同职业阶段应该积累的经验梳理出来，指导员工在相应的阶段进行有针对性的历练。

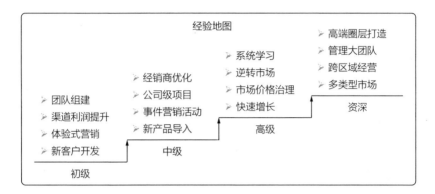

对于经验的多寡，在人才盘点中也需要进行量化的评价。对于经验的区分，可以按照如下五个等级标准进行评价。

等级	描述
1-欠缺	欠缺大部分岗位所要求的经验，或者虽有所经历，但并未从经历中学习与提升
2-少许	具备岗位所要求的部分非核心经验，或者在过去的经历中只获得有限的成长
3-核心	具备岗位所要求的核心经验，或者在多项经验上具有一般程度的积累
4-多样	具备多样化经验，覆盖岗位职责的大多数场景，并且有些经验较有价值
5-丰富	具备岗位所能经历的各种丰富的经验，其中多段经历极有成就和价值

如果将一个圆作为目标岗位上标杆人才的经验范围，那么五个等级的经验水平大致如下所示。

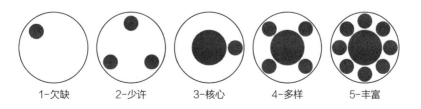

通常，一个人才不可能获取所在岗位的所有经验，因为一方面没有组织会等人才完全成熟后再提拔任用，另一方面优秀的人才也不会认为自己真的需要那么久才能站上更高的舞台。通常，当人才的经验达到"多样"甚至"核心"的程度时，就很有可能被委以更大的责任。

3.4　人才的类型

使用"绩效—潜力—经验"三方面标准，将每个维度分为高低两个等级，我们就可以比较清晰地刻画出组织内八种不同类型的人才。

绩效	潜力	经验	类型
高	高	高	马上提拔的牛人
高	高	低	经验不足的新星
高	低	高	难以提拔的功臣
高	低	低	好运当头的幸运儿
低	高	高	亟待证明的高手
低	高	低	初入职场的新兵
低	低	高	缓慢适应的老人
低	低	低	岗位错配的苦命人

1. 马上提拔的牛人

如果一个人才总是能在岗位上取得优秀的绩效，同时具有很强的内在素质潜力，并且积累了丰富的经验，那么这个人才就已经做好了充分的准备。可以考虑马上予以提拔，或者给予更重要的任务以促使其发挥更大的价值，使其获得更多的成长。

2. 经验不足的新星

他们具有非常高的发展潜力，虽然加入组织或任职岗位的时间不长，但也取得了很好的绩效。他们就如同冉冉上升的新星，只要能在未来积累更多具有挑战性的经验，就可以承担更大的责任。经受这些挑战，就是"艰难困苦，玉汝于成"的过程，可能也会有

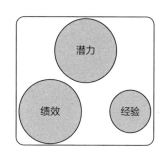

人无法成功经受这些挑战，潜力无法得到发展，进而逐渐退步。

3. 难以提拔的功臣

他们过去在岗位上取得了比较优秀的绩效成果，也具有相对丰富的经验，但由于潜力较低，可能难以被提拔到更高的位置。这些人的年龄常常较大，过去为组织的发展做了不少贡献（不然也不可能获得丰富的经验）。对他们来说，最有利于个人和组织的

安排，是在当前岗位上持续做出贡献，并把丰富的经验做一些归纳和传递，培养未来的接班人。

4. 好运当头的幸运儿

这是一种不正常的人才状态，不会长期或普遍存在：他们缺乏潜力和经验，却有很好的绩效表现。处于这种状态的主要原因如果不是运气好，那就是有人给予特别照顾，或者具有不可复制和管理的优势。但不管是

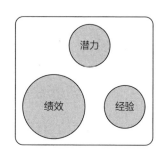

哪种原因导致了高绩效，这种绩效对组织来说都是有风险的。

5. 亟待证明的高手

他们具有非常丰富的挑战性经验，以及适应岗位所需的内在素质潜力，但是尚未在岗位上做出成绩。这种情况常见于新调动或新加入的成熟人才，他们需要一些时间来（重新）证明自己，然后便可以承担更大的责任。但是由于机遇的偶然性、文化的适配性、团队的支持度等因素，他们的潜力和经验不一定会发挥作用，空降折损的概率很大。

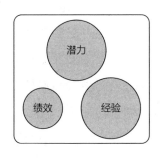

6. 初入职场的新兵

如果一个人才只有潜力，既没有做出成绩，也没有丰富的经验，那么通常就是刚加入组织或任职岗位的新兵。他们既没有功劳，也没有包袱，需要的是积极投入工作发挥自己的潜力，既要创造工作价值，也要积累经验获取成长。

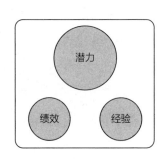

7. 缓慢适应的老人

组织内常常有很多"老人"，他们经历过很多事情，但由于市场的变化和组织的变革，其能力已经不足以支撑其获取高绩效表现。由于在组织内的时间很长，所以他们的记忆很多，经常会怀念过去成功时的状态，

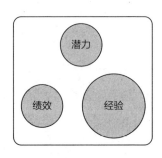

言必称过往如何如何，有一种"世风日下，人心不古"的痛惜感。如果组织里有太多这类人，则很难推动变革。

8.岗位错配的苦命人

绩效表现不足，发展潜力较低，且缺乏相应挑战性经验的人才，实际上是与岗位的错配。这种状态下的人才不仅无法满足组织对他们的工作期望，他们的内心感受也非常痛苦。最好马上做出调整，使人才发挥其应有的价值。

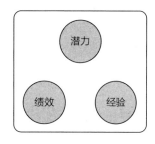

从动态来看，这八种类型的人才也会相互转化，比较正面积极的转化为：初入职场的新兵（低绩效—高潜力—低经验），如果上级指导和机遇把握得当，则很容易成长为经验不足的新星（高绩效—高潜力—低经验），然后通过持续的历练和经验的积累，成长为马上提拔的牛人（高绩效—高潜力—高经验）。

有正面积极的转化，就会有反面消极的转化：好运当头的幸运儿（高绩效—低潜力—低经验），如果错把自己的运气或他人的帮助当成自己的实力，不认真学习提升自身的能力素质，那么很有可能在第二年就成为岗位错配的苦命人（低绩效—低潜力—低经验）；难以提拔的功臣（高绩效—低潜力—高经验）、缓慢适应的老人（低绩效—低潜力—高经验）也很容易逐渐退化为岗位错配的苦命人。

3.5　人才九宫格

上述八种类型的人才，是综合绩效、潜力、经验三种标准进行的大致划分，可以使我们对人才有更为立体的认识。由于每个维度只分了高低两个等级，所以对人才的区分比较粗略。为了使人才评价更为精准，我们至少需要把人才的每种标准区分为"高—中—低"三个等级，这样就可以进一步把人才分为27种类型。不过这种划分虽然精密，却也失去了操作的便利性，理解起来也会比较困难。再考虑到我们处在三维世界，很难在二维的纸张和屏幕上展示三维的信息，因此在实践中，我们倾向于退而求其次，以相对更加重要的"绩效+潜力"两个维度，对人才进行"九宫格"的划分。而经验作为一种发展性的指标，需要在九宫格的基础上进行附加的评价。比如，绩效和潜力都很出色的明星人才，如果经验也很丰富，就应该快速提拔，如果经验不太够，就应该轮岗历练。

九宫格的横轴和纵轴放哪个维度并无统一标准，只要使用者达成一致认识便可。作者习惯**以纵轴代表绩效，以横轴代表潜力：纵向可以看绩效有多高，横向可以看未来走得有多远**，这样也便于理解和记忆。

	低潜力	中潜力	高潜力
高绩效	-7- 老手 （通常占比1%~5%）	-8- 骨干 （通常占比10%~20%）	-9- 明星 （通常占比5%~15%）
中绩效	-4- 过渡 （通常占比10%~20%）	-5- 主力 （通常占比30%~50%）	-6- 新秀 （通常占比5%~15%）
低绩效	-1- 错配 （通常占比5%~10%）	-2- 候补 （通常占比5%~10%）	-3- 新人 （通常占比1%~5%）

纵轴：绩效　横轴：潜力

三级潜力标准：

➤ 高潜力＝多方面能力素质表现优秀甚至卓越／较有可能向前发展两
   级以上。

➤ 中潜力＝有少数优势能力素质但总体水平中等／最多向前发展一级。

➤ 低潜力＝没有特别明显的优势且有诸多短板／很难再向前取得职级
   的进步。

三级绩效标准：

➤ 高绩效＝持续达成并经常超越岗位要求。

➤ 中绩效＝经常达成但偶尔不达岗位要求。

➤ 低绩效＝经常不达岗位基本要求。

前面在介绍人才标准时，设计了绩效和潜力五个等级的刻度，而这
里的九宫格又展现了三个等级的区间，二者是何关系？

每一项人才标准就像一把尺子，如果尺子没有刻度，那么我们就无
法客观地表述所测之物。当我们设计人才标准时，何尝不想画出 100 个清
晰的刻度来，但由于这些标准具有抽象性，一番努力下来写出 5 个区分明
显的刻度已不容易，因此本书使用的都是五个等级刻度的标准。在用这
把尺子评价人才时，由于我们的"视力"不太好（对人的敏感性不够），
被评价的人还飘忽不定（能力表现会波动），所以我们只能得到一个大概
的分数，如 2.5 分（刻度在第 2 级和第 3 级之间），而绝不可能精准到 2.52
分（人才评分 2.52 分和 2.5 分是没有区别的）。

测量完所有人后，我们可以划分"高—中—低"三个等级的区间，
三个等级的区间和五个等级的刻度没有必然的对应关系，例如有时候我
们把低分界线划到 2 分，有时候也可能是 2.5 分。我们也可以采用人才

25宫格，把评分分成"极高—较高—居中—较低—极低"五个等级的区间，并划分相应的分数线。这个分数线常常由分布规律（相对标准：如20%低—60%中—20%高）或标准刻度（绝对标准：如等级2以下低—等级2~3中—等级3以上高）来界定。

至于九宫格里的1~9怎么排，有的把明星排1、错配排9（见下左图），这无所谓。有的把过渡排3、新人排4、老手排6、新秀排7（见下中图），或者镜像翻转（见下右图），以展现九个格子的递进关系。这两种模式着实没什么必要，无外乎前者强调绩效比潜力更重要，后者强调潜力比绩效更重要。但究竟是"新人"更有价值，还是"老手"更有价值，在九宫格的次序里就下了定义，再过多调整九个格子恐怕只会带来不必要的沟通成本。

-3-	-2-	-1-
-6-	-5-	-4-
-9-	-8-	-7-

-6-	-8-	-9-
-3-	-5-	-7-
-1-	-2-	-4-

-4-	-7-	-9-
-2-	-5-	-8-
-1-	-3-	-6-

最简单朴素的做法往往最容易理解，我们按照从左到右、自下而上的顺序排1~9，本书后续所有盘点的模式和案例，均以这种数字顺序来标注九宫格。九个格子里的人才，根据其绩效和潜力的组合，定义如下。

❶**错配**：无法取得期望的绩效表现，也不具备未来表现更好的潜力，需要考虑调换岗位，发挥个人其他优势。

❷**候补**：具有一定发展潜力，但绩效表现尚未达到要求，急需提升岗位适应能力，做出工作成绩。

❸**新人**：具备较高发展潜力，但由于专业知识、技能和经验等的缺

乏，需要时间来熟悉，以提高绩效水平。

❹ **过渡**：通过努力投入和长期积累，绩效表现尚可，但发展潜力较低，需要考虑未来岗位适应的风险。

❺ **主力**：稳定的贡献者，绩效表现和发展潜力均处于中等水平，需要更多的历练和成长，是多数人的位置。

❻ **新秀**：具有很高的发展潜力，虽然尚未取得最佳的绩效表现，但持续努力可以进一步发展成为明星。

❼ **老手**：凭借经验、资源或专业技能有优秀的绩效表现，但发展潜力较低，虽然短期难以被替代，但长期会有巨大的发展制约。

❽ **骨干**：为组织和团队贡献高绩效表现，但可持续提升的潜力中等，需要增加挑战，以进一步提升潜力。

❾ **明星**：具有很高的发展潜力和卓越的绩效表现，如果具备一定的经验，则可以承担更大的责任。

上述九宫格的每个格子里，根据作者对大量实践数据的分析，以及理论假设的演算，建议了人数比例范围。这个范围并非不可逾越，但突破这个范围往往意味着盘点结果的失真，或者是组织面临着非常独特的人才挑战，关于数据范围及分布模式的分析详见第10章。

除了上述这种最常用的九宫格，还有另外两种类型的演变。一种是改变横纵轴的维度，如"业绩+价值观"，或者"能力+潜力"等。虽然本书将"绩效+潜力"作为盘点的底层结构，但并不反对组织基于自身的独特需求提出更适合的模型，甚至鼓励在全面了解各种模式和方法后，采取更符合实际需求的策略。比如，组织处在快速成长期，新增了很多人才，为了强调价值理念的统一，就可以将"价值观"作为一个维度。

再如，对专业人才的盘点，如果期望能找到技术管理人才，就可以使用"专业能力+管理潜力"的九宫格。

另一种是把评价维度分为更多等级，如四级或五级，得到人才的16宫格，甚至25宫格。这种做法虽然更为精准，但对组织的要求更高。暂且不论得到的盘点结果的复杂性，单就是25个格子后续差异化的行动计划，就足以逼疯想干点实事的人。因此，这些演变的应用普及性不如九宫格广泛。

某互联网公司曾经以"业绩+价值观"的标准来盘点人才，除了业绩和价值观都差的少数人，主要区分了四种（而不是九种）类型，其中最为大家所津津乐道的莫过于"野狗"和"小白兔"之别。这家公司之所以强调"价值观"，是因为当初的快速发展需要引导人们的价值取向，教育、同化各路人马。随着人员队伍的稳定，最近几年其人才盘点也回归到典型的"绩效+潜力"九宫格。

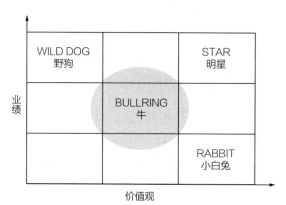

3.6 其他人才指标

上述三个人才标准及其组合已经够令人烦心倦目了，但我们不得不面对的一个事实是，人远比这些指标的组合更加复杂多变。每个人都有三种非常广泛的属性——社会属性、自然属性和心理属性，每种属性内又包含众多的因素。

> ➤ **社会属性**由个体的社会关系和地位所赋予，如籍贯、政治面貌、毕业学校、家庭关系等。没有一个正常人能脱离社会而存在，因此社会属性是人的必然属性。

> ➤ **自然属性**则是个体天生就有的一些生理特征，如身高、体重、相貌、酒量等。"皮之不存，毛将焉附"，自然属性也是人的必然属性。

> ➤ **心理属性**则是根植于头脑活动的心理特征，如知识、技能、经验、价值观、个性、智力等。心理活动也是人的基本特征，即使睡着了做的梦也有自己的特色。

这三种属性都可能对工作表现产生影响，如：社会属性的财富多少、朋友寡众；自然属性的酒量大小、颜值高低；心理属性的知识对错、欲望强弱。在盘点人才时，除了"绩效—潜力—经验"三个核心的人才标准，还需要根据实际情况，关注这三种属性中对组织和岗位产生重要影响的其他因素，其中比较重要的包括以下六项。

离职风险：短期内可能离开组织的各种风险因素，包括家庭原因（如夫妻离婚、情侣分手、父母赡养等）、同行动作（如融资后大肆挖人、新设机构、薪酬差距等）、内部矛盾（如上下级矛盾、团队成员冲突等）、个人需求（如职业兴趣变化、工作成就感缺失等）等因素而导致的员工离职风险。

调动意愿：离开当前岗位到新岗位的意愿，包括跨地域、职能、团队调动的意愿。影响这些意愿的因素包括个人家庭情况（如上有老，下有小，中有新婚或热恋的另一半等）、生活习惯（如饮食偏好、文化适应等）、个人追求（如厌恶生活变化、专注专业兴趣等），甚至是生理因素（如惧怕寒冷、酒精过敏等）。

脱轨因素：我们评价和发展人才，既要看到人的显著优势，也要看到人的致命短板。致命短板中除了品行问题，最为隐蔽且危险的，是人的负面个性，也可以称为黑暗个性（Dark Side Personality），如多疑敏感、情绪多变等。个人内在的黑暗个性，会导致其职业发展脱离正常轨道，因此也可以称为"脱轨因素"。在职业发展的中后期，尤其是在高层级岗位，脱轨因素的影响更大。

社会关系：虽然普遍来讲，社会关系对个人工作表现的影响正在减弱，但是在某些特定行业或岗位，其影响依然不可小觑。比如，夫妻在同一部门通常不会被大型组织所接受，万一从家里吵架一直吵到公司就不好办了。有些组织由于业务特殊性也会关心员工的婚姻和生育情况，如女航天员就会倾向于选拔已婚已育的；还有些组织在盘点人才时，也会考虑员工的亲密社会关系，因为某些社会关系对工作开展会有助力或阻力。

生理属性：包括年龄、健康状况、身高、相貌等自然属性。这些显而易见的评价指标，对某些组织和岗位非常重要，甚至不是作为"其他指标"，而是作为"主要指标"予以考察。比如，服务业通常对身高、相貌有一些基本要求，很多新兴技术行业不仅要看教育水平，也要看体力、精力，还有些组织会期望干部队伍更加年轻化。

性别差异：每个人首先是人，然后才是男人或女人。当性别或性别的比例的确影响工作表现时，我们才需要予以关注。**对绝大部分工作而言，任务的完成依靠的不是工作者的性别，而是工作者的思考和行为。**作者在一项个性特质的研究中发现，优秀的高层管理者，无论是男性还是女性，都具有非常相似的特质：都倾向于主动领导和影响他人，敢于决断并坚持己见，对人有深入的理解，关注宏观而不是细节，对待事情比较严肃认真，对人有一定的警惕和防范心理，乐于独来独往等。所以，如果是通过盘点选拔高层管理者，首先需要关注的是这些行为，而不是其性别。

从这些绩效、潜力和经验之外的指标中，我们可以发现员工的个人情况对其工作和职业的影响非常大，但是这在人才盘点中很容易被忽略。组织里的各级管理者，应该多关注员工的个人情况，而不是把工作和生活完全割裂，以追求所谓的"职业化"，这是当前很多组织人才工作中的一个误区和盲区。

总体而言，人才标准应当尽量全面，但又不失对重点的关注。这些指标的使用可以根据实际情况斟酌挑选，但其中的潜力因素，与岗位关联最为紧密，决定了人才与岗位的根本适配性，并且又难以量化，是人才盘点中最有价值，也是最为困难的部分，需要通过周密研究来明确其要求。

Chapter
4

第4章

*

素质及素质模型

在三个层次的潜力内涵中，中间内涵的"素质"较好地兼顾了预测人才行为的时间跨度和稳定程度，更容易被理解和应用，因此是最常见的潜力评价标准，但"素质"这一概念本身也充满了很多的误解。本章将澄清素质的具体内涵和表述方式，并详细介绍素质模型构建的方法论。

4.1 素质的内涵

事物的本质，不因其名称的不同而必然存在差异，如番茄和西红柿本就是一样东西。不同人口中相同的概念，也可能完全不是一个意思，如海南人说冷和东北人说冷并不是同样的冷。**了解一种事物的本质，首先应当分析其内在的构成要素，然后思考其功能和作用，或者厘清与其他临近事物的关系。**因此，素质的具体构成可以借助一个经典的心理学模型——冰山模型，来做详细说明。

该模型由心理学家麦克利兰（McClelland）提出，按照"认识和改变的难度"把人的心理属性类比成冰山：表层是知识、技能和经验，非常容易识别和改变；中间层是社会角色和价值观，可以被感知，但改变稍微困难；底层是自我形象、特质和动机，其识别和改变的难度更大。特质包含最佳表现类特质和典型行为类特质，前者即我们熟知的智力

（或叫认知能力），后者是个性的主要成分。

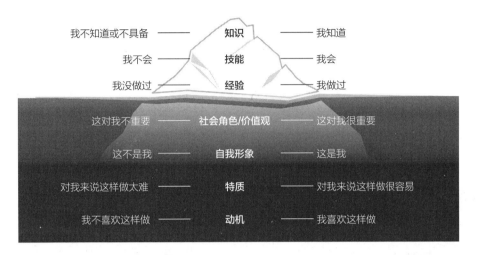

自我形象、特质和动机这三个因素密不可分，经常表现出很强的一致性，组成了一个人的个性。比如，一个人很喜欢谈判（动机），做谈判的工作感觉也比较顺心（特质），也会觉得自己是谈判高手（自我形象）。但**个性与社会角色、价值观，以及知识、技能、经验之间不一定会保持一致，这也是人具有复杂性的原因之一。**

素质的内涵，是一个人表现为某种外在行为的全部心理活动之和，也就是上述各种属性的综合。就像冰山的主要部分都在水面之下，表层的占比较小（12.6%），人的素质也主要受深层次心理属性的影响，表层的知识、技能、经验并非决定性因素。但是任何一种行为的产生，都不可能脱离知识、技能、经验等因素的参与：要打字需要知道拼音的知识，要谈判需要掌握沟通的技巧，要管理好一家企业最好有一定的经验。

以"沟通影响"这一素质为例，其行为表现会受到全部心理属性的综合影响。

素质	成分	说明
沟通影响	知识	与沟通有关的知识,如"知道不同沟通风格的特点""掌握比较大的词汇量以使沟通中的表达更为精准"等
	技能	与沟通有关的技能,如"适当停顿以引起他人注意""表达自己观点时的语气顿挫""排比句的刻意应用"等
	经验	在人际沟通方面的经验,如"参与采购谈判的经验""说服员工不要离职/主动离职的经验"等
	社会角色/价值观	对沟通本身及其过程、手段重要性的认知,如"自己是否应该主动与人交流""达成一致与命令执行哪种方式更有效"等
	个性	包括自我形象、特质和动机在内的个性倾向,如"觉得自己是否是一个擅长沟通的人""是否喜欢与人沟通"等
	智力	个人对一些复杂观点的理解和表达,也必然会包含智商的成分。若智力太低,则沟通影响力也不会特别强

我们还会经常遇到一些概念,如能力、才能、才干、胜任力等。这些概念在不同的人看来可能存在区别,但深究下来其本质是一样的:从总体的功能来讲,都能导致人们做出相应的行为;从具体的构成来讲,都包含相同的心理属性。如果一定要在具体的管理场景中同时使用这些概念,则最好能清楚界定其内在的具体构成要素,以使其相互区分,不至混淆。

4.2 素质的表述

由于素质比其中所包含的任何一种单一心理属性,如智力、个性、知识,更能预测人们的行为和结果,因此把素质作为评价和发展的重点,会更有实际意义。如果一种事物不可描述,那么我们就无法对其进行思考,更谈不上使用它来做事。素质作为一种抽象概念,对其进行表述和应用也并非易事,但我们需要清晰地展示其行为指向。

素质的表述，有两种基本的方式：一是"层级式"，二是"流程式"。前者的理论基础是心理学里的认知学派，强调内在的认知方式和水平；后者的理论基础是心理学里的行为学派，强调外在的行为动作和程序。

"层级式"清晰地表明素质不同等级的水平，但究竟应该如何完成一次有效的能力展示，却指导得不甚清晰，以"沟通影响"素质为例。

等级	水平	说明
1	愿意沟通	表现出影响他人的意图，愿意通过沟通来交流信息，但常常是简单的信息传递，直来直去的表述方式
2	单一手段	采用一些单一的方式来增强说服力，如用讲道理，打比方，列举案例，展示数据、图表、视频等方法中的某种方式，或者简单分析对他人的损益等来影响他人
3	方法多元	采用两种以上的方法、步骤或论据进行说服，这些步骤或论据之间相互补充或增强，并且对每种方法的使用更为娴熟
4	对症下药	根据对象的兴趣及特点，灵活采取说服的内容和方式，考虑对方的感受并应对其可能产生的反应，或者通过特别的举动以期对他人产生特殊的影响
5	丰富策略	运用自己对人性特点、群体运作机制、文化氛围等的深刻了解，通过政治联盟、连环套、借助外力等复杂手段，引导群体及其中的个体展现所期望的行为

"流程式"清晰地表明素质的行为内容和步骤，但一个人究竟是什么水平，却不太容易据此评论，同样以"沟通影响"素质为例。

步骤	内容	说明
1	组织沟通内容	阐明目标及其重要性，强调重点，遵循逻辑的程序
2	维持听众的注意力	通过运用类比、举例、幽默，以及表情、肢体语言、声音变化等技巧，使听众保持专注
3	根据听众调整沟通方式	根据听众的经验、背景与期望，使用听众习惯的术语、范例和类比
4	确认理解	寻求听众的参与，确认其理解程度，多用不同方式来说明，以增强理解
5	使用约定俗成的惯例、常规	根据所采用的沟通方式，使用适宜的语法、速度、音量、措辞和方式
6	理解他人	倾听他人的观点，正确理解并恰当回应

从"沟通影响"的这两个示例中，我们可以清晰地看到两种表述方式存在的差异。

差异	层级式	流程式
核心区别	注重素质行为的难度递进关系	注重素质行为的展现过程
评价重点	综合衡量人们的素质等级	细节反映各个环节的表现情况
发展指导	只可意会，不可言传	依葫芦画瓢，有样学样

这两种素质的表述方式各有优点，也都有一定的局限性："层级式"的表述易于评价（给出一个结论），难于发展；"流程式"的表述则刚好相反，易于发展，却难于评价（难以给出结论并进行横向比较）。就人才评价和盘点的需求而言，"层级式"的表述更容易使用一些，这种纵向递进的刻度，可以帮助评价者做出更为综合性的判断。**使用没有刻度的标尺，等于没有标尺。**可是只有等级刻度，也会导致素质内涵及其边界模糊，搞不清"某种素质究竟包含哪些行为""与其他素质的区别在哪里"。

我们可以采用一种折中整合的思路来兼顾上述两种表述方式的优势：在清晰界定素质核心内涵的基础上，对素质进行综合的层级描述。如下示例，"沟通影响"这种素质主要包含三个方面的内涵，并根据整体的素质水平分成从入门到精通的五个等级。这样的表述方式，在用于人才的评价与盘点时，不仅清楚地指出应该评价哪些方面的行为，也便于综合判断这种素质整体到什么样的水平；在用于培养与发展时，既能直接比较各种素质的高低，又能具体分解某种素质内应该培养与发展的内容。

素质名称	沟通影响
素质定义	充分了解他人的特点和诉求，主动采取沟通行动，通过各种人际策略达成影响
素质内涵	【人际敏感】充分了解他人的特点和意图，预测他人的行为倾向 【表达能力】清晰准确地表达自己的想法，沟通表达有吸引力和感染力 【策略影响】通过借助第三方、欲擒故纵、先抑后扬等方式，有策略地影响他人

（续表）

素质水平	入门水平	有限水平	有效水平	熟练水平	精通水平
	自我中心 沟通不畅	直来直去 表达清晰	换位思考 赢取关注	理解他人 对症下药	洞悉人性 系统影响
	影响意愿低，沟通以自我为中心，表达观点比较直接和强硬，不能有效传递信息	直接询问对方需求，采用某些单一的方式来增强说服力，清晰表达自己的观点	主动换位思考并表达对他人立场和需求的关心，通过多样化的表达方式赢得关注	理解他人的言外之意和底层需求，并据此采用有针对性的方式和内容来影响他人	洞悉个人和群体的心理机制，运用多种策略系统性地赢得他人的支持和认可

描绘一种素质的等级刻度，也是一种重要的素质，这种素质在素质模型的构建和人才评价中是基础性的要求。虽然很多素质词典中会提供标准的等级，但我们经常需要根据实际情况撰写更有针对性的等级描述。这种素质可以通过日常刻意练习来训练，如评价一个人是不是好人，就可以将其分为七级：1-无恶不作、2-助纣为虐、3-落井下石、4-袖手旁观、5-举手之劳、6-尽己所能、7-倾囊相助。再如，评价一道菜是否美味，也可以将其分成七级：1-难以下咽、2-味同嚼蜡、3-粗茶淡饭、4-别有风味、5-回味无穷、6-山珍海味、7-龙肝凤髓。如果要评价一首歌是否好听，一本书是否有料，一个人是否聪明，你可以写出来几个间隔相当、区分明显的等级刻度呢？

4.3　素质模型

所谓岗位，归根结底是由领导设立的，他们总是会对下属提出多个而不是一个岗位要求，这些要求看似过分，实则有合理之处：因为每个岗位都是多种角色任务的合集，需要具备多个方面的素质来承担这些角色任务。一种素质是某一方面的行为标准，而多种素质组合起来，就称为素质模型。素质模型根据适用人群而不同，常用的有四种类别。

➤ **领导力素质模型**：适用于整个组织所有（或部分层级）管理干部的素质模型，重点在于覆盖中层和基层干部的素质要求。比如某电力企业的中层干部领导力素质模型：

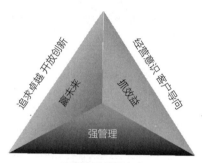

➤ **全员基础素质模型**：针对整个组织所有员工的素质模型，常常是一些核心的基础要求，企业文化也是其中的一种表现形式。比如某汽车零部件企业的全员基础素质模型：

➤ **核心岗位素质模型**：适用于组织核心岗位的素质模型，如门店店长素质模型、销售经理素质模型、银保总监素质模型、HRBP素质模型等。比如某科技集团企业的HRBP素质模型：

➤ **专业序列素质模型**：适用于组织内专业序列人才的素质模型，通常包含一些通用的素质，以及每个专业序列独特要求的素质项。比如某快消企业的通用专业序列素质模型：

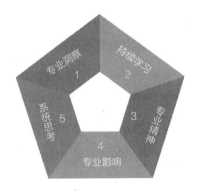

　　不管是什么对象、什么行业、什么类型的素质模型，其素质总量通常建议为5~9个。原因有三：一是聚焦重点，如果标准太少则要求不清晰，但标准太多反而没有指导意义；二是便于记忆，如果人们无法记住对自己的要求，就无法在日常工作中实践与强化它，而人们的短时记忆容量通常在7 ± 2个组块的范围内[①]；三是便于使用，评价人才的标准过少或过多，都没有区分度，尤其是评价标准过多，会导致难以实施。

---

① Miller G A. The magical number seven plus or minus two: Some limits on our capacity for processing information. Psychological Review, 1956, 63: 81-97.

什么样的素质模型是好模型？孔子说："未知生，焉知死？"关于素质模型的好坏，我们也可以说"未知差，焉知好"。差的素质模型主要有三种表现。

1. 脱离实际

素质标准不能反映组织业务发展对人才的要求，脱离岗位成功的实际原因，或者要求过高过远，没有人可以达到。

2. 不被认可

虽然素质模型很能反映实际要求，但是不被内部相关方所认可，没有合法性，因此也就不可能有效发挥其作用。

3. 建而不用

有些组织为了追求管理上的时髦，也会耗巨资构建人才标准，但没有在人才招聘、盘点、发展等实际工作场景中使用，也就没有任何价值。

有鉴于此，我们要构建一个好的素质模型，就应当符合这三个条件：**承接业务战略的要求，获得内部广泛的认同，可落地应用于各种场景**。除此之外，从好到更好，还有一个更高的要求，即把握那些更为核心和独特的能力要素。越是人才管理成熟的组织，对人才的要求就越具体和特别。比如，有家公司最初对干部的一个要求是"沟通影响"，主要内容就是能说会道、换位思考等常见的要求；后来将这项标准改成了"冲突管理"，核心在于弥合分歧，顾全大局地达成共识；最近又将这项标准优化成了"建设性冲突"，旨在引导大家在冲突中寻求更加完美的解决方案，甚至没有冲突也要创造冲突。

由此看来，组织构建素质模型的标准并非一劳永逸之事，而是要随着组织的发展不断调整与优化。未来的人才工作者，应该掌握专业的流程方法，具备"从事到人"的洞察力，随时构建和优化符合上述条件的素质模型。

4.4　模型构建五步法

素质模型的构建，主要围绕"如何成功"的问题进行系统的研究探索。这种探索有很多方法，但这些方法的背后都是两条核心的技术路线：一是分析已经获得成功的人具有什么样的素质；二是分析未来成功的路径及其背后的素质要求。在这两条技术路线里，第一条是容易的，因为成功已经被实践所证明，只需要归纳即可。第二条看似简单实则困难，因为我们不容易把握尚未发生的事情的本质和关键，难以演绎推理。

传统的素质模型构建方法，主要采用第一条技术路线，通过对标杆人才的成功实践进行详细访谈（行为事件访谈），总结成功与失败的关键差别，提炼素质标准。当组织业务比较成熟、岗位变化不大时，这种研究方法是可行的。但是由于社会和组织的快速变化，过去的成功模式在未来不一定能成功。就算是昨天最优秀的人才，在明天都有被淘汰的可能，因此对未来挑战和要求的分析，虽然更为困难，但在素质模型构建中的作用正在变得更大。

我们可以同时兼顾上述两条技术路线，采用"前看后看五步法"来构建素质模型。这一方法通过系统性地向前看和向后看，来洞察成功的关键。向前看主要研究未来成功的要求，包括"对组织战略或岗位任务要求的分析"，以及"对高层领导的访谈"；向后看主要研究过往成功的关键，包括"对标杆人才实践的访谈分析"，以及"对标杆人才的测评扫描"。最后基于上述两个方面的信息，通过"组织相关方参与研讨会"，共同输出标准成果，争取更大范围的认同。这一方法适用于构建各种类型的素质模型，只是根据具体需求的不同，可以在几个步骤上有所侧重。

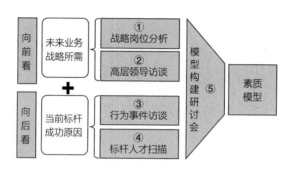

虽然向前看比向后看更加重要，但是在具体实施的过程中，作者却建议先向后看，再向前看：这样做比较高深的理由是"只有更好地理解了过去，才能更好地把握住未来"；比较具体的理由是"如果不先做好充分的了解和准备，战略分析根本就看不明白，高层领导访谈也会变成'尬聊'"。

1. 行为事件访谈

行为事件访谈是构建素质模型最经典的方法，通过详细询问标杆人才在工作中如何成功地解决具体问题，分析标杆人才所具有的素质。访谈中除了对具体行为事件的探索，还需要了解对方的背景说明、职业经历、当前岗位的角色与任务、工作中面临的主要挑战，以及对能力要求的看法。为了构建素质模型而进行的行为事件访谈的典型流程如下。

在访谈完毕后对事件进行解码和统计，就能看出哪些素质是标杆人才在成功实践中经常调用的。"解码"即把访谈所得的信息，按照一套素质词典进行匹配（可参考4.6节中提供的素质词典），从中挑选出标杆人才在成功实践中使用过的素质项。

要想更精准地分析这些标杆案例，还需要解码到素质的层级，这样可以区分不同素质被使用的程度。比如，一家企业的优秀人才虽然在工作中经常表现出正直坦诚，但都只是中低层级，这样我们在后续构建标准时，就不需要把这方面的刻度定得太高。按照素质频次和层级的解码示例如下。

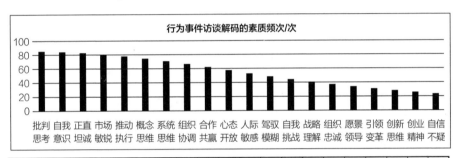

素质	批判思考	自我意识	正直坦诚	市场敏锐	推动执行	概念思维	系统思维	组织协调	合作共赢	心态开放	人际敏感	驾驭模糊	自我挑战	战略理解	组织忠诚	愿景领导	引领变革	创新思维	创业精神	自信不疑
五级	9	9	4	5	14	4	8	4	3	10	2	3	10	3	2	3	5	2	2	6
四级	12	11	4	12	14	13	10	12	9	10	8	3	9	5	4	4	5	2	4	6
三级	32	26	16	26	16	26	19	14	14	12	13	11	8	12	11	7	7	9	6	4
二级	22	28	26	28	20	20	22	24	23	15	18	21	11	13	12	12	8	9	10	5
一级	10	10	33	9	14	11	12	13	13	11	12	11	6	8	8	8	6	6	4	3
总数	85	84	83	80	78	74	71	67	62	58	53	49	44	41	37	34	31	28	26	24

管理不是做研究、寻真理，而是搞实践、求实效。对标杆人才的研究与分析，如果没有很大的样本量，也不用强求。实际上，随着样本的增多，信息的价值增量是边际递减的，访谈与分析标杆人才少则3～5个，多则20～30个，基本也够参考了。有的方法论强调优秀与一般的对

比，在访谈调研阶段如果条件不具备，也可以不做比较，因为无论他们有何差异，所有标杆人才的共性都是素质模型应该体现的要求。行为事件访谈不仅是一种建模的方法，也是一种测评的方法，这种方法的具体流程会在第5章中详细介绍。

2. 标杆人才扫描

行为事件访谈可以提炼与总结成功背后的行为因素，但难以深入透析行为背后的深层次原因。另外，访谈花费的时间和精力也相对较多，难以覆盖广泛的人群。因此，在"向后看"的分析中，增设一次人才潜力测评，对更多标杆人才进行底层特质的全面"扫描"，会更有助于完善对标杆人才的研究。

以下是某科技企业领导力素质模型构建中做的一次测评扫描分析。这次测评分析了内部的优秀组和一般组各50人，基于测评结果进行的分析如下。

区间①的特质，是优秀组表现非常突出，且明显高于一般组的特质。从中可以看出该企业优秀的管理者有更强的事业抱负，享受竞争和获胜的感觉，做事更加积极主动，对事情有掌控欲，关注长远目标多于短期目标，行事更为果断，愿意创新和冒险。

区间②的特质，是优秀组的共性都很强，并且与一般组没有显著差异，即优秀组与一般组都比较强的特质。这些特质往往是组织和岗位的入门要求，这家企业中的管理者，无论干得好不好，都富有批判的精神，考虑问题更加结构化，强调数据导向，并且面对挑战都充满了信心。

区间③有三项特质，虽然优秀组的表现处于中等水平，但在统计中显著高于一般组。这些特质往往是组织内部比较稀缺的特质，即使优秀的人才在这些方面也表现平平。这家企业中的大部分管理者都是"内

秀"的理工男,因此其中相对善于理解他人,沟通协调积极一点的人,
更容易取得成就,表现优秀。

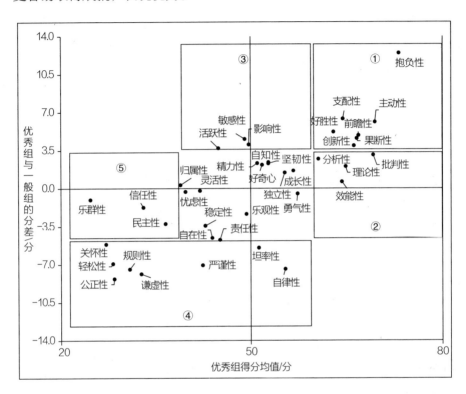

区间④的特质,优秀组显著低于一般组,即这些特质并不重要,甚
至是低一些会更有助于达成工作目标。就该企业而言,优秀的管理者需
要公事公小而不是同情心泛滥,需要强化效率而不是追求公平,需要打
破规则而不是照章办事,需要主动宣传而不是谦虚低调,需要直言不讳
而不是委婉隐瞒⋯⋯

区间⑤的特质,是优秀组与一般组都很低,也就是该企业的管理者
都不强的特质,如喜欢独处而不需要有人陪伴,对人保持警惕而无法无
条件地相信他人,做事比较独断而不会考虑每个人的意见等。

除了上述五个方面,其他特质都是管理者各自的风格特点,与工作

表现没有必然关系。

相比行为事件访谈，标杆人才扫描可以对更大的样本量进行研究，因此其结果更具有代表性。并且由于扫描的是人才的底层特质，也会更有助于分析行为的内在原因，使素质模型更好地反映过往成功的关键。

在数据驱动的人才标准分析中，如果样本量较大，有空间做一些筛选，那么可以增加一个"聚类分析"的环节，识别出标杆人才中的典型与非典型。如下左图中的标杆人才，典型人才的分布较为集中，只有下方少数几个人（编号15、22、21）与其他人不是一类人，是标杆人才中的非典型人才，去除这些人之后再做分析，可以更好地反映典型人才的共性特征。相反，右图中的标杆人才明显可以分为三大类，说明这些人才的成功并非依靠统一的模式，而是有三种可能，这个时候最好分类构建标准，方能符合实际情况。

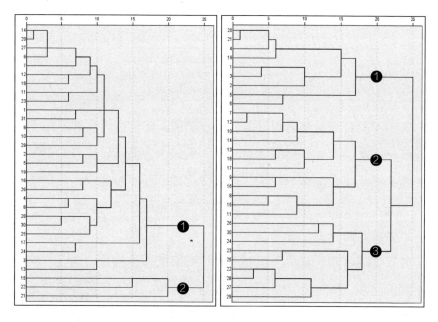

分别举例说明。

一家家居公司准备构建销售岗位的人才标准，筛选了过去三年连续绩效优秀者作为标杆人才进行扫描，数据分析显示"小帅"的特质完全不同于其他标杆人才：既无抱负，又不善言辞，还不是很聪明的样子，全无销冠应有的气质，但后续深入了解才发现，"小帅"同学比梁朝伟还要帅，又是一个暖男，所以有很多客户会给他介绍新客户。"小帅"作为这群标杆人才里的非典型人才（通常难以复制），并不能反映该公司销售岗位的典型成功路径，因此在做数据分析时需要从统计数据中去除。

另一家宠物食品公司在做销售人员建模时，对标杆人才的数据分析呈现出上面右图的分布模式。究其原因在于，该公司实际上有三种销售模式，分别是电商、宠物店、微信群。这三种模式下标杆人才成功的原因各不相同，如果放到一起分析则会相互抵消各自的突出特点。该公司据此发现对销售人员进行了分类的建模，使标准更有针对性。

3. 战略岗位分析

行为事件访谈和标杆人才扫描的结果，都不可能脱离过去的成功经验。**如果组织处在业务变革和转型发展期，这两种方法的局限性就比较大：当前的标杆人才，也没有做好准备迎接未来的业务挑战。**比如，在上述标杆人才扫描分析的例子中，区间③的特质显示该企业优秀管理者的人际交往能力并不强，但实际上该企业由于管理者人际交往能力的欠缺，已经产生了非常多的矛盾和冲突。因此，我们需要从未来需求的角度，对这种能力提出更高的要求，将其纳入人才标准之中，在提拔和培养人才时，加大对这些方面的重视。

战略岗位分析，是一种自上而下的分析视角，根据企业战略发展的方向，或者岗位角色任务的要求，分析对人才的素质要求。这种分析并没有固定的框架，基本方法论就是"由事及人"，即对战略和岗位所要求的角色任务进行分解，并分析承担这些角色任务所需的行为，最后综合得出若干方面的素质要求。

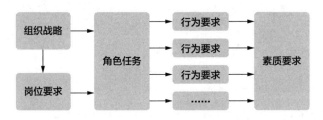

4. 高层领导访谈

在"向前看"理解未来业务战略的要求时，高层领导访谈是不可绕过的关键环节。**如果我们在构建人才标准时只能做一件事情，那就去问问组织的领导想要什么样的人。**素质模型构建中邀请高层领导的参与有以下三个作用。

一是对未来业务战略的更加深入了解，在阅读和分析材料的基础上，了解高层领导对业务战略发展更加深入的思考，以及对人的具体要求。

二是人才标准最后的落地应用需要有高层领导的认可，否则就无法与人才管理的具体活动关联起来，也就没了价值。

三是对前期工作的阶段性总结和汇报，也对后期的工作计划进行说明，以赢取高层领导的信任，使项目得到更多的重视。

高层领导的访谈，我们需要澄清以下四个方面的问题。

维度	参考问题
成功原因	回顾X公司的发展历史，我们成功的因素有哪些？ 我们的核心竞争力在哪里？ 我们与同行（在战略、文化、领导力、人才等方面）有何不同？
战略挑战	我们当前发展面临的外部挑战和机遇是什么？ 公司的战略发展定位是什么？与过去相比有何传承和变化？ 要实现这样的定位和目标，我们必须打赢的仗有哪些？
能力要求	为有效应对以上要求，对人才提出了哪些方面的要求？ 其中我们的人才普遍优势是哪些方面？ 目前在哪些方面存在较大的差距？
其他建议	对未来人才的评价、选拔、发展、考核等，有什么样的期望和建议？ 还有没有其他的期望和建议？

做好高层领导访谈的关键是要对组织及人才有比较充分的了解，只有这样才能进行深度的提问和对话，并获得高质量的信息，这也是作者把高层领导访谈工作放在第四步的重要原因。

5. 模型构建研讨会

有了对上述四个方面信息的充分了解后，就可以整合这些信息以产出素质模型了。如果条件允许，可以召开一次"模型构建研讨会"，邀请一些内部标杆人才来参与研讨产出模型，这样做有三个好处：一是对实际情况的确认和补充；二是增强内部的参与和认同；三是在语言表述上增强与企业文化和业务场景的一致性。研讨会要取得成功，需要满足一些关键的条件。

➤ 选择"真正"的标杆人才参与研讨，他们不仅要绩效优秀，还要满足组织当前和未来发展的能力要求，如果还有较强的总结归纳和表达能力更佳。

➤ 建立充分的专业认知，尤其是相关的心理学概念、原理，使参与
研讨的专家不仅"知事"，更能"识人"，把业务语言转化为能力
语言。

➤ 使大家认识到研讨会的重要价值，建立专注和开放的研讨氛围，
使与会者积极表达自己的真实想法，贡献个人的经验和智慧。

在满足这三个条件的基础上，研讨会的典型流程设计如下。

项目背景目的	强调研讨会的价值意义及产出和要求
测评报告解读	在激发个人兴趣的同时，强化专业概念的理解
岗位挑战分析	重新激活对组织战略要求下的岗位挑战的认识
能力素质要求	基于岗位挑战分析研讨行为要求
前期成果分享	分享前期访谈、测评、分析的成果
素质内涵研讨	整合相应的行为，形成独特的素质模型

具有高度独特性的素质模型，实际上就是把业务最需要的行为找出
来，描述为组织内部的语言，并重新进行整合和展示。最终使模型能够
传达组织的使命和价值观，承接组织的战略和业务，体现优秀绩效的原
因，并在后续的使用中得到广泛的认同，支撑人才管理的工作。

4.5 其他建模方法

上述建模方法的关键特点，是由专业人士对各方面信息进行收集、
分析和判断，以得到素质模型。这一做法虽然比较严谨可靠，但要求专
业人士对过往成就和未来要求有深入的理解，比较费时费力。如果退而

求其次，放弃一些精度要求，多一些便捷与效率，则可以舍弃其中一些步骤。比如，不召开模型构建研讨会，减少甚至不做行为事件访谈，而只访谈高层领导，甚至只做战略及岗位的资料分析。除此之外，还有一些实践中比较常见的快捷建模方法。

1. 卡片建模法

卡片建模法是一种相当简便的方法。这种方法直接呈现出若干素质项，让标杆人才或高层领导从中进行排序和筛选，得到素质要求并组合成为模型。这种方法比较便捷省事，但有两个问题：一是由于每个人的岗位、立场、经历不同，以及对素质内涵的认识不深，因此所挑选的素质项不一定是成功的关键；二是这种标准化词条，不能与组织独特的业务和文化相适应，使用起来略显生硬。

2. 标杆对标法

标杆对标法是一种更加便利的手段，主要通过学习同行标杆甚至其他行业标杆的人才要求，即可拿来为我所用。这种"拿来主义"的方法速度最快，除请客吃饭要材料外几乎不需要付出任何成本，而且有比较正当的理由（向标杆学习），如果借鉴得当也能发挥一定的作用。但是由于每个组织所面临的挑战不同，"外来的和尚可能念不了本地的经"。

3. 理论舶来法

也有的组织领导会直接从书本中获取灵感，将自己钦佩的学者的研究结论，直接用于组织的人才管理之中。这种方法也具有便捷易用的优势，但与标杆对标法一样，存在"脱离实际"和"不被信服"的风险。

4. 领导顿悟法

由组织领导根据个人的人生经历和认识，直接提出一些对人才的素质要求，也是一种实际可行的方法。不过这种方法受领导个人水平的影响较大，会有一定的主观色彩，对素质要求的内涵定义通常也会比较模糊。但如果是深思熟虑的结果，再加上领导的权威，那么也可以被很好地认同和应用。

4.6　素质词典

不论采用哪种方法来构建素质模型，都需要先有一些基础的素质内核，就像雨滴的形成需要凝结核一样，素质模型的构建也需要素质词典作为基准。素质词典内理应包含所有方向的基本行为，以使研究选择的范围是完整的。

作者看到过很多企业的素质模型，也了解过很多咨询公司的素质词典，在前人的基础上，总结了一种自认为（也许不是事实）更容易被理解和使用的基础素质词典（Basic Competence Dictionary）。这个素质词典中包含3个素质簇、20项素质、59项基础素质，可以作为前述各种建模方法的基础标准使用。

这个素质词典内几乎穷尽了所有底层的基础素质，每项基础素质只涵盖某一方面的行为，其内涵尽量纯粹单一，避免概念相互交叉、重叠。每项基础素质都区分了这方面的负面行为、基础行为、良好行为、优秀行为和卓越行为五个等级，这里简要介绍这59项基础素质及其内涵。

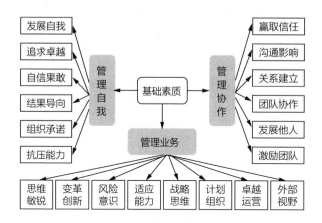

素质	基础素质	基础素质的内涵
发展自我	持续学习	关注自我成长，主动学习以提升自我，并将所学应用到实践中
	自我意识	知道自己的性格特点，了解自己的优势与不足，主动寻求他人反馈
	业务专长	具有专业精神，秉持专业的态度来解决问题，掌握专业前沿
追求卓越	自我挑战	为自己设定更高的挑战目标，希望成就一番事业，不断超越自我
	竞争意识	有强烈的竞争意识和紧迫感，不甘人后，希望做得比别人更好
	创业精神	富有冒险精神，谋求远大的事业目标，有强烈的使命感
自信果敢	人际勇气	不怕得罪人，直面人际冲突，即使面临人际关系的破裂也不退缩
	果断决策	面对问题不犹豫、不拖延，即使信息不全也能果断做出决策
	自信不疑	对自己的能力有信心，相信自己能把事情做好
结果导向	责任担当	主动承担责任，即使面对模糊地带也有舍我其谁的意识，不推卸责任
	绩效导向	将绩效作为衡量他人的标准，根据绩效达成情况采取行动
	推动执行	明确他人的职责分工，克服困难强力推动计划的执行及目标的达成
组织承诺	组织忠诚	认同组织，表现出对组织的忠诚和感激，从组织的利益出发考虑问题
	积极勤奋	认真地对待工作，积极勤奋地投入工作中，不辞劳苦
抗压能力	意志坚定	面临逆境和失败不灰心，不被外在因素诱惑，保持长久专注
	成熟稳重	保持对自我情绪的管理和克制，沉稳冷静地应对各种挑战
	乐观积极	对未来有正面积极的心态，看到人和事好的一面
赢取信任	诚实守信	言行一致，说到做到，履行自己的义务或责任，遵循应有的道德规范
	正直坦诚	尊重客观事实，直接坦诚地指出问题，维护公平和正义

（续表）

素质	基础素质	基础素质的内涵
赢取信任	与人为善	尊重他人，考虑他人的利益和诉求，乐于帮助他人
	知恩图报	感恩他人的帮助和支持，并寻求机会报答他人的恩情
沟通影响	策略影响	基于沟通目的采取针对性的影响策略，包括维护自尊、连环影响等
	有效表达	采取多样化的方式清晰表述自己的观点，表达有激情和感染力
	人际敏感	了解他人的不同特点和内在想法，预期他人的行为倾向
关系建立	组织敏感	了解组织内部正式和非正式的权力关系，有效平衡处理多方关系
	人际主动	主动与相关方建立联系，建立广泛的人际关系，缔结友谊
团队协作	冲突管理	直面冲突和问题，不回避矛盾，采取行动化解冲突、寻求共识
	合作共赢	站在大局考虑共同合作的利益，寻求共赢的解决方案
	心态开放	听取不同方面的意见，尊重并鼓励多样化
发展他人	激发热情	鼓励下属取得的成绩和进步，不断激发下属的工作热情
	反馈辅导	及时反馈下属的工作进展和表现，帮助下属不断成长
	团队发展	构建团队的学习成长机制，关注团队的梯队建设
激励团队	知人善用	充分了解不同下属的优势和不足，有针对性地安排工作，发挥人才优势
	愿景领导	描绘组织未来的发展愿景，让团队看到自身工作的价值和意义
	维护团队	维护团队的利益和荣誉，创建相互支持和信任的团队氛围
思维敏锐	概念思维	对问题进行归纳和总结，找到规律和趋势，用概念和理论来指导工作
	分析思维	对问题进行有条理的因果分析，厘清问题产生的原因和导致的结果
	批判思考	深入分析问题背后的原因，从纷繁复杂的现象中抓到问题的本质
变革创新	引领变革	描绘组织变革的方向，指明组织变革的路径，让大家看到成功的希望
	创新思维	不受过去经验的束缚，提出有创造性的方法来解决问题
	独立自主	有自己的独立想法，即使面对大家的反对也敢于坚持
风险意识	廉洁自律	面对利益和诱惑保持自律，行事注重保持自身清白，不涉入灰色地带
	忧患意识	具有危机意识，看到未来存在的问题和风险，并提前防范
	严谨细致	关注细节，追求把细节做到完美和极致，不出现错误
适应能力	灵活应变	面对环境变化及时调整自己的心态和观点，及时做出行为改变
	驾驭模糊	不急于下定论或做出决断，善于在模糊的情境下开展工作
	中庸平衡	不持有极端的观点和想法，容忍相反事物的同时存在

（续表）

素质	基础素质	基础素质的内涵
战略思维	系统思维	全面统筹考虑各方面因素，看到不同因素之间的复杂动态关系
	目标导向	做事目标清晰，所有行动均围绕目标而有针对性地开展
	战略理解	理解并认同组织的战略，以战略要求为导向开展活动
	高瞻远瞩	考虑未来目标，以及实现长远目标的路径和方法
计划组织	任务规划	根据工作目标分解制订工作计划，考虑计划的重要性和优先级
	时间管理	合理管理自己的时间和精力，同时有效处理大量的事情
	组织协调	争取并有效应用各方面的资源，发挥资源的最大价值
卓越运营	数据敏锐	对数据敏感，从数据中发现规律、趋势和问题，并用以指导工作
	经营意识	关注投入产出，及时分析并提出方法，以提升经营效率
	机制管理	建立工作流程和机制，以确保工作的质量和效率
外部视野	客户导向	热心服务客户，了解并有效满足客户需求，建立客户伙伴关系
	市场敏锐	了解外部市场需求和变化，及时采取行动把握市场机遇

Chapter
5

第5章

*

常见的人才评价方法

有了清晰的人才标准，第二步工作就需要采用各种方法，来量化人才在这些标准上的高低水平，即人才评价。人才评价有非常多的方法：既有星座、血型、笔迹、面相等"非科学"方法，也有心理测验量表、结构化面试、工作模拟等符合心理测量基本原则的"科学"方法。**"科学"与"非科学"的区别不在于是否有用，很多"非科学"的方法也是很有用的。**

> 一位企业家属龙，创业时有两个属马的兄弟与他同甘共苦，把事业搞得风生水起，他解释自己如龙"腾跃在天"，兄弟如马"奔驰在地"，所以很合得来。后来有一年校园招聘，有很多小他14岁属马的应届生加入公司，他对这些新人非常器重和关照。果不其然，这些人成长很快，并逐渐走上了重要岗位，使公司又迎来了一次高速的发展，这再一次证明了他"龙马配"的理论。

我们不能说"龙马配"本身有什么科学依据，但是在这个案例中的确发挥了作用。可是如果这位企业家相信"龙蛇配"，早一年招些小他13岁的年轻人，同样给予他们器重和关照，估计是一样有效的。"非科学"的方法能发挥作用，背后一定存在一个"科学"的原因。就像我们熟知的"安慰剂"效应，不管是用面粉还是用米粉来做安慰剂的材料都无所谓，关键是服用者"信以为真"的信念会产生作用。

对具有约 5000 年历史的中国来讲，人才评价不乏有很多实践、方法和理论。这些经验不应该全部弃之不用，也不应该全部奉为圭臬。比如，尧在选择自己的接班人时，"以二女妻舜以观其内，使九男与处以观其外"，最后选定了舜来治理国家。《尚书·周书·立政》记载商汤"克用三宅三俊"的标准来"擢士"，这样才有后来《诗经·商颂·殷武》中记载的"昔有成汤，自彼氐羌，莫敢不来享，莫敢不来王。曰商是常"。商汤对"刚、柔、正直"三俊的关注还值得我们借鉴，但尧的做法不论是否有效代价都太高，况且也不是谁家都能生养得起二女九男的。

再如，《冰鉴》一书中所述，"或字句相联，喋喋利口；或齿喉隔断，嘻嘻混谈：市井之夫"（说话的时候语无伦次，一句接着一句，声急嘴快没完没了；或口齿不清，吞吞吐吐，含含糊糊：庸俗粗鄙的市井中人）[1]。这对于当今我们进行人才的观察和评价还是有借鉴意义的。可是书中又说，"人中不见一世穷"（男人人中不长胡子要穷一辈子），即便作者愿意清贫一生，但其他人中不长胡子的兄弟也断然不会同意这种测评推论。

我们所追求的人才评价理论和方法，应当是可观测、可重复且可证伪的，即符合科学的基本要求。否则这些理论和方法，就无法被广泛且有效地学习和应用，而无法在人之间复制与传承的东西，根本就不应该也不会长久地存在。基于这样的原因，人才评价应该符合科学测量的基本原则。

---

[1] 曾国藩：《冰鉴》，李飞跃等评注，中华书局 2014 年版。

5.1 科学测量的原则

现代科学测量，应当符合三个底线的基本原则，否则根本无法保障测量结果的信效度[①]。

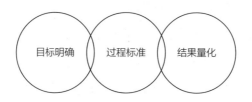

> **目标明确**：明确的目标行为样本，即事先要有明确的测量目标。

> **过程标准**：这些行为样本是在标准条件下获得的，即测量过程是标准且受控的。

> **结果量化**：有计分或量化行为样本的规则，即测量要有量化的结果，而不仅是定性的评价。

1. 明确测量目标

在这三个原则中，出发点是测量目标，即我们要评价人才的哪些方面，是评价其智力还是评价其体力，是关注其情商还是关注其逆商，要先"有的"，然后才能"放矢"。很多管理者在评价人才时，完全缺乏目标感，对组织和岗位需要什么样的人才很模糊，就会跟着感觉走，最后被不相关的因素所左右，导致评价失真、用人失察。

[①] [美]凯温·R.墨菲，查尔斯·O.大卫夏弗：《心理测验：原理和应用》，张娜译，上海社会科学院出版社2006年版。

2. 标准测量过程

测量过程是在测量目标与测量结果之间建立关联，这一环节决定了是否能测量到预期目标，以及测量结果量化的可靠性。测量过程应当尽量标准化，如"醉之以酒而观其性"，在测量过程中，灌什么酒，灌多少酒，配上什么样的下酒菜，什么样的人陪喝，醉到什么程度，醉酒之后哪些表现是正向的、哪些是负向的，这些过程都应当被标准化。只有在标准化条件下得到的结果，才具有更强的可比性和可重复性。

3. 量化测量结果

最后一个原则是量化，人才评价最终呈现的结果如果只是定性的文字性描述，那么同算命就没有区别，都是模棱两可的"胡话"。评价结果的应用经常需要汇总、排序和分析，如果没有量化则根本不可能用以对比和区分人才。也许量化测量结果的过程会产生一些误差，但数字的加减乘除、高低比较，显然要比定性的描述更具优势。

5.2　八类人才评价方法

不像用尺子直接测量长度，用天平直接测量质量，我们目前还不能直接测量人的大脑沟回及其中的神经回路。**对心理的测量必须借助一些手段，通过设置一些刺激，观察并解析个体就这些刺激做出的反应，来推断个体相应的心理属性。**好的"刺激—反应"模式，应当具有针对性，即刺激能激发对象真实的反应。比如，一个女孩问她的追求者"你爱我吗"这种问题，无一例外都会得到肯定的答复。追求者对此的反应包括个人的真实感情、伪装欺骗和无意识的自然反应，这样的问题显然不是一种好刺激。

"刺激—反应"的设计并没有固定的模式和框架，所以会有非常多的人才评价方法和工具。先不论"刺激—反应"的质量高低，根据其方式的不同，所有人才评价方法可以归纳为如下八个大的类别。

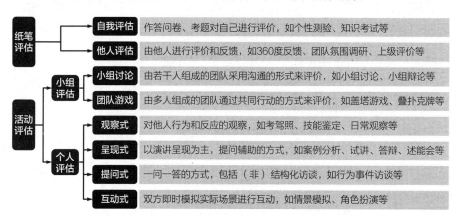

这些方法的背后，有非常多的原理、流程、关键点和注意事项。本章将以比较系统且相对实用的方式，对上述这些常见的人才评价方法进行说明和举例介绍，以期读者能够建立起相对全貌的认识，但又不至于感到太过专业枯燥。对常见人才评价方法及一些工具的全面了解，有助于对各种人才盘点模式的深入理解，并在人才盘点机制的设计中选用合适的方法和工具。

5.3 自我评估

让个体通过作答问卷、考题等进行评价的方式，统称为自我评估。自我评估按照评估内容的不同，可以分为三大类：最佳表现类、典型行为类、心理状态类。三者的比较如下。

评估因素	最佳表现类	典型行为类	心理状态类
典型示例	智力、岗位/产品/专业知识和技能等	个性、职业倾向、价值观、兴趣爱好等	满意度、敬业度、离职意愿、忠诚度等
高低区分	存在高低之分，通常高分表现更优秀	没有高低之分，只有适合与否	状态有高低之分，组织或个人存在倾向性
伪装可能	无法伪装	容易伪装	容易伪装
可变化性	智力的改变相对困难，知识和技能的改变相对容易	总体而言改变相对困难，尤其是个性的改变	比较容易受外在环境的影响而发生改变

在三类评估对象中，由于心理状态容易伪装、改变较快，因此实际应用中经常以匿名的方式进行团体性调研，并做整体性的应用，如满意度调研、敬业度调研等。在缺乏安全感的情况下，试图让个体直接反馈自己的真实心理状态，几乎是不可能的。倘若朱允炆问他二叔朱棣："您心里想不想反？"朱棣是不可能说实话的。同样，我们去问一个员工："你近期想不想离职？"大概率也听不到真心话。如果一定要了解个体的心理状态，那么可以在比较安全的氛围下进行自我评估，或者采用他人评估和日常观察的方法。本节重点分析适合自我评估的几种评价方法，包括最佳表现中的智力测验和知识考试、典型行为中的个性测验和价值观测验。

5.3.1 智力测验

1. 智力的内涵

智力是一种非常宽泛的概念，按照心理学家的定义，"智力是一种非常普遍的心理能力，其中包含推理、计划、问题解决、抽象思维、理解复杂思想、快速学习及从经验中学习等能力"①。

智力测验最早的工具，是法国心理学家针对儿童发育开发的"比奈—西蒙智力测验量表"，后来美国心理学家基于移民涌入和第一次世界大战的需求，开发了"斯坦福—比奈量表"和"韦克斯勒量表"，并提出了流行至今的智商（Intelligence Quotient，IQ）的概念。

后来关于智力的研究和发展有很多理论，其中比较通俗易懂、方便使用的理论有两种。一种是斯皮尔曼的"智力双因素理论"，即智力包括一般智力（General Intelligence）和特殊智力（Specific Intelligence）。一般智力是所有智力操作的基础；而特殊智力则适用于某个方面的任务，如数学、文学、音乐、绘画等。

另一种是"卡特尔智力理论"，该理论进一步把一般智力分为两个相对独立的成分：晶体智力（Crystallized Intelligence）和流体智力（Fluid Intelligence）。晶体智力主要指获得的知识，如言语、算术等；流体智力更关注不被教育所影响的成分，如知觉、记忆、运算速度、推理能力等。总体而言，在成年以后，流体智力将随着年龄的增大而降低，但晶体智力可以逐步提升。

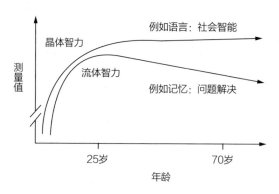

---

① [美]理查德·格里格，菲利普·津巴多：《心理学与生活》，王垒等译，人民邮电出版社2014年版。

2. 智力的测验

智力测验有很多工具，其中流体智力测验工具中使用最广泛的，是英国心理学家瑞文于 1938 年设计的"瑞文推理测验"。该测验采取图形推理形式，在跨语言、跨文化方面都较为适用，受教育的影响较小。如下例题：

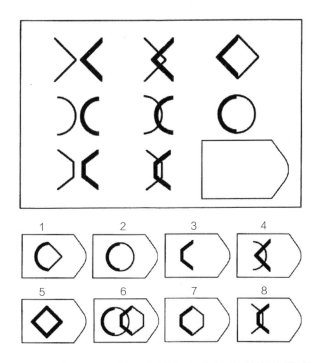

解答这个题目的过程，会调动并考察个体在观察和注意、概念和假说、验证和记忆、循环和速度方面的心理活动。对很多中国人，尤其是受过高等教育，做题无数的知识分子来说，瑞文推理的题目太简单了，所以作者借鉴瑞文推理的形式，设计了几百道原理类似的题目。这些题目比瑞文推理题目的难度稍大，比较适合中国聪明人多的国情，可以对较高智力水平的人进行区分。示例如下（参考答案埋伏在后面）：

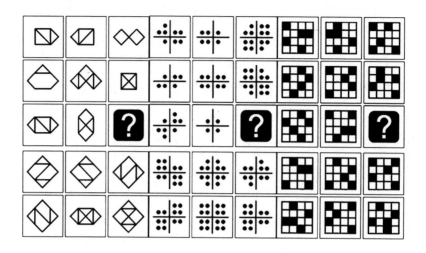

3. 测验结果的使用

智力作为一种基本的心理素质，对人们的工作有比较重要的影响。有研究表明，智力测验是单一评估工具中，对绩效表现预测作用最强的。但是也有更多的研究和实践表明，智力不是唯一的因素，个性、价值观、知识等同样会对绩效表现产生影响。

在评价人才的智力因素时，需要注意不同的岗位，对智力有不同成分和不同水平的要求。不同成分的要求，表现为工作任务不同所需的智力成分也不同。比如，从事写作或演讲方面的工作，语言的理解和推理能力表现要好；从事科学研究的人，在数字记忆和推理方面应当具有优势；而要当个宇航员飞往太空，最好在空间知觉上异于常人。不同水平的要求，表现为有的岗位对智力水平要求较高，而有的岗位则要求不用太高。比如，开车需要较强的手眼协调能力，但开飞机则要求更高。

据说谷歌公司做了一项研究，发现在岗的员工中，智商高低对工作表现没有显著区分，情商反而是一个区分性的因素。作者也曾经对一家新能源企业的大样本数据进行过分析，发现不同绩效组员工的智力差异只能达到边缘性显著（也就是差异不太显著），而关键个性潜力的差异却能在 0.01 水平上显著（也就是两组差异非常显著）。由此可见，智力对工作表现会有正向的影响，但当智力水平达到一定程度时，智力的持续提高很难再使绩效有相应的提升，这种时候其他因素的作用会更大。

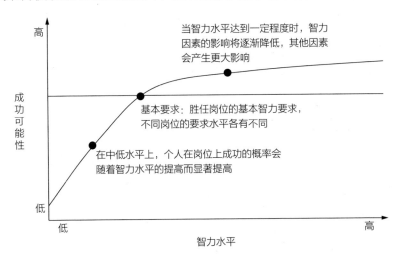

三道示例题目的答案，均为六个选项中的第一个。第一题的逻辑为前两列图形叠加得到第三列图形，叠加规则为两个图形都有的线条消除，否则保留；第二题的逻辑为第一列四个象限的点数顺时针旋转 90 度，与第二列相应象限的点数相加，得到第三列点数；第三题的逻辑为外圈格子的色块横向顺时针旋转，中心四个格子的色块横向逆时针旋转。

5.3.2 个性测验

1. 个性的两种理论

智力作为一种最佳表现的心理属性，不会完全决定人的行为和成就，人的行为还会强烈地受到个性（Personality，也叫人格）的影响。个性是一个人区别于其他人的典型特征，具有较强的跨时间、跨场景的一致性，对预测人的行为具有较强的稳定性。**中国有句古话叫"性格决定命运"，表明了人的个性对其人生遭遇的终极影响。**

由于个性对人的影响非常大，所以有很多心理学家对此进行了不同角度的研究。这些研究对人的个性分析，有两种基本的理论：一种是"类型理论"，另一种是"特质理论"。两种理论的测评工具对比分析如下。

区分	类型理论	特质理论
本质差异	**测评结果是排他的** 测评结果是独立不连续的类型，是排他的，如果某人是某一种类型就不能是另一种，测评结果将各个类型的"原型"描述作为解释和预测个性行为的模板	**测评结果是兼容的** 测评结果是多个同时存在的特质，是兼容的，人们的差异在于不同个性特质的强弱组合，对人的解释和预测是一个"个性元素分解和组合"的过程
构建流程	**自上而下** 常常依靠经验和理论假说来构建，维度数量是比较特别的数字，如通过矩阵模型得到4种类别，或者3、5、9、16，有比较漂亮的理论结构，让人容易理解和记忆	**自下而上** 根据数据分析和统计构建，理论结构常常会有一些奇怪的数字，如39、32、11等，这些维度之间的关系看起来并不像类型理论那么"整洁完美"，所以不太容易理解
维度数量	**少数几种类型** 气质体液说（4种）、体型说（3种）、五行学说（5种）、PDP（4种）、MBTI（4^2=16种）、DISC（4种）、九型人格（9种）、星座（12种）、血型（4种）等	**较多特质维度** 16PF（16个）、明尼苏达人格问卷MMPI（10个）、NEO-PI（30个）、OPQ（32个）、HPI（41个）、CPI（39个）、HDS（11个）、WPD（26个）等
流行范围	**普通大众** 这类工具因为其理论结构更加简单易懂，"原型"的解读和预测也比较有趣，因此常常被普通大众所喜欢，这点只要看看星座、血型、属相是多么流行就知道了	**专业人士** 特质理论往往因为结构严谨复杂，不经过深入学习难以掌握，但评价维度更为精细，避免了"原型"的刻板印象，因此会被更多专业人士所采用，用以更加精准地分析和预测人的行为
应用领域	**破冰和团建** 这类工具因为评价维度较为简单，甚至很多都是没有量化的结果，因此并不适用于人才的选拔和发展，但作为一种破冰和团建的工具是很好用的	**选拔和发展** 人的行为具有非常强的复杂性，这种复杂性行为的预测，需要对人进行更加细致的评估，因此特质理论用于选拔和发展会比类型理论更有参考价值

2. 个性测验的应用价值

个性测验在人才的评价与盘点中究竟有何用处，问题的答案隐藏在

第 3 章对中间内涵的潜力，即素质的定义之中。如果把一项素质比喻为一张饼，这张饼的材料会包括个性、智力、价值观、经验、知识和技能等。个性与其他要素的关系，决定了我们使用个性测验的方向。

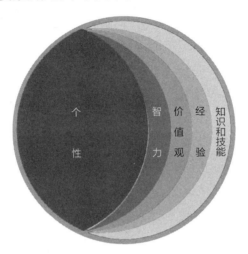

这些要素彼此既有关联又不完全一致，因此塑造了人的"变化多端"。首先，**由于个性决定了个人的行为倾向和愉悦来源，因此对能力的发展会起主导作用。**当其他要素一致时，个性会决定能力发展的方向和强度：一个社交积极主动的人，更有可能获得相关的人际知识和经验，发展社交的能力；一个喜欢创新冒险的人，更有可能获得创新的能力和成果；而一个具有勃勃野心和能力信心的人，更有可能挑战自我并进一步强化自己的野心和信心。

事情总是会有另外的一面。个性只是一种内在的倾向，要想转化为能力，还要依赖其他心理要素：有的人特别喜欢看书学习（个性），但是由于理解能力的不足（智力），往往挂一漏万或断章取义，短期来看学习效果可能并不好；有的人从小就对人敏感，善于分析他人（个性），但如果并没有相关知识的学习和经验的积累，等长大了也很难成为谈判大师；有的人腼腆内向、不喜交际（个性），虽然她/他很难成为交际花/草，但通过刻意学习和锻炼，依然可以正常应对交际需求。

以上两个方面可以总结为一句话：**"性格决定命运"，但"知识改变命运"**。前后半句话的转变，实际上就是一个人从"自然成长"，转向"刻意学习"的过程，中间的核心桥梁是"社会角色和价值观"的引导。即通过价值观的改变，来管理底层的个性，增加知识、技能和经验，并最终表现为能力素质的发展。

基于这两个方面的原因，个性测验对人才的盘点和发展均有重要价值。仅就人才盘点而言，个性测验可以发挥三种价值。

描绘评价人才的标准框架	了解未曾被观察到的特质	洞察能力背后的深层次原因
语言是思维的载体，语言也是思维的禁锢	所信者目也，而目犹不可信；所恃者心也，而心犹不足恃。弟子记之，知人固不易矣	知其然，知其所以然

（1）**描绘评价人才的标准框架。"语言是思维的载体，语言也是思维的禁锢。"**云南人吃蘑菇很专业，前提就是他们的头脑中一定要有足够多蘑菇的名称，否则就会因为无法记忆和辨别而中毒"看见小人"。据说因纽特人关于雪的词汇有一百多种，地上的雪和空中的雪都有分别的概念，这也使他们成为冰雪王国的主人。如果我们评价人才的词汇库里，只有"敬业、勤奋、负责、外向"等稀稀拉拉几个词，我们也就无法清晰地描绘人才。好的个性测验可以提供一种参考性的词库，以及其中重要的标准框架，帮助评价者了解应该从哪些方面评价人。

（2）**了解未曾被观察到的特质。**孔子周游列国，被困陈、蔡之间，七天没吃东西，饥饿难耐。后来颜回讨来一些米煮饭，孔子则在一旁睡觉。当孔子醒来时，看见颜回用手抓饭吃。孔子装作没看见，等颜回叫他吃饭时故意说："我梦到祖先了，用这洁净的食物来祭祀他们。"颜回说:"不行,刚才煤灰掉进锅里,我把沾了灰的饭吃掉了。"(祭祀祖先的饭菜是不能被吃过的)孔子听见后说:"**所信者目也,而目犹不可信;所恃者心也,而心犹不足恃。弟子记之,知人固不易矣。**"[①]圣人对他人的观察和判断都有可能失真,更何况是我们的所见所想,但个性测验可以帮我们补充或矫正看错的、看不到的、被伪装误导的方面。

(3)洞察能力背后的深层次原因。当我们对人才的某些外在行为已经有准确的观察和判断时,个性测验可以帮我们更加深入地理解其深层次原因。**这种对人更深的"透视"可以使我们对人的预测更加广泛和长远。**作者曾经盘点过很多具有相似行为的人,这些相似的行为背后,是他们心理底层相似的思维方式(个性)在发生作用。以下分享几个典型案例,通过分析这些行为背后的个性原因,可以更加了解人的心理过程,更好地预测和干预人的行为。

案例一:防御心强的销售经理

行为表现:在某公司的销售经理盘点中,一位经理在面对评委的提问和反馈时,表现出很强的防御心。他认为所有问题自己都已经想过了,评委并不理解他的意思,目前的经销商流失和业绩不好等问题,主要是因为大环境不好,并且表现出明显的愤怒,甚至对评委比较委婉的表扬同样愤怒不已。

原因分析:这位经理的这种行为背后的底层个性特征有五点。一是对他人的动机和意图有防范心理;二是面子比较薄,自尊心很强,会容易感到受伤害;三是情绪的表达比较直接快速;四是对他人的意图和观点不敏感;五是很少从自己的角度来反思

[①] 吕不韦:《吕氏春秋》,王学典编译,江苏凤凰科学技术出版社2018年版。

问题。根据这些特征，我们可以预测其流失的经销商都是比较强势的，可能不太尊重并维护他的个人感受，而留下来的多是有求于他，对他客客气气的，但实力会相对较弱。后来证实他的团队管理也存在相同的问题，敢否定他的有想法的年轻人，都会被"搞走"，留下来的都是善于表扬领导且韧性更强的人。

案例二：合作性差的中层干部

行为表现：在某公司的中层干部盘点中，有位干部的360度反馈结果显示，同级和下级对他的评价都极差，但是他连续几年的绩效都很好，属于老板很喜欢，但同级和下级不太喜欢的类型。通过述能会面试也能看出来，他在工作中沟通风格非常坦率、强势，做事风风火火，拿着老板的命令强推工作的进行，在公司经常与人产生矛盾，四处树敌。

原因分析：这位干部的个性特征有五点。一是富有勇气，做事不怕得罪人；二是期望他人服从于自己，行为比较强势；三是讲话非常直接、坦率，看到问题就会直接说；四是做事非常公事公办，不太在乎他人的个人需要；五是做决策很快，行动很迅速。这些特征的组合，会使这个人非常善于推动执行，但是在人际上会比较强硬。这种干部往往是"特种兵"，用来推动变革，打破利益格局很好用。但从自身发展的角度来看，如果不注意自我管理，就会有"脱轨"的风险，难得善终。

案例三：交际困难的研发专家

行为表现：某公司研发团队的负责人表现出明显的性格内向，不善进行团队成员的沟通与管理，横向的协作与交流也较少。他在工作中经常是"两耳不闻窗外事，一头扎进实验室"，虽然经过辛勤的努力为组织贡献了大量新技术，但在整个研究工作的统筹协调方面做得很不够，导致技术的落地应用存在脱节。

原因分析：这是技术型管理者身上常见的个性特征组合。一是人际表现比较沉默内敛；二是在陌生关系中感觉很不安；三是不喜欢说服或影响他人；四是喜欢独处而不喜欢有人打扰；五是领导他人的欲望不强烈。很多技术型管理者都是这样的画像，这些特征还会导致他们较少关注团队的管理，团队内部的共识不足。组织往往需要为这样的管理者配备一位"政委"，来加强其与团队内外部的沟通与协同。

案例四：胸无大志的聪明人

行为表现：某公司的后备干部选拔，产品设计部门有一位年轻的"95后"主管，在过去几年主导了几款核心产品的研发与优化，无论是工作思路还是人际协调都很优秀，但是上进心不太够，就连参加后备干部选拔都是被强制来的。之前有一个提升机会也被他拒绝了，他明确表示不想累死累活地往上走，期望就做当前自己负责的事情，让心里比较舒心。

原因分析：这种"躺平"的特征在不少年轻人身上表现得比

较明显，他们常见的个性特征有五点。一是不会把事业成就看得太重，没有勃勃野心；二是不喜欢竞争，秉持"圣人之道，为而不争"的信念；三是不喜欢工作负荷太大，希望保障娱乐和休息的时间；四是不愿意受气，更愿意被鼓励；五是做事特立独行，不顾他人反对，坚持自己的想法。虽然"学而优则仕"仍有市场，但在依靠专业也能获得尊重的时代下，会有更多人不想当官。具有这些特征的人很难被地位和金钱所激励，他们会更加关注事情本身的乐趣，组织需要为这些人才考虑其发展空间。

虽然个性测验对人才盘点有诸多益处，但孟子说"尽信书，则不如无书"，在人才盘点中我们应当批判性地看待测评结果，综合人才的智力、价值观、经验、知识和技能等要素，进行整体性的判断，否则就会做出误判。

个性测验除了用于人才盘点，在人才招聘、自我认知、学习设计、教练辅导、团队建设、文化建设等场景中，都可以通过恰当的流程和方法，创造不可替代的价值。因此，我们可以在设计人才盘点的方案时，把扩展应用的场景也考虑进去。

5.3.3　价值观测验

1. 价值判断的内在标准

价值观是个人对事物重要性和价值的评判，即对重不重要、应不应该、值不值得等问题的取舍。人们几乎需要对一切所遇到的事情做出价值判断，因此价值观是一种内涵颇广的概念。比如，权力或名声、成就或平淡、舒适或刺激、金钱或成长、和谐或斗争，甚至包括对米饭或面条、旅游或阅读、纸质书或电子书、苹果或香蕉等事物的评判和选择，都是价值观的一部分。

价值观的内涵极其广泛，作者综合了十几种心理学的研究理论，结合企业人才管理实践的经验和观察，归纳了四种最常见的价值观类型，试图描绘价值观的全貌。

> ➤ 第一类：由于获得有形或无形的事物而产生内在满足感的需求。比如，被尊重（马斯洛，Maslow）、利他主义（舒伯，Super）、平等（罗克奇，Rokeach）、技术成就（施恩，Schein）、学以致用（拉斯，Raths）、宗教信仰（斯普兰格，Spranger）、安全（施瓦茨，Schwartz）、日程稳定（曼哈特，Manhardt）等。这类价值观，是被研究和应用最多的类型。

> ➤ 第二类：对自身品质的价值判断和追求，即认为哪些心理特征更有价值。比如，能干、自我控制、勇敢、欢乐、顺从、独立等（罗克奇，Rokeach）。**如果第一类价值观可以总结为"得到"，那么这一类价值观可以总结为"成为"。**不过遗憾的是，我们小时候对"成为"的追求，随着年纪越大就忘得越多。大部分人整日琢磨渴求的，都是第一类价值观，除了物质满足，就是精神满足。

> ➤ 第三类：对个人各种社会角色的价值判断，包括对不同角色关系重要性的比较，以及对某种角色中不同做法的取舍。前者如对家庭或工作、股东或客户、上级或下级等的重要性判断和取舍，后者如父母角色中是该体罚孩子还是说服教育，老板角色中是要容忍下级错误还是赏罚分明，配偶角色中是多给点钱还是多给点时间等。

➤ 第四类：品德。品德是社会群体对个人的要求，是更有利于社会福祉而非个体利益的行为规范。**"我们只有将个人放到群体中才能评判他的品行优劣。"**①如果说前三类价值观尚无绝对对错，只是个人的一种价值偏好，那么品德就是一种社会"绝对"的导向。比如，无论何种文化，均把偷窃、杀人、撒谎等当成坏的，把捐助、拯救、利他看作好的，因为这是有利于社会存续的共同标准。

2. 价值观的评价

上述四种类型的价值观，都会对工作场所中的个体行为产生巨大影响。虽然价值观很重要，但价值观的评价比较困难，在人才盘点中使用自陈式的价值观测验则更为艰难，原因有三。

一是价值观本身是一个人对价值的评判和取舍，既是意识清晰的，就很容易伪装，导致评价不准确，尤其是品德的自我评价，则近乎不可能。作者的一个研究生室友，差点就因为研究品德的评价而无法拿到他的博士学位，后来换了一个方向才得以顺利毕业。我们不要因为史书或电影里的人物好坏黑白分明，就认为品德的评价很容易。

二是并非所有价值观都是稳定的，而评价一个很快就改变的心理特征的作用有限。有的价值观是深思熟虑的选择，"咬定青山不放松"，也有的价值观是随意附会的结果，如"浮水之萍"摇摆不定。我们很难辨别个体的某种价值观是稳定的还是易变的，如有的人改变种族歧视的观念，要比改变对待某些食物的态度要容易得多。

三是有的组织所评价的价值观，绝大多数都不只是价值观，实际上

---

① [奥]阿尔弗雷德·阿德勒：《洞察人性》，罗鸿幸等译，北京理工大学出版社2017年版。

是综合的能力素质。比如，"客户第一"就绝非只是优先考虑客户利益的价值导向，背后更包括对客户需求的深入理解和服务能力。再如，"拥抱变化"也并非只是开放心态接受变化，更需要创新能力和战略思考等能力要素。

即便如此，很多组织还是渴望了解人们的价值观。目前的确有一些标准化的自陈式价值观测评工具，但几乎都只围绕第一类和第二类价值观，并且很难澄清与个性特质的关系，只能作为参考辅助。有的组织也会制定一些价值观标准（第三类价值观），来指引自己的员工应当遵循的角色要求和行为规范，但这些标准也很难通过自我评估得到准确结果，通常采用他人评估的方式根据行为表现进行评价。

至于第四类价值观——品德，中国文化对人才的要求非常重视"德才兼备"，既要"贤良"，又要"孝廉"。用互联网企业的术语来讲，品行端正但能力有限的"小白兔"，和能力很强但品行低劣的"野狗"，都是要被一棍子"打死"的。有些组织特别强调对品德进行评价，但一番操作下来，几乎不会得到有区分度的结果：**人们的品德并没有判若云泥的区别，人们总会有各种各样的道德瑕疵，很难称得上是圣人，但绝大多数人也不会有太大的道德缺陷，并非恶贯满盈之徒**，所以评价品德通常不会有太大的高低之分。

作者也不建议在组织内部进行广泛的品德评价，除了没有区分度，还有两个重要的原因：一是品德的评价，对一般人才是没有实际意义的，是专门针对能人的，因为"庸愚之覆事，尤为小咎；而精明之覆事，必见大凶"；二是**品德的下限可以依靠制度进行管控，而才能的下限却无有效提升的办法**，所以我们周围"恶人"的数量要少于"庸才"。组织的制度建设要约束品德，而人才管理则要激发能力，但如果是受制度约束较少，且对组织影响更大的高层管理者，对其品德的考察还是必不可少的。

"百善孝为先，看心不看迹，看迹天下无孝子；万恶淫为首，看迹不看心，看心世上无好人。"对一个人能力上限的评价，既可以看过去已经有的行为，也可以看这方面的心理成熟程度，否则韩信就不能登坛拜将，霍去病也没有机会封狼居胥。而评价一个人价值观的底线，更重要的是评价其过去的行为，否则就有诛心的嫌疑。当我们的确有必要去评价一个人的品德时，可以基于行为的表现，采用"他人评估"或"观察式"的方法，当然也可以采用"提问式"的方法，这些方法详见后续分析。

5.3.4　知识考试

知识的海洋浩瀚无边，组织里经常采用的知识考试内容，大致可以分为三个方面。

一是学科/专业知识，如电化学、编程、酿酒、财务、核物理、安全、育种、电力、采掘、保险、哲学、诗歌等，也包括一些特别常见的专业知识——常识。

二是管理知识，如战略决策、营销、团队管理、运营、绩效管理、项目管理、职业素养等。

三是企业知识，如行业信息、组织文化、企业历史、管理制度、产品知识等。

由于这些知识是做好工作所需的基础，并且在一定程度上能反映个人的学习能力（包括记忆、理解、应用等智力成分）和组织熟悉度，所以在强调公平公开的企业，尤其是国有企业的中基层人才选拔中，经常使用知识考试的方式。其优势在于以下三点。

❶ 要求合理，标准客观，评分清晰，结果不容易有误解。

❷ 实施便利，过程不需要太大的投入，速度快、成本低。

❸ 实施、评分、公示等环节，有很强的公平公开的特点。

因为这些优势，知识考试在企业和社会的人才选拔中具有不可替代的作用。在中国古代三大选官制度中，起于隋朝的科举考试制（另外两种是始于西汉的察举制，始于曹魏的九品中正制）[1]，以及当今中国社会选拔人才所用的中考、高考，还有"国考"，都采用这种方法。

纵然大家对知识考试有很多批评的观点，认为其并不能完全准确反映一个人的社会适应力和价值创造力，但也不能否认这个基本事实：**社会大规模的人才甄选，如果要做到不被少数势力所霸占，考试就是不可绕过的途径，是比选举制度更重要的社会阶层流动机制。**这也是为何孙中山先生在《五权宪法》里特别设置了"考试权"的原因。

在组织内部使用知识考试这种方式评价与盘点人才时，需要注意以下三点。

➤ 可以作为初始阶段的一个筛选环节，淘汰一部分得分较低者，为后续评价聚焦资源。

➤ 最好不要"一考定生死"，如果能结合其他方法进行综合评判，那么误差会更小。

➤ 考试内容的设计需要关注与工作的相关性，以及难度和区分度：如果题目很偏，人们就会有意见；如果难度过大或过小，也无法做好区分。

---

[1] 钱穆：《国史新论》，生活·读书·新知三联书店2012年版。

5.4　他人评估

人的能力不是其内心的感受，而是所采取的真实行动。恶人也会觉得自己内心善良，只是迫不得已做了一些坏事。有一句话叫"行出于己，名生于人"，我们的行为会被周围的人所观察，并在他们的心中形成印象。从能力素质评价的角度来说，由周围他人基于长时间的接触对个体做出的评价，要比个人的自我感受更准确。

他人评估有两种思路：一种是直接评估，另一种是间接评估。比如，想要了解一个男人是否是一个好丈夫，可以问他妻子两种问题：直接评估就是"你老公对你好吗"，间接评估就是"你的婚姻幸福吗"。前者指名道姓，直接评估其丈夫的好坏；后者虽然没有指明对象，但主要还是评价对此造成主要影响的丈夫其人。

直接评估：为了提升准确性，直接评估大多采用行为评价的方式。比如，丈夫好不好，可以具体分解到评价"分担做家务，倾听自己的想法，无条件地偏袒自己"等行为表现，最终通过多方面的评价得出一个总体的分数。直接评估还可以要求评价者做结论性的评价，如："你老公对你如何？在'1-言行恶劣、2-聊胜于无、3-嘘寒问暖、4-体贴人心、5-无微不至'五个等级中，你觉得他能到第几级？"

间接评估：如果石头的重量与浪花的大小有必然的关联，那么我们只需要观察浪花的大小，便可推测石头的重量，而不一定要直接给石头称重。间接评估是通过相关方的感受，来推测评价对此感受造成主要影响的人。比如，做客户满意度调研，就是通过客户的感受，来反映服务于客户的相关方的工作表现。再如，调研员工的工作感受，也能反映其上级管理者的管理能力和行为。

直接—间接的两种评价方式，和行为—结论的两种评价重点，可以组合成四种评价技术路线，我们可以根据不同的目标和条件采取最合适的路线。

	直接评估	间接评估
行为	你老公做家务吗？ 你老公偏袒你吗？	你做了更多的家务吗？ 你感受到被理解吗？
结论	你老公对你好吗？	你的婚姻幸福吗？

他人评估是组织评价人才最常用的方式之一，其中直接评估有 360 度反馈、领导风格调研、授课质量调研等，间接评估有"Q12"调研、团队氛围调研、领导有效性调研等。这里介绍其中三种。

5.4.1　360 度反馈

360 度反馈通常是邀请四种常见的关系人，即上级、下级、同级、自己，进行评价与反馈的方式。这四种关系人评价一圈下来是 360 度，所以每种关系人就是 90 度，照此类推，衍生了一些诸如"270 度评估""180度评估"的方法。我们也可以邀请外部客户参与反馈，但就不要纠结名称上要不要加上 90 度了，作者是没有听过"450 度反馈"的。360 度反馈是一种评价的形式，只需要将评价标准设计为相应的评价题目，就可以对各种行为素质进行评价了。

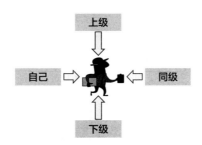

1. 评价题目的设计

360度反馈的评价内容一般会包括两大部分：定量评价+定性评价。定量评价通常基于行为描述进行1~5分的打分，如：

素质	评价题目	从不	很少	有时	经常	总是
人际理解	理解他人未直接表达的意图或需求	○	○	○	○	○
愿景领导	向他人阐述组织发展对个人的价值和意义	○	○	○	○	○
追求卓越	主动为自己和他人设定极具挑战性的目标	○	○	○	○	○

上述例子是行为描述式的题目，通常选取评价标准中最重要的2~5个内涵进行行为描述的设计。这种题目的设计需要遵循四个原则：具体明确可被观察、表述清晰没有歧义、充分代表素质要求、适用不同关系评价。

评价的选项通常是5~7级，5级比较常见。通常会用一些程度副词或形容词来描绘各个等级，如"总是—经常—有时—很少—从不"，或"杰出—优秀—良好—合格—较差"，或"完全符合—比较符合——般符合—比较不符—完全不符"等。

行为描述式的题目比较具体，容易被观察，但由于不同的人对程度理解有差异，因此评价分数会因尺度不一而没有清晰的含义。比如，作者曾经碰到过一个案例（这种案例不计其数），某家公司做完360度反馈，老板拿到数据后感觉很不对，有两个经理都得了4.3分，但实际上两个人的贡献和能力差别很大。原来，经理A的领导要求高，团队整体的标准也比较高，而经理B的领导风格以鼓励为主，要求相对比较低，所以经理A的分数就比经理B的分数更有含金量。**由于评价者理解和尺度的差异，使用行为描述式题目得到的反馈数据，很难令人信服地进行分数高低的比较。**

作为一种变式，我们可以使用层级描述式的题目，让评价者做出结论性的判断，如：

被评价者在沟通协作中的行为等级是？
1-【自我中心】缺乏换位思考，抓不住重点，无法让他人迅速理解想表达的意思
2-【清晰表达】清晰向他人传达信息，但沟通方式较为单一，影响力和感染力不足
3-【有效协作】有效倾听、理解他人，表达逻辑清晰，应用自身专业知识说服他人
4-【促进协作】站在全局角度推进协作，根据沟通对象的特点灵活选择沟通策略
5-【协作共赢】有共赢思维，深入浅出地阐释深奥观点，引领跨职能的协作联动

这种方式评价每项素质只需要一道题目，可以大幅减少题目数量，使评价者的作答体验更加良好。如果题目设计精良，评价者对标准的认知理解容易达成一致意见，那么这种题目的分数结果会更具有可比性。我们可以通过培训和宣传素质标准，来增强评价者对这些标准的一致认知。这里补充证明了第4章的一种观点，在素质的两种表述方式中，为什么"层级式"比"流程式"更有利于评价场景的使用。

除了定量评价的题目，360度反馈还可以设计定性评价的开放式反馈问题，这些问题可以根据项目需求或组织特点进行设计，如：

示例一	➤ 您认为被评价者最亟待提高的三个方面是什么，请给出具体行为事例说明？ ➤ 您认为被评价者表现最出色的三个方面是什么，请给出具体行为事例说明？
示例二	➤ 您认为被评价者做得很好，应该继续坚持去做的事情有哪些？ ➤ 您认为被评价者过去没有做过，但应该马上开始去做的事情有哪些？ ➤ 您认为被评价者应该立即停止的行为有哪些？
示例三	➤ 您认为被评价者应该采取哪些行动以支撑组织转型的成功？ ➤ 您认为被评价者最需要提升哪方面的能力以支撑组织转型的成功？

2. 常见问题

360度反馈做好了，会有很大的价值，但很多组织在使用中很容易犯错，导致评价结果不可用，常见问题包括以下六种。

（1）**不愿参与**：员工不愿做自己认为没有价值的事情，因此如果评

价活动没有让员工认可其价值，员工就会一拖再拖，或者敷衍了事，最后由于数据无效或缺失，导致结果不具参考性。因此，在开展评价前要进行充分的宣传，让大家认识到这件事情对自己、被评价者和组织的价值。

（2）**不说实话**：当员工认为评价可能对他人或自己造成利益影响时，员工就容易受到立场和个人情感因素的影响而不能反映事实。解决这个问题需要长期营造安全的氛围，包括真实地采用匿名的方式，强调个人和组织发展的积极意义，将评价结果开放地反馈给被评价者本人以促进个人进步等。

（3）**题目不好**：评价工具在题目结构、表述等设计上的不足，甚至使用有误导性的题目，都会让评价结果不准确。如果题目设计"手感"不佳，则可以小范围试测，先收集一些数据和反馈意见后再进行优化设计。

（4）**题目太多**：有的组织为了评价全面，会设计数十甚至上百道题目，结果导致评价者失去耐心，随意作答。作者曾经做过分析，360度反馈的题目评价是高度相关的：评价100道题目，实际上和评价20道题目所得信息量差别不大。建议折中处理"行为覆盖全面"和"作答体验便捷"两种矛盾，将题目控制在20~40道，作答时间10分钟左右为宜。

（5）**人数太多**：很多组织相信"人多力量大"，担心人数太少评价不全面，所以动辄十几个下级、十几个同级、七八个上级都要对一个人做反馈，这样做的结果有两个：一是评价者不了解被评价者，导致数据失真并趋中；二是每个评价者要做几十甚至上百份问卷，也会导致数据失真。通常一种关系有3~5个足够了解的评价者就可以了。

（6）**应用粗暴**：360度反馈最大的问题还是在于简单粗暴地应用数据结果，而扭曲了人们作答与反馈时的心态，导致评价结果失去参考价值。**要发挥360度反馈的价值，关键却恰好是不要给予它太大的权重。**

3. 评价结果及应用

360度反馈结果的统计展示，主要是计算均值或加权的均值。加权可以适当赋予上级更大的权重，但也不可过度。除了均值，选项频率的分布也非常值得关注，因为相同的平均分可能有不同的得分分布模式，从中可以看到评价的差异性。如下示例同级和下级的评价分数相近，但同级评价比较趋于中等（2、3、4占比高），而下级评价有两极化的趋势（1、5占比高）。

知人善用		1	2	3	4	5	选项频率				
评价者	得分/分						1	2	3	4	5
本人	4.75						0	0	0	25%	75%
他评均分	3.58						8%	15%	20%	25%	32%
上级	4.38						0	0	13%	37%	50%
同级	3.17						0%	25%	42%	25%	8%
下级	3.19						25%	19%	6%	12%	38%

在人才盘点中使用360度反馈，可以从不同视角了解人们对被评价者的评价。360度反馈得分高的，大概率会比得分低的表现更好。**我们可以讲极高分的人一定有某种优势，而极低分的人一定有某种缺陷**，但应用时不要绝对化：评价分数高，有可能只反映其人际关系好；评价分数低，也可能是唯一在干活被大家排挤的人。我们可以将其作为一种信息源，但最好不要完全依赖单一的反馈结果进行人才的决策。

5.4.2 领导风格调研

相比360度反馈的全面评价，想要更加聚焦地了解管理者在领导团队方面的行为，则可以只邀请下级进行反馈以评价管理者的领导风格。

1. 六种领导风格

领导风格的研究有很多理论模型，其中比较有实践指导价值的，是由情商研究大师丹尼尔·戈尔曼在一篇文章中提出的六种领导风格[①]。作者将这六种领导风格进行适当调整，按照领导过程拆分为"决策—执行—激励"三个环节，每个环节按照"关注于事—关注于人"两个方面，重新归纳成了一种便于理解的结构。

➤ **指令型风格**：要求下级无条件立即服从，表述直接强势，严密监控工作过程和结果，并使用威胁性的语言进行警告。

➤ **民主型风格**：尊重下级意见，邀请下级参与决策，营造开放的沟通合作氛围，相信并授权下级自由处理问题。

➤ **领跑型风格**：以高标准要求自己和下级，常具有较强的专业能力，为下级树立标杆和榜样，亲自动手完成任务。

➤ **教练型风格**：鼓励下级成长，根据下级的特点进行反馈和辅导，引导下级思考问题，为下级创造学习的机会。

---

① Daniel Goleman. Leadership that gets results. Harvard Business Review, 2000: 78-90.

➤ **愿景型风格**：坚定对组织前景的信念，为下级指明方向、建立愿景，激发下级的热情并促进组织的创新变革。

➤ **亲和型风格**：关心下级的情绪感受和需求，通过表扬、奖励以认可下级，与下级建立友好关系，避免对抗，营造和谐的氛围。

2. 领导风格的评价

鞋子合不合脚，只有穿的人才知道。领导行不行，他的下级最有发言权。领导风格的评价需要由管理者的直接下级进行反馈，以反映其在工作中是如何领导团队的。同时，也可以邀请管理者本人对自己进行评价，以对比识别个人认识的盲区，有助于个人的反思和发展。调研结果主要采信直接下级的反馈，这也符合他人评估方式的基本理论。如下是调研评价的题目示例。

下级评价 题目示例	我的上级要求下级不折不扣地执行他的指令（指令型） 当下级工作受阻时，我的上级会把工作接过去自己做（领跑型） 我的上级会花时间跟下级谈论团队的长远规划和目标（愿景型）
本人评价 题目示例	我会将下级的意见反映到最终决策之中（民主型） 我刻意为下级安排有助于他们成长的工作任务（教练型） 我把下级的感受和工作任务的完成看得同等重要（亲和型）

对调研结果进行统计分析后，会与常模进行对比，揭示出管理者在六种领导风格上的强度。按照强度高低可以分为三个等级：显著风格、辅助风格、次要风格。显著风格是在工作中经常采取的领导风格；辅助风格则是作为辅助价值而采取的领导风格；次要风格则是很少或几乎没有采取的领导风格。

3. 提升领导行为的多样性

丹尼尔·戈尔曼在文章中说到，**"一个领导者掌握的风格越多越好。**

能根据环境要求在六种风格之间灵活切换，方能创造更好的组织氛围并提升业务表现。"作者曾经汇总了盘点得出的"待改进领导者""一般领导者""卓越领导者"的显著风格平均数量，完全证实了这一论断，统计数据如下。

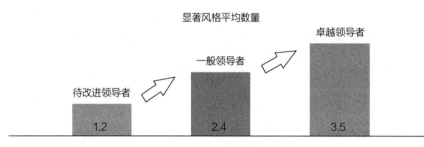

显著风格平均数量

企业处在不同的发展阶段，对管理者的领导风格需求也不同。借用《企业生命周期》中的阶段划分[①]，孕育期和婴儿期的企业，管理者需要亲自动手、树立榜样，领导团队迅速行动；等到了学步期，管理者需要描绘组织愿景，指出清晰明确的发展方向；随着企业的进一步发展，到了青春期，管理者需要发挥下级的主动性和优势，并进一步关注人才的成长，企业对民主型、教练型和亲和型风格的需求会显著增加；而到了盛年期，越是多样化的领导风格，越能发挥有效作用。

如果管理者逐渐丧失有效的领导行为，那么企业将不幸步入衰退的轨道：当管理者不再有激动人心的愿景，不能躬身入局、身先士卒时，企业就进入了贵族期，管理者高高在上地维持各自的既得利益；如果再进一步恶化，管理者不再真正关心下级，也不再引导、激发团队的发展，就变成只有民主型和指令型两种风格的怪异组合（此时企业进入官僚期）：既期望大家参与决策以免自己承担责任，又表现出工作过程中的强权干预，以及任务失败后的相互责难。等到连民主型风格也消失了，

① [美]伊查克·爱迪思：《企业生命周期》，王玥译，中国人民大学出版社2017年版。

企业也许就只剩下"解散重组"的唯一指令了。而六种风格都没有了，就是"无为型"了。企业生命周期不同阶段的领导风格如下。

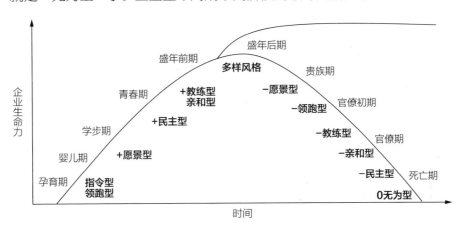

如果一家企业的管理者，在盛年期依然能保持愿景型、领跑型和教练型的风格，为企业的发展找到新的增长曲线，就有可能带领企业跳出衰退的轨道，进入一个新的成长循环。但就目前的现实来看，全世界只有少数企业可以做到。

4. 使用恰当的领导风格

要想通过恰当的领导风格管理企业，管理者需要充分了解不同领导风格产生影响的核心要素，评估任务环境和团队成员的特点，并选择与之相匹配的领导行为，只有这样才能取得事半功倍的效果。

指令型风格影响下级的核心要素是**职位与权力**，职位与权力是说"可以"和"不可以"，以及给予"奖励"和"惩罚"的力量。这是最早也是使用最广泛的影响方式，在政府、军队等强调绝对服从的组织中这种风格体现得更为明显。在任务相对简单直接，不能出现错误，又经常面临紧急事态；或者下级不具备解决问题的能力或经验，以及工作态度有问题时，指令型风格更为有效。

民主型风格则依靠**平等参与**的方式影响团队。社会文明的进步让人和人之间的平等变成更为广泛的需求，因此让下级参与决策，听取下级的意见，甚至将权力授予下级，能让下级感受到被重视和参与感。在任务需要成员紧密分享和配合，决策时间相对充裕；或者下级对问题有成熟的看法，掌握了管理者没有掌握的信息时，民主型风格更为有效。

领跑型风格依靠**专业领先**来施加影响。在社会分工变得更加精细的背景下，管理者掌握更精深的专业能力，往往意味着可以冲得更靠前。专业型团队中管理者通过亲自示范、树立榜样，往往能获得团队成员的信服，使其向管理者模仿与学习。在任务独立性及专业性较强，时间资源短缺，团队又亟待改善绩效；或者下级能独立完成高标准的工作，对专业能力的模仿与学习有兴趣时，领跑型风格更为有效。

教练型风格则更加关注通过**挑战和进步**来影响下级。下级对自己能力成长的期望是这种影响策略得以有效的原因。表扬下级很轻松，但指出他们的缺点并帮其改正，且提供锻炼与成长的机会以塑造个人的显著优势，这无论是对管理者自己还是对下级，都是一种挑战。在组织成功依赖内部的人才供应，组织的知识和技能结构需要提升或转变；或者下级具有较强的成长意愿，积极寻求解决挑战性问题来锻炼自我时，教练型风格更为有效。

愿景型风格影响团队的核心在于**激发理想**。每个人的心中都充满了对未来的憧憬，而愿景型领导则把握住了这种希望，通过展现对组织未来前景的信念决心和清晰蓝图，让下级坚定对共同事业的选择。在组织或团队发生转型或变革，面临新的挑战，对下级有新的要求；或者下级对组织目标和方向不明确，对自己的价值和前途产生怀疑时，愿景型风格更为有效。

亲和型风格发挥有效影响的核心要素是**同理心**。如果没有真正站在下级的角度考虑下级的感受，就不可能营造和谐的氛围，建立相互的信任和彼此的尊重。在工作流程相对固定，产出令人满意，凝聚力及关系有助于任务完成；或者下级面临较大的工作压力与挫折，对团队归属感要求较高时，亲和型风格更为有效。

管理者若想采取有效的领导行为，离不开对三种要素的考虑：一是管理者自己的特点，二是下级员工的特点，三是双方所共处的任务环境。有效的领导行为一定要与员工特点和任务环境相匹配：员工心态、能力、经验的不同，任务难度、时间、影响的差异，都会要求不同的领导方式。当然，管理者自己的特点是核心的要素，任何"卓越领导者"的成长过程，都是天时、地利、人和等各种因素的总和，但终究是对自己优势的塑造和发挥。让丘吉尔去代替路德·金领导民权运动，或者让甘地来领导我们中国的革命，没有人敢保证他们能获得成功。我们要以自己的方式来发展领导风格的多样性，而不是完全模仿其他人。

5.4.3　领导有效性调研

组织及其团队的存在是为了实现共同的目标，而所有的事情都需要由人来完成。与工作场所的车床、代码、投影仪不同，人总是在带着感情做事。一个坚定信念的热血青年，可以为了理想而舍弃生命，更何况我们只是期望他努力投入工作；一个满腹委屈的怠业员工，甚至可能仇恨他的组织和领导，我们又谈何指望让他为共同的目标而奋斗。可见，在达成目标的过程中，员工的感受至关重要，而员工的感受则是管理者行动的结果。

1. 影响员工感受的因素

彼得·德鲁克在1954年就总结了管理者应该承担的五项基本任务：

①设定目标；②组织；③激励与沟通；④评估绩效；⑤培养人①。这五项基本任务要求不多，但能遇上一个都做得好的管理者，简直是上辈子修来的福分。很多管理者会说自己已经做到了，但做得好不好，有没有效果，他的员工最有发言权。当管理者的行动作用于员工时，员工就会在心里产生相应的感受。通过员工的反馈，即可间接反映管理者在这些方面的领导有效性。

作者从彼得·德鲁克的经典理论出发，参考了一些敬业度、满意度、工作环境等调研工具，绘制了一张领导有效性的结构图，如下。

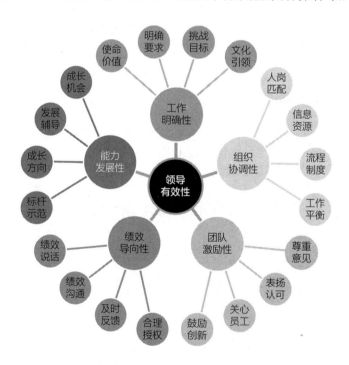

该结构的一级维度与彼得·德鲁克的理论一一对应，员工在这些方面的感受几乎都是由上级直接影响的，各项要素的内涵说明如下。

---

① [美]彼得·德鲁克：《管理的实践》，齐若兰译，机械工业出版社2019年版。

彼得·德鲁克"五任务"	领导有效性的关键要素	关键要素的内涵说明
设定目标	工作明确性	工作的价值、意义和具体要求清晰，工作具有挑战性，且知道做事的文化导向和底线
组织	组织协调性	工作能发挥自己的优势，与开展工作相关的信息、资源、流程和制度等顺畅，工作组织有效率，能保障工作与生活的平衡
激励与沟通	团队激励性	能得到上级的尊重，感受到被关心，取得成就会得到表扬，被鼓励在工作中尝试创新
评估绩效	绩效导向性	为了把事情做好，具有一定的自主权，能及时了解自己的工作表现，得到合理的绩效评价，并以绩效好坏为奖惩标准
培养人	能力发展性	能够向上级学习某方面的能力，了解自己的发展方向，能得到上级的辅导反馈，并有机会历练自己

这五个方面是团队成员在工作中的"刚需"，如果不被满足，则会严重影响其工作的效率和士气。而对于员工是否满足，只能采用"间接评估"的方法来评价员工的感受，而不是采用"直接评估"的方法来评价管理者的行为，因为其行为并不一定会产生相应的影响，而管理需要的不是走过场而是有效果：管理者采取了一种关心员工的行为，但员工可能根本就感受不到他的真正关心。**实际上，管理者做了什么并不重要，员工如何感受才是关键。**比如，一个管理者把员工大骂一顿，员工可能会觉得他是在帮助自己成长；而另一个管理者语气平和地指出员工的不足，员工反而会觉得他是在"PUA"自己。所以说，管理是一门艺术，其中充满了太多的影响因素。**既然管理是艺术，那么对管理的评价就要像评价一幅画一样，最好是关注它带来的情绪感受，而不是画家作画的过程。**

2. 间接评估的题目形式

领导有效性调研通过员工感受来间接反映管理者的领导效果，所以题目表述需要设计为员工的主观视角，如：

工作明确性——明确要求：**我知道我的工作职责和目标。**

组织协调性——人岗匹配：**我每天都有机会做我最擅长做的事。**

团队激励性——关心员工：**我觉得我的上级关心我的个人情况。**

绩效导向性——绩效说话：**据我观察，只有团队里绩效好的员工才能得到晋升和认可。**

能力发展性——标杆示范：**我可以从我的上级那里学到很多东西。**

通过员工反馈数据的统计，再对比常模进行分析，即可了解管理者对团队的影响。领导有效性好，表明员工对各方面的感受比较满意；反之则是各方面期望没有被满足，和理想的状态还存在差距。

3. 如何看待领导有效性

真正"卓有成效的管理者"，要完成该做的事。按照绩效管理的理论，管理者应当承担两种绩效：任务绩效（KPI）和"关系绩效"（也叫周边绩效）。管理者对员工的影响，即领导有效性，作为一种"关系绩效"，与团队任务目标的完成是既独立又关联的。独立是指两者并不完全一致，关联是指长期会产生相互影响。这两种绩效分别作为软指标和硬指标，共同衡量管理者的综合工作成效。

两个指标的组合有四种状态。

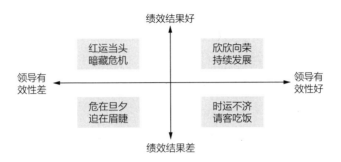

"欣欣向荣/持续发展"：最好的情况是团队的任务目标完成得很好，同时员工对管理者行为的感受也不错，团队的士气和敬业度很高。这样的团队具有持续发展的内在稳定性，呈现欣欣向荣的态势，但只有少数管理者能把团队塑造成这种状态。

"红运当头/暗藏危机"：有些管理者团队管得并不好，但由于运气好也会得到较好的绩效结果。还有的管理者非常关注任务目标的达成，高压之下 KPI 可能也完成得不错，但是他们忽视员工的感受，把人当成工作的机器，使员工的感受很差。这样的团队状态很难持续，在一帆风顺时管理者会忍不住沾沾自喜、自以为是，并进一步忽视人的工作。这样的管理者和团队很容易面临业绩滑坡的风险，尤其在风口机遇转移、外部诱惑变大、任务挑战加剧时，团队散伙的概率会很高。

"时运不济/请客吃饭"：有的管理者非常善于领导团队，使大家的感受都很好，士气也很高，但是在任务目标达成上表现平平。造成这种情况有两种原因：一是时运不济，外部条件制约了"有效的领导"转化为"有效的结果"；二是团队"不是在革命，而是在请客吃饭"，一群人走在了错误的道路上。这种情况同样是不可持续的，当一个团队长期没有成就时，再好的氛围也留不住人才。管理者需要采取更加有效的策略和行动，争取更多外部的支持，来改善这种低绩效的情况。

"危在旦夕/迫在眉睫"：这是最糟糕的情况，管理者既无法带领团队达成任务目标，又不能对团队产生正面积极的影响，使团队危在旦夕。这种情况的出现，往往有多方面的原因，但主要还是管理者的问题。这样的团队需要立刻予以关注并采取改善的行动，否则将对团队和组织产生长期不利的影响。

5.5　小组讨论

这里的"小组讨论"指"无领导小组讨论"。无领导小组讨论（Leaderless Team Discussion，LTD）是指运用小组讨论的形式，使参与者在相互讨论中展现出某些方面的行为，以评价其能力素质的方法。本书之所以把无领导小组讨论称为 LTD，而不是 LGD（Leaderless Group Discussion），是期望讨论的小组像一个团队，而不是团伙，要更加真实地模拟实际工作中有共同目标的讨论，而不是像一盘散沙一样通过彼此攻击来表现自己。

无领导小组讨论是使用最为广泛的评价方法之一，无论是在校园招聘中还是在内部人才选拔中都随处可见，几乎每个人才工作者都使用过这种方法，因此本书不再赘述相关的基础性知识，重点分析几种题目类型及使用的注意事项。

1. 题目类型

无领导小组讨论的题目可繁可简。要使小组成员讨论起来，简单题目只要一句话就够了，复杂的则要提供详细信息。按照任务结果的开放性和任务过程的分析性，常见的无领导小组讨论题目可以分成四种类型。

	封闭式任务	开放式任务
观念性任务	偏好性题目	标题式题目
分析性任务	排序式题目	案例式题目

➤ **偏好性题目**：依靠观念讨论得出封闭式结果的题目类型。比如：
"你认为是民主更加重要还是自由更加重要？""科学家和政治家谁
对社会的贡献价值更大？"

➤ **标题式题目**：依靠观念讨论得出开放式结果的题目类型。比如：
"你认为什么样的领导是好领导？""设计一辆家用汽车应该需要考
虑哪些因素？"

➤ **排序式题目**：依靠分析讨论得出封闭式结果的题目类型，也叫资
源争夺型题目。比如："在如下组织需要采取的变革行动中，哪三
项是更加紧迫的？"（题目提供一些简单的背景信息和若干个变革
可选项，通常一页纸以内。）

➤ **案例式题目**：依靠分析讨论得出开放式结果的题目类型。比如：
"请根据案例材料，制订一份工作计划，就未来3～5年的经营方针
和下一年的具体工作计划与重点进行阐述。"（题目提供较为详细的
模拟实际工作场景的参考信息，4～8页。）

这四类题目都能对参与者进行评价，但题目特点决定了评价的重点
不同。

题目类型	评价重点
偏好性题目	评价参与者在对立观点中的倾向及价值观，在矛盾中抓住主要因素的洞察力，在讨论中的表达说服能力和快速反应能力。偏好性题目会使参与者辩论较多，在问题分析、创新思维、团队合作方面比较难以考察

（续表）

题目类型	评价重点
标题式题目	参与者根据题目要求快速思考相关要素，并进行归类或取舍，考查思维的结构性和发散性、个人的价值取向、说服他人和领导团队的能力。标题式题目对数据敏感性、战略思维、逻辑推理等难以考察
排序式题目	多个要素的排序比较会涉及一定的问题分析和目标意识，在人际方面的评价与上述题目类似。排序式题目的评价深度依然不足，但由于有共同目标和分析内容，更能评价参与者的合作性
案例式题目	完全模拟实际的团队工作场景，全面评价个人在思维和人际方面的素质，如沟通影响、换位思考、团队合作、问题分析、数字敏锐、概括能力等。但是题目的设计相对更困难，对各种素质的评价深度依然有限

2. 关注有效行为

无领导小组讨论的实施基本上都会包括"阅读题目—个人发言—小组讨论—共识汇报"四个环节。评委在观察和提问中，关键的要求是注意区分有效行为和无效行为！

无效行为	**有效行为**
1. 向评委鞠躬致敬 2. 主动分工或记录时间 3. 主动承担书写职责 4. 第一个发言 5. 离场时收拾现场 6. 主动抢着汇报 7. 刻意地安排他人 8. 象征性地询问他人 ……	1. 对问题的理解和洞察 2. 提出创新的想法 3. 有逻辑条理地分析问题 4. 从目标出发考虑问题 5. 放弃、合作、妥协 6. 控制讨论实际进程 7. 有效的人际理解和影响 8. 对他人的充分尊重 ……

无效行为可以通过"面试攻略"得到指引，很容易习得或伪装。这些行为除了反映参与者"对这次活动非常重视，想要表现自己"，并不能真正代表相应的能力。**评委需要去伪存真、由表及里，看到参与者行为背后是否有真正的能力。**否则，评委也只是一个肤浅的观察者，完全被

"套路"所迷惑，与那些徒有其表遵循"面试攻略"的表演者不相上下。

3. 适用性分析

无领导小组讨论作为一种团体评价方法，具有以下三个优点。

➤ 可评价人才在人际互动中才会表现出来的能力素质或个性特点。
➤ 平均每位参与者的用时少，可短时间内评价较多人。
➤ 可直接对多位参与者进行横向的比较和取舍。

这种方法也有以下三个缺点。

➤ 由于题目形式和平均时间的限制，难以对每个人的能力进行完整
  而深入的评价，"误杀"或"错过"的概率较高。
➤ 评价形式太明显，对于高级人才并不适用。作者在早期的职业生
  涯中就参加过两个非常失败的案例。第一个案例是在一家银行的
  支行行长盘点中，参与小组讨论的行长们面面相觑，发言稀疏，
  应该是觉得"开口讨论这种问题很掉价"。第二个案例是一家互联
  网企业招聘管培生，通知面试时很多名校毕业生知道是小组讨论
  后，直接拒绝参加面试。
➤ 对评委的评价技术要求较高，如果由非专业人士评价，很可能就
  看个热闹，把非重要因素视为重要因素，导致误差较大。

基于以上优势和不足的分析，无领导小组讨论比较适用于对能力素
质有综合要求的初级人才的评价与盘点，如校园（管培生）招聘、基层
管理者后备选拔等。对于依靠专业知识解决问题的专家人才和较高层级

的管理人才，无领导小组讨论的适用性不强。如果参与者本身的基本素质较高，则建议根据组织特点和用人标准，设计更有针对性的案例式题目，以提高评价的难度和区分度。

5.6 团队游戏

团队游戏要求若干人组成的团队共同行动以解决某个问题，并在过程中对参与者进行观察和评价。共同行动解决的问题，可以是用积木盖一座塔，也可以是"狼人杀游戏"，甚至是打麻将、斗地主、玩掼蛋，都可以作为评价人才的方法。

要使团队游戏成为一种比较有效的人才评价方法，需要基于评价目的对游戏进行精确的设计，毕竟不是为了游戏而游戏。团队游戏的设计需要从三个方面入手：一是明确评价的目标；二是标准化评价的过程；三是量化评分的规则。

比如，想通过打麻将评价一个人的"牌品"，可以设计如下。

❶ 明确评价的目标：把"牌品"这一标准细化，描述为可以评价的行为样本，如重点评价"输钱后的情绪控制能力"，而不是"赢钱后把钱还给输家的大方心态"，将其作为判断"牌品"的核心标准。

❷ 标准化评价的过程：创造一种让目标行为样本得到展现的刺激，如三方控制牌局让被评价者一直输，并且过程中通过标准话术刺激他，如"你又输啦""输不少了吧""我又赢啦"，使他展现自己的情绪反应。如果不安排标准化和针对性的刺激，被评价者可能一直赢钱，其"牌品"就无从观察了。

---

❸ 量化评分的规则：设置评价情绪反应的量化刻度，如 1 分——怒掀桌子、2 分——面红耳赤、3 分——面有愠色、4 分——泰然处之、5 分——喜笑开颜，并在活动结束后由评价者对其情绪反应进行评价。

总体来说，团队游戏作为一种人才评价方法，不受控的因素比较多，很难做到标准化。尤其是当同时评价多个参与者时，由于参与者之间的互动关系复杂，因此很难创造一个完全标准化的过程。但是由于团队游戏方法的体验比较轻松愉悦，并且可以较好地评价参与者之间的互动能力，因此可以用在一些对准确度要求一般，但体验感受比较重要的场景，如管培生招聘、基层人才甄选、培训课堂测评等。如下分享一些适合多个团队在室内开展的团队游戏。

➤ 扑克盖塔：每个团队 2 副扑克牌、2 把剪刀、2 支笔、10 张白纸，要求盖一座塔，以高度取胜，兼顾美观给予一定的附加奖励分。

➤ 白纸叠桥：每个团队 20 张白纸、1 个订书机、1 把小刀、50 个订书钉，要求搭建一座横跨 10 cm 以上的桥，以桥的最大负重取胜，如桥的跨度大于 10 cm 则按照比例给予附加奖励分。

➤ 博弈游戏：两组匿名互动，组内讨论决定与对方合作或背叛，双方合作都得 2 分，双方背叛都得 0 分，一方合作一方背叛，前者得 1 分后者得 3 分，每轮决策后告知结果，共进行 10 轮，以最大成绩者胜。

➤ 乒乓传球：小组每人一张名片，每组一个乒乓球，围成一圈用名片传球，球碰到手或地截止，以单位时间内传递人数多者胜。

5.7　观察式

从观察式开始介绍的四种人才评价方法，按照评价者和被评价者的互动程度，可以分为四个等级。

互动程度	人才评价方法	核心特点
低	观察式	你做我看
中	呈现式	你讲我听
高	提问式	我问你答
极高	互动式	你来我往

观察式的人才评价方法，几乎不需要评价者与被评价者有互动。主要有三种常用的形式，分别是技能考试、课堂观察和日常观察。

1. 技能考试

比较容易行为外显的技能，适合采用观察式的技能考试来评价。比如，飞机驾驶、车床操作、软件使用、病员护理、电路检修等，这些技能都能看到行为的过程和结果，也有相对清晰的评价标准，因此容易设计和实施，信效度也较高。

技能作为一种程序性知识的行为表现，是理论知识和行动经验的结合。因此，在技能的评价中，通常会设置理论考试的环节，用于降低评价的成本，如考驾照的科目一。在技能活动的评价范围上有两种方案：一种是通过抽样或选取重点的方法，考察一部分技能，如考驾照的科目二就包括倒车入库等几项重点；另一种是对所有技能活动进行完整的评价。**任何一门值得评价的技术，外行都很难看懂内行的门道，所以技能**

考试需要由该领域的专家来做评判，尤其是当技术过程比技术结果更加重要时。

技能考试比较适合技能型人才的评价与盘点，如电工、焊工、驾驶员等，对研究、销售、管理等通过抽象知识和人际互动来贡献价值的岗位，则不太适用。

2. 课堂观察

还有一种被广泛期待的观察式人才评价方法，就是在培训课堂上"顺便"对学员进行观察和评价。这种想法非常诱人，因为它不仅一石二鸟，一次完成了培训和评价两个 KPI，还能瞒天过海，让学员在不知不觉中配合完成评价与盘点。但是价值百万元的黄金竹篮，其装水的功效，甚至不如垃圾桶里的矿泉水瓶。**对一项事物 / 任务的期望太高，很有可能一个目标也实现不了。**就像周星驰扮演的特工"007"用皮鞋改造的吹风机，既破坏了一双皮鞋，又把头发吹出脚臭味，除了让人觉得与众不同，实在是起不到什么真正的用处。

人才评价的基本逻辑，是"刺激—反应—观察"。如果一个人呆坐在对面，一言不发、一行不为，那么我们就无法对其进行观察和评价。在培训活动中开展评价存在两个问题：一是学员并没有那么多的刺激和反应；二是这些刺激和反应是非标准化的。问题一导致学员没有做出某种行为反应，但这不等于他没有这种能力，而是他没有得到这方面的刺激；问题二则导致不同的学员得到的刺激不同，其行为反应有很大的误差，无法保证公平公正。

如果对课堂观察的要求不高，那么可以在既有的培训课堂上做一些观察和评价，这样不至于影响培训的功效，但这种观察只能得到一些粗浅的发现，如上课认真与否、发言积极与否、反应迅速与否。如果培训项目较长、课程较多，则可以邀请多位授课老师评价一些表现比较突出的学员，最终汇总得到一份相对优秀和落后的人员名单。

如果对课堂观察的要求较高，则必须重新设计课程内容，让每个学员都有充分的"刺激和反应"，并且要保证学员机会均等，如此我们就需要放弃大部分培训的目标，而主要瞄准评价的目标来设计活动。既要让人们充分地动起来，又要使每个人都有表现机会，还要让人们感觉这是一次培训，这种评价方案的典型设计思路是"活动+点评"，其中"活动"用于行"评价"之实，"点评"用于冠"培训"之名。活动设计可以参考如下四种形式。

（1）把学员分成多人组成的小组，开展各种主题的讨论，主题可以是课程教学主题、企业经营主题、专门准备的案例等。

（2）除了主题讨论，也可以在课堂上分组开展团队游戏，如博弈游戏、协作游戏，还有一些沙盘类课程也比较适合用于评价。

（3）把学员分成2~3人的小组，模仿实际的管理场景进行角色扮演，如模拟下级沟通、客户谈判、工作汇报、危机处理等。

（4）让学员在培训活动中进行单独的个人展示，包括回答问题、学习汇报、专题演讲等。

在学员的讨论和互动中，可以进行三种方式的观察和评价：一是安排专业人士坐在一旁进行观察和评价；二是在组内由学员相互观察和评价；三是同时使用前两种方式进行综合的观察和评价。为了兼顾培训发展的目的，在上述活动结束之后，需要安排各种类型的点评，以使学员能够有所反思和进步。

3. 日常观察

从严格意义上讲，日常观察并非一种符合科学原则的人才评价方法，在较短的时间内和较少的场景下，不会发生太多的事情，因此无法全面地观察与分析个人的行为反应和心理特点。为什么说"路遥知马力，日久见人心"，就是因为时间越长，发生的事情就越多，个人所展现出来的行为就越丰富，对人的观察和评价就会越全面精准。

这种原理可以很好地解释交友、恋爱、合伙中的"好聚不好散"现象。在大学期间谈恋爱的情侣们，无论多么情深似海，一旦走上社会开始经历更多的事情后，就会发现对方很多"新"问题，而导致关系的终结。同学、朋友一起创业的，不管多么志同道合，到后来十有八九会分崩离析，其根本原因在于在当初简单重复的环境下，不能观察到对方在创业场景下的行为特点。

要想对他人的观察和预测更为全面，就要尽量多地经历各种不同类型的事情。情侣们在结婚前，也应该多一些共同的经历，如旅游、冒险、聚会、购物、读书、看剧、种植、健身、游戏等。同学、朋友一起创业的，要尽早一起处理分钱、分工、对外谈判、面对困境、承担责任、开除员工、应对灰色地带、支持公益、激励员工等多样化的事情。只有经历得多并观察得多，看人才会全面深入。

有些时候，甚至没有问题也要创造问题，进行更为充分的观察，以便在沉没成本较小、负面影响不大的时候做出正确的选择。但这一过程也不能过度，不然就变成了对人性的考验。**尤其是不要用"道德洁癖"的标准来考验人性，这不是因为人性多么恶劣，而是没有人能经受得住"道德洁癖"的考验。**

在日常观察的方式中，有一种特别的方式叫"影子观察"，即安排一个第三方（如顾问、侦探、间谍），如影随形地跟随被观察者，在其身边观察其一天、一周、一月、一年，以便更好地了解其能力水平和心理特点。但需要注意，如果被观察者得知自己正在被观察，则可能会做出故意的伪装行为，误导观察者的判断。

工作观察虽不如其他正式的评价活动标准化，但胜在日常工作中可观察的时间和机会比较多，因此只要平时刻意加以观察，就能得到很多有用的信息。在组织内部，如果直接上级对员工有充足的观察，且没有内心的偏见，那么这种方法将是做好人才盘点最重要的信息来源！

那如何进行日常观察？这个问题可以再写一本书来论述了。这里简要分享六个比较关键的要点。

（1）在心里构建起相对完整的评价标准体系。我们大致可以从思维、人际、意志三个角度来评价人才。如果要求高，则可以进一步细分为第4章介绍的20项素质和59项基础素质；如果要求不高，那么简单评价一个人的聪明程度、人际能力和内在驱动力也行。

（2）重点关注人们在冲突和矛盾之中的选择与行为。我们对人的预测，主要是他遇到事情时的反应，而不是他怡然自得时的表现。当没有压力、无须抉择时，人们都是与世无争的样子。只有在冲突、挑战、压力、错误、屈辱等场景下，才能看到人们的真实心理。

（3）不仅要看他做了什么，也要看他没做什么。由于人才评价主要是看人的独特性，因此要重点观察个人与常人的不同之处。如果一般人不会做的事情他做了，或者一般人都做的事情他没做，"事出反常必有妖"，那么在重点关注下，一定会有重要发现。

（4）关注人们反复出现的行为、思维、情绪反应。一个人在过去反复出现的行为，不太可能戛然而止，未来持续出现的概率也很高。反复的次数不用太多，一种行为只要出现第二次，就会有很大的概率出现第三次、第四次。

（5）"存在即合理"，每个人的稳定状态，都是一系列原因导致的结果。在对人才有了某种观察后，最好再深入思考他为什么是现在这个样子，他过去赖以成功的核心原因是什么。尤其是很多明显不合理的现象，一定会有不太常规的历史原因。

（6）最后最重要的一点，我们在观察他人时很容易先有结论再有证据，这种证实偏差会阻碍我们探索真相。识人应当也要有科学的精神，即在过程中不断地证伪自己，观察更多的事实，以此更加接近真相。

5.8　呈现式

人和人的交流，主要有六种类型：辩论、协商、对话、访谈、讲述、闲聊①。这些方法都可以用于人才评价："辩论"和"协商"是前面所述无领导小组讨论的核心；"对话"是水平相近的人彼此砥砺、相互促进的沟通，这种惺惺相惜的交流一般发生在合伙人、领导班子、"东家"与"掌柜"之间，不太适用于日常的人才评价；本节分析"讲述"（呈现）这种人才评价方法的设计逻辑和两种形式；5.9节会介绍两种常用的"访谈"（提问）方法；至于"闲聊"这个主题，我们就不在本书里闲聊了。

1. 设计逻辑

呈现式的人才评价方法非常常见，在工作总结、工作汇报、人才盘点、绩效考核、竞聘演讲、工作交流、课程试讲等场景中都能用得上。无论用于什么场景，呈现式方法的设计，核心都需要回答九个问题。

（1）**为什么**？呈现讲述的主要目的和意图，也是回答后续问题的关键出发点。

---

① ［英］戴维·伯姆：《论对话》，王松涛译，教育科学出版社2004年版。

（2）**讲什么**？呈现内容可以包括个人基本信息、个人履历、过往成就、案例故事、工作总结、团队盘点、工作复盘、工作规划、个人感受、个人反思、专业知识、队伍情况、自我评价、职业规划等，具体选取哪些内容需要根据目的来设计。

（3）**讲多久**？呈现时长要考虑到活动重要性、讲述者人数、评委时间稀缺性等因素，时间范围很宽泛，通常为5～90分钟。

（4）**谁来听**？出于评价、学习、交流、施压、验证等目的，可由企业领导、上级、跨部门上级、企业同级、部门同级、下级、外部客户、外部顾问中的一些人，甚至所有人来听取汇报。

（5）**谁来评**？可由全部或部分"听众"参与评分。

（6）**评什么**？根据组织和项目设计的指标，如素质、经验、绩效、贡献等，需要设定清晰的评价标准和刻度。

（7）**怎么评**？评分主要有三种形式：一是**分别评分，加权求和**；二是**讨论共识，共同评分**；三是先由部分评委公开个人评分和评价（这种有可能得罪人的事情，通常交给外部顾问去干），再由他人独立进行**锚定评分**（在公开评分的基础上做适当的加减），最后进行分数统计。

（8）**交流吗**？除了个人讲述，设计什么样的交流环节，如是否提问、是否反馈、是否讨论？

（9）**怎么用**？评价的结果如何与后续的行动相关联？

基于这九个问题的组合，呈现式的人才评价方法可以有千变万化的形式，其中最常见的是"述职会"。除此之外，"述能会"是作者在人才盘点中用得最多，在中高级人才盘点中最可靠，也是在本书中重点推荐的人才评价方法。

2. 述职会

述职是呈现式的典型方法。"述职"语出《孟子》:"天子适诸侯曰巡狩,巡狩者,巡所守也。诸侯朝于天子,曰述职,述职者,述所职也。无非事者。"述职主要是向上级汇报工作成果,是工作的一部分,因此关注重点在于已经解决了什么问题,取得了哪些成效,未来要关注哪些问题,有什么计划。一次典型的述职内容通常如下。

❶ 个人基本情况介绍。

❷ 工作目标及完成情况。

❸ 工作亮点及经验。

❹ 问题、不足与教训。

❺ 未来工作思路与计划。

述职活动可以根据企业的需求,从前述九个方面进行针对性设计。比如"讲什么"部分,如果企业当前面临人才短缺的挑战,则可以设置一次人才培养的成果说明;如果企业当前的重点是建章立制规范管理,则可以设置一个流程制度建设的特别模块……再如"谁来听"部分,如果期望增强纵向的共识,则可以邀请汇报人的直接上级、隔级上级等参与;如果想要促进横向的交流,则可以邀请所有平级同事旁听,甚至进行相互评价……

述职会以职责范围来展现自己的成就,往往都是邀功诿过、报喜不报忧的。在比较好的文化氛围下,人们做了 60 分,汇报 80 分;如果组织纵容了夸功自大的行为,那么人们做了 50 分,都敢汇报 90 分;甚至有可能某个部门汇报的成就和该部门的行动关系很小,更有可能和该部门负责人的行动根本没有关系。比如，某公司的销售业绩翻倍，不一定是销售部门贡献的，而是研发部门推出了更有竞争力的产品，如果换一个更有能力的销售部门，销售业绩可能会多翻几倍。

述职的内容"无非事者"，基本上都在谈论事情的结果，而不能深入了解结果是如何产生的，更不能分析当事人是如何思考和解决问题的。如果采用呈现式方法来评价人才的内在能力素质，就需要"述能"而不是"述职"。

3. 述能会

与述职相比，述能具有如下几个方面明显的不同。

对比	述职	述能
关注点	关注事情的工作成就	关注人员的内在能力
衡量要素	事的质量、数量、结果	人的行为、思想、过程
事件主体	团队"我们"	个人"我"
表述方式	总结概括的	具体明确的
评价难度	内容显性化：比较容易衡量	内容隐性化：比较不容易衡量
应用	考核人才，用于激励	评价人才，用于发展

基于这种差别，述能会围绕评价人的各方面能力，呈现内容通常如下。

❶ 个人基本情况介绍。

❷ 个人能力评价与论证。

❸ 工作实践案例分享。

❹ 业务与团队的复盘与规划。

❺ 职业发展反思与行动计划。

不论是述能还是述职，都以被评价者的自我陈述为主，以评委的提问为辅，以其他手段为支撑。典型的述能会流程如下。

环节	任务
述能者自述	围绕上述五个方面的内容，结合汇报材料进行讲述
评委提问	由评委结合讲述内容进行提问，充分了解其内在能力素质
发展反馈	提问结束后，设置反馈环节，现场反馈个人的优势不足与发展建议
评价讨论	由评委对其能力进行讨论和打分，达成共识

一场有价值的述能会，需要参与的评委掌握提问技术、反馈技巧，更需要组织的文化氛围客观公正、开放坦诚。虽然述能会花费的时间和精力较多，且对组织和人都有较高的要求，但由于述能会最有可能满足"准确可靠、领导共识、能力内化、业务密联和发展导向"五个人才盘点的关键成功要素，所以基于述能会的人才盘点综合模式，是一种非常值得内化的人才盘点模式，我们将在第9章详细介绍其方案与流程。

5.9 提问式

提问式的人才评价方法，表现为一问一答的形式，也就是我们通常说的"访谈"。访谈根据过程的标准程度，可以分为结构化、半结构化、非结构化三种，其中信效度最高的显然是结构化访谈。本节重点介绍结构化访谈中的两种典型方法：行为事件访谈、结构化即时计分访谈。

5.9.1 行为事件访谈（BEI）

行为事件访谈（Behavioral Event Interview，BEI），即对一个人过去所做具体事件及其行为的详细探索。由于这种探索高度还原了行为细

节，因此不仅可以研究人才成功的内在原因（参见第4章），还可以用来评价人才的内在素质，当然也可以用来"审问"，以清晰了解对方做了什么。

当用于人才评价时，行为事件访谈的底层逻辑是**"过去预测未来"**：由于人的内在能力具有相对的稳定性，因此如果一个人展现过某种行为的高度，那么未来就更有可能展现这种行为的高度；相反，一个人不太可能展现出与过去完全不同的行为。如果过去的行为不太遥远，就发生在最近一两年，那么对未来行为的预测就更强；反之，如果是一种遥远的过去行为，则对未来的预测就会更弱。

1.两种模型

行为事件访谈有两种比较流行的模型：一种叫STAR，另一种叫FACT。两者本质上是类似的，只是强调的重点有所差异：STAR更加偏重任务的场景和结果，FACT更加强调人的行为及其背后的思考和感受。由于FACT比STAR更加关注个人行为的细节，因此在人才评价中用得更多。

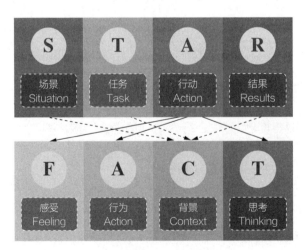

　　相比其他的面试访谈方法，行为事件访谈本身有几个非常显著的优势。

　　（1）访谈内容非常详细，而一般人很难讲出自己没有做过的事情的细微之处。在这样的访谈中，如果你总是说实话，就不用担心记忆力差；反之，想要圆满撒谎，就得足够聪明且经验丰富，而这样的人仿佛也不太需要撒谎。

　　（2）访谈主要针对个人过往的成功经历（偶尔也可以谈个人的遗憾案例），被评价者通常都讲得很开心，在访谈过程中比较容易产生好感，愿意侃侃而谈，有利于评价的开展。

　　（3）访谈实施比较便捷，评价者基本上不用提前做准备，一切提问都基于被评价者的实际案例，访谈中只要按照模型结构来展开提问，就能发掘出客观事实并进行评价。

2. 参考提问

　　由于上述两种模型并没有本质区别，因此我们以相对较细的第二种模型（FACT）为例，提供一些参考性的提问，以供读者了解和应用。

模块	参考提问
背景 Context	事情发生的背景是怎样的？ 当时你在其中的角色是什么？还有其他人吗？ 你的任务目标是什么？谁为你制定的任务目标？ 你在项目前期遇到的最大挑战是什么？
思考 Thinking	当时你是怎么思考的？ 这个问题之所以会发生，当时你是如何理解的？ 你在采取行动前，都做了哪些思考？
行为 Action	当时你说了什么？ 你做了什么？ 你是如何反应的？
感受 Feeling	当时你有什么感受？ 你有什么情绪？ 你说这句话的时候是什么语气？

3. 访谈流程及关键

由于行为事件访谈在了解"事"和"人"两个方面都相当细致，因此除了用于构建标准和评价人才，还可以用于案例开发、工作分析、任职资格构建等场景。根据目的的不同，访谈中可以设计一些其他问题，如职业经历、工作角色、工作挑战、学习需求等。其中，行为事件访谈的核心包括七个步骤。这七个步骤是为了更好地搭建事件的框架，厘清事件的脉络，使访谈效率更高、质量可控。

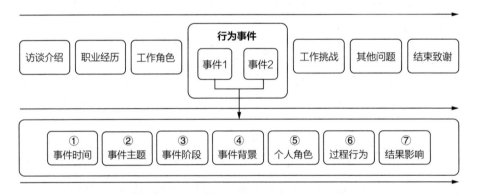

在对事件的"过程行为"的探索中，要想快速挖掘到有用的信息，要先对所有事件中的能力展现规律有一个基本认识。在一件事件的漫长进展中，解决一系列问题所需的能力有什么样的变化趋势？如下是三个可能的选项。

A：整个过程会一直保持一种非常稳定的水平，如下图虚线。

B：会在过程中有一些波动，但总体能力表现会围绕本人的真实能力，如下图细线。

C：只在少数关键时刻需要较高的能力来解决问题，其他时候所需的能力可能很低，如下图粗线。

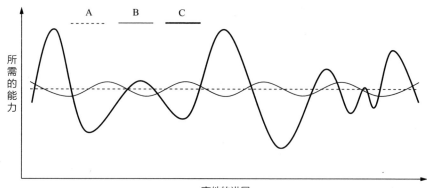

你认为应该是哪个？

任何一件事件，不可能总是处于轰轰烈烈的高潮阶段，否则干这件事的人就得长期处于注意力集中、精神紧张的状态，这种状态是要人老命的。所有的事件都会有跌宕起伏，有的时候极具挑战，有的时候寡淡如水，因此在整个事件中，个人展现的能力水平，会如线条 C 所示。就算是一件惊天动地的伟业，其中也必然会有一些诸如计数、打字、简单信息传递、重复实验等基础性工作，这些工作并不需要调用特别高水平的能力。

一件事件如此，一世人生亦如此。我们在评价一个人的人生成就时，应该看他最辉煌的时候，而不是他最落魄的时候。要评价一个人的能力高度，就要观察他的最佳水平，而不是他闲散时候的样子。无论是诗人、钢琴家，还是企业家、职业人，这一规律都同样适用。唐代诗人张若虚虽然只有两首诗流传于世，但其中一首《春江花月夜》，就能"孤篇盖全唐"。做好行为事件访谈的关键，就是要找到当事人处理的挑战性问题，再现其所思所为的高光时刻，只有从这些地方我们才能窥探其最高的能力水平。

行为事件访谈比较耗时，如果要提升访谈和评价的效率，则可以采取两种快捷手段：一是直接聚焦某些方面的事件，邀请被评价者直接讲述"创新""抗压""协调"等特定主题的事件，这种目标明确的行为事件访谈称为"目标行为事件访谈"（Targeted Behavioral Event Interview，T-BEI）；二是跳过对故事的完整架构，直接聚焦事件中2~3项关键的挑战，探索在挑战下个人的所想、所为和所感，通过对五件以上事件的快速访谈来判断人才的能力优势和水平。

5.9.2 结构化即时计分访谈（SIRI）

结构化即时计分访谈（Structured Immediately Rated Interview，SIRI），顾名思义就是结构化地、即时快速地、量化计分地评价人才的一种访谈方法。这种方法与其他的面试访谈方法相比，具有便捷易实施、信效度较高的优势。

1. 题目示例

作者在招聘经验较少的年轻顾问时，会把结构化即时计分访谈面试作为一个标准模块，安排在智力、个性和心理健康测验之后。评价顾问主要看四个标准：思维敏锐、追求卓越、沟通影响和赢取信任。每项素质分别问5道题目，总共20道题目，用时大概20分钟，可以对候选人的基础素质做一个非常清晰的判断。如下分别分享一道题目以供参考。

考察维度	题目	参考答案
思维敏锐	在8颗重100克的钢球中，混入了1颗重99克的钢球，用天平最少称几次，可以确保从这9颗钢球中找出重99克的钢球？方案是什么？	2分：2次，分成3堆3颗，先对比称2堆，可以找出有小球的较轻的一堆，然后重复即可； 1分：其他存在一定合理性的方案； 0分：4次及以上才能区分出的方案

（续表）

考察维度	题目	参考答案
追求卓越	你经历过的最辛苦的事情是什么？请你介绍一下事情的经过，当时你是怎么做的？有什么样的感受？	2分：事情充满艰辛，个人在其中经历了较多磨难，做出了辛勤的付出； 1分：有一些挑战和付出； 0分：事情平淡，并不艰辛
沟通影响	如果你要说服《西游记》中的唐僧不去取经，你会怎么说？	2分：站在唐僧的立场，从关注普度众生等角度来说服，而不是谈危险和困难； 1分：对对方有一定的理解； 0分：站在自己的角度来说服
赢取信任	你觉得你周围的人会利用你吗？有没有这样的事情发生过？	2分：不会，没有发生过； 1分：有一些怀疑，但还是往好的方向想； 0分：感觉自己经常被他人利用

2. 题目设计

结构化即时计分访谈的实施很容易，但题目的开发很困难。在人才测评心理学家风里博士的三类问题基础上[1]，作者总结了一个"两维四型"的框架来指导结构化即时计分访谈题目的开发。第一个维度是"知—行"的内容维度，"知者行之始，行者知之成"，知和行都是个人能力的重要成分；第二个维度是"过去—现在"的时间维度，即过去做过或积累的，与当前可展示或倾向于的能力表现。在两个维度的组合下，可以设计出行为类、情景类、知识类、认知类的结构化问题。

行为类问题：提问探寻被评价者在过去的经历或指定情景下所采取过的行动。比如：

（1）请问过去一年你看了几本书，书名是什么？其中某本书的关键内容有哪些？（持续学习）

（2）请问你的电话通讯录/微信朋友的数量是多少？（社交能力及人脉）

---

[1] 风里：《五大品质：卓越领导力心理基因解码》，上海财经大学出版社2013年版。

（3）在你的人生成长经历中，有没有谁帮助过你？如果有请你介绍一下。（感恩心态）

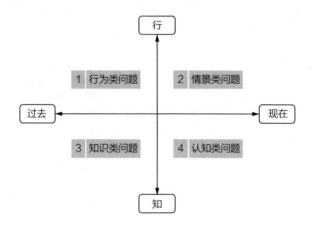

情景类问题：让被评价者现场对虚拟的情景做出回应或互动。比如：

（1）假设我是你的客户，请用一分钟的时间说服我去你的家乡旅游。（人际敏感和影响力）

（2）如果你做了一件非常成功的事情，你倾向于让你的同事或朋友知道吗？（宣传影响或谦虚性）

（3）假如你的生命只有三年，你会怎么过？你会为你的家人做什么？（责任担当）

知识类问题：让被评价者展现在过去所学习到的知识或常识（晶体智力）。比如：

（1）国内生产总值（GDP）与消费者物价指数（CPI）之间有什么样的关系？（专业知识及辩证思考）

（2）你认为做好人才盘点项目，成功要素会有哪些？（专业知识和经验）

（3）抗日战争时期毛泽东的《论持久战》，主要有哪些观点？（历史知识）

认知类问题：让被评价者阐述对观点/现象的认知或分析（流体智力＋角色价值观类）。比如：

（1）你怎么理解"客户购买的不是直径6毫米的电钻，而是直径6毫米的钻孔"这句话？（人际敏感或客户思维）

（2）你认为陪客户吃饭这件事有意义吗？你是否喜欢跟不太熟悉的人吃饭？（社交能力和社交自信）

（3）你期望自己的一生是"平平淡淡"还是"轰轰烈烈"？为什么？（事业心）

上述这些题目都只是"半成品"，一道完整的题目还要有评分的标准。设计一道好的结构化即时计分访谈题目需要把握三个关键：一是所有问题需要"意有所指"，而不能宽泛散漫，也就是被评价者的回答不应该出乎题目的意料；二是对被评价者回答的评价，要有清晰的标准和刻度，虽然有的题目可能很难提供标准答案，但也需要提供评分的基本原则；三是有区分度，优秀的人和一般的人，应该在回答上有明显的区分。高质量的结构化即时计分访谈题目，一定是反复测试和优化的结果。企业可以建立一个这样的题库，提供给管理者在招聘、盘点等场景中参考使用。

3. 使用建议

对于结构化即时计分访谈这种方式，如果题目设计得好，就可以用于大多数人才的评价，尤其是在人数较多，时间有限，信效度要求又高，必须面对面进行评价的场景中，如基层人才盘点、初级人才招聘等。如果不考虑被评价者的感受，那么用于中高层管理者或专家的评价亦可。这种方式还非常便于组织大量的评价者同时实施，可以保持较高的评价者间的一致性（不同的评价者使用一套题目来评价同一个被评价

者，大家的评分差异很小）。

通常来讲，包含30道题目的结构化即时计分访谈，就能够很好地评价5 ~ 8项素质，而做完30道题目所使用的时间，一般也只需要30分钟左右。在一些特殊情况下，减少评价的素质和题目的数量，还能大幅缩短每个人的访谈时间，极大地提升效率。

5.10　互动式

互动式以"模拟实际工作情景"的方式，通过评价者与被评价者双方即时的互动来评价人才。与其他的人才评价方法相比，这种人才评价方法是最"仿真"的。比如，一位售后员工在工作中经常会被客户骂，而他必须在这种情况下保持情绪的稳定，并有礼有节地处理客户的问题。对这种能力的评价，虽然也可以采用提问式或心理测验的方法评价其情绪稳定性，但最有效的方法，莫过于实际地模拟被客户骂的情景，并观察其应对行为，分析其能力素质。

互动式尤其适合用来评价人际互动中所需的能力，如跨部门沟通、员工辅导、绩效面谈、裁员、客户开拓、客户投诉、采购谈判等。有的人会说，这种情景模拟的人才评价方法，看起来像在"演戏"，他说得完全正确，一点没错！**"人生如戏，全靠演技"**，实际上每个人无时无刻不在**"扮演自己的角色"**。比如，一个八面威风的领导，在家被他老娘批评也只能骂不还口；或者一个温良谦恭的儿子，上了战场就成了一个杀敌无数的战斗英雄。他们都是在扮演自己的角色。

人生如戏并非游戏人生，我们扮演好自己的角色也不是虚伪做作。**如果一个人能演一辈子好人，那他就是一个真好人。人生舞台如此，工**

作舞台更是如此：一个人要把产品销售给客户，就要扮演销售的角色；一个人要让员工有更多的成长，就要扮演教练的角色；一个人要让愤怒的客户平息怒火，就要扮演客户服务者的角色。

与演员们演戏不同的是，被评价者在互动式的"角色扮演"中并没有脚本，他所有行为反应的脚本，都由其内心的思维方式和能力水平来书写，这也是我们在活动中评价的内容。在互动时，评价者会自然地给予一系列刺激，这些刺激来自被评价者在实际工作中经常会遇到的典型问题，并且做了提炼和整合。一个人能在模拟情景中处理好挑战，在真实工作中做好的可能性就会很大。

1. 情景模拟题目示例

现在的时间是 2049 年 7 月 13 日，星期二。

你的角色是西泉市艾尔飞行器服务店的总经理宗景立。

你的一个战略合作伙伴，"天空乐园"的老板田孔，来信向你表达了不满，希望能当面交流、妥善处理，不然将终止同你店的合作，更换飞行器供应商。

你需要基于客户反映的问题做一些准备，并当面与客户沟通，解决客户的问题，避免客户流失，以促成短期和长期的合作。

附件资料：

❶ 合作伙伴田孔的来信。

❷ "天空乐园"的业务介绍。

❸ 艾尔飞行器业务及产品介绍。

这道题目是作者十年前开发的一套评价中心里的一项情景模拟任务，

用于评价与认证4S店的候选总经理。附件资料1中包含合作伙伴在飞行事故、设备保养、产品质量、服务能力等方面的投诉和诉求，这些问题也是4S店总经理经常碰到的挑战；附件资料2介绍了乐园的业务模式、经营情况、老板田孔的个人介绍等，有助于被评价者了解并分析对方的情况；附件资料3介绍了该服务店提供的飞行器产品及其特性、周边服务等内容。

候选人在进行恰当的准备后，与评价者扮演的"田孔"进行面对面的角色模拟。在这个情景模拟中，优秀的候选人应当能深入理解客户需求，关注客户感受，站在长远共赢的角度激起客户的共鸣，在不损害自身长远利益的前提下提出令客户满意的解决方案，初步建立起信任关系。而这些内容，正是一个4S店总经理在对外沟通时需要具备的能力。

通过多项情景模拟任务的组合，可以对人才在不同情景下的能力素质进行评价。由于高度模拟实际工作挑战，因此情景模拟是一种信效度很高的方法，对工作中行为的预测非常有效，但情景模拟题目开发和实施的难度及成本比较高。

2. 情景模拟题目设计

一套情景模拟的评价工具，包括三份关联紧密的材料。

一是任务背景及说明，用以帮助被评价者了解背景情况及任务要求。

二是评价者脚本，用以指导评价者在互动中给予被评价者相应的刺激。

三是评分观察点和标准，用以对被评价者的行为反应进行量化评分。

情景模拟题目的开发，需要设计者具有较多与业务场景及心理测量相关的知识和经验。要设计好这三份材料并非易事，可以参考如下开发模型。

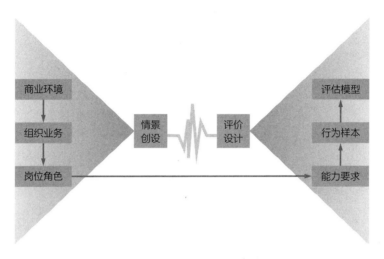

首先在"情景创设"环节，需要结合组织的商业环境、业务流程、岗位的角色和任务，虚拟一个相似的情景，既源于实际又高于实际地，把影响任务达成的关键因素和挑战纳入其中。比如，要考察销售经理"赢取客户信任"的能力，就要把经济环境、行业趋势、产品特点、客户面临的各种挑战、销售经理的职责与目标等要素，汇总编制到虚拟的案例情景之中。

然后在"评价设计"环节，需要把评价的能力素质指标进行拆分，把评价的关键行为样本设计到评估模型中。所谓评估模型，就是对"刺激一反应一评价"的流程设计。比如，在"赢取客户信任"的能力中，有一个关键行为样本是"探索与了解客户深层次的需求"，那么就要设计一种刺激，使被评价者做出这方面的行为反应。另外，还要设计清晰的刻度，用来衡量其行为反应的水平高低。

基于上述宏观的情景创设和微观的评价设计，虚拟情景的核心目标就是再现冲突（或矛盾），而被评价者的能力就体现在解决冲突的过程中。我们所有的工作都在解决冲突：人与人之间的冲突、资源的冲突、时间的冲突、利益的冲突、观念的冲突等。**一部好的电影，一定是讲了**

一个好的解决冲突的故事，而一个有能力的人，一定能解决别人解决不了的冲突。

3. 适用场景分析

互动式的人才评价方法，其题目开发和评价实施的成本（包括时间和费用）都非常高，再加上专业性过强，从而导致没有受过专业训练的管理者没有兴趣、没有时间，也没有能力参与其中。就作者有限的观察，中国的企业通常不会尝试，或者尝试之后也不会长期使用这种方法，核心原因倒不是因为成本高，而是因为这种方法虽然比较"准确可靠"，也可以兼顾"发展导向"，但在"业务密联""领导共识""能力内化"三个方面次第增加的困难，使这种方法的生命力不够顽强，容易"夭折"。

即便如此，如果适用场景满足四个条件，这种方法就还是极有应用价值的。

（1）要评价的岗位非常重要，对业务的发展起到至关重要的作用。

（2）胜任该岗位的人际能力是成功的关键因素，远超其他能力的影响。

（3）岗位人数非常多，题目开发和专业人员培养的成本可以显著摊薄。

（4）评价活动可以与组织的管理机制相衔接，如经销商激励、任职资格管理等。

基于这四个条件，适合采用情景模拟的方法来开展评价与盘点的岗位有：企业里的区域负责人、客户经理、销售顾问、产品经理、客服人员，加盟经销商的店长、销售人员等。

5.11　如何选择人才评价方法

没有选择会使人沮丧，而选择过多却使人迷茫！

"君子役物，小人役于物。"不管使用什么人才评价方法，我们都需要防止被其绑架。就好比"手里有把锤子，看什么都是钉子"，我们的头脑中也会有一些"锤子"，使我们经常想要使用它来解决问题，哪怕它并不是最佳的方案，我们也会削足适履。为了避免这种情况发生，我们需要对各种方法有清晰的认识，但更重要的是，要认识到世界上没有完美的方法。

1. 不完美的人才评价方法

如果世界上有一种完美的人才评价方法，可以用来解决各种各样的人才问题，那么它一定会符合三个条件。

（1）准确性：评价的信效度要高，准确反映真实情况。

（2）全面性：评价的内容要全面，不遗漏重要的指标。

（3）便捷性：评价的过程要便捷，所花时间和费用低。

"世间安得双全法，不负如来不负卿。"人生总是充满了这样的两难：用来工作赚钱的时间越多，用来陪伴家人的时间就越少；想要在专业领域有更深的造诣，往往就要舍弃协调综合事务的能力。人才评价方法也是如此，没有任何一种人才评价方法可以兼顾上述三个完美标准，甚至有很多方法一个都顾不上。如下介绍四种典型的不完美状态。

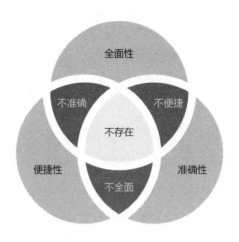

通过简便、低成本的方法，即可得到全面评价结果的，往往不太准确。比如，去寺庙里求一签，或者找大师算一卦，评价的过程不仅很简单，而且可以对姻缘、财运、求学等各种场景进行预测，但其结果除了对号入座的证实偏差，并没有什么准确性。也正是因为人们相信"准确的结果并不容易获得"的观点，才会主动为算命过程增加一些难度，如提前沐浴更衣、戒除嗜欲，或者给一大笔卦金，来增加评价过程的复杂性和难度，以求结果更准。可惜的是，这种南辕北辙的行为，并不会有什么实际作用，更可惜的是，这种行为并非个别特例，而是普遍存在的。

测得既全面，又准确的，往往比较复杂，时间和费用成本比较高。人的复杂性，体现在三个方面：一是心理活动由不同层面的属性综合构成，如知识、技能、价值观、个性等；二是每一种属性中又包含很多成分，如个性至少有几十个维度，知识的类别更是数不胜数；三是这些属性和成分之间会产生相互作用，有的相互加强，有的相互对抗，如人际敏感度高会促进沟通表达的效果，看书学习的进步欲望则会受限于不能保持专注的性格而无法落地。正是由于人的这些复杂性，要想对其进行既全面又准确的评价，需要花费非常多的时间和精力。比如，找对象结婚这件事，绝大多数人都期望深入全面地了解对方，很少在这件事上省事图方便。但是即便如此大费周章，我们也只能获得相对全面和相对准确的结果。也许只有科幻小说《银河帝国》里的哈里·谢顿，才能采用心理史学的方法来100%准确地预测人的未来[1]。

可以非常快速地进行准确的评价，往往只能集中在少数指标上。 有一些性格类型理论的测验，声称只要做几十道题目，就能得到准确度98%的结果，并以此来吸引潜在的客户。并不否认它们说的是实话，但是这种便捷性和准确性，主要建立在评价指标很少的基础上。就好像有人说他一眼就能看出来某人是男是女，且准确率高于99.9%一样，虽然很准，但价值不大。过于简化的评价指标，很难对人进行精确区分，也就不太容易预测人们细节的感受和行为，因此其使用场景和价值也会受限。

上述三种情况，是无法突破的天花板，是做人才评价不可挣脱的锁链。事实上，人们想要突破上限非常困难，需要精明的头脑和巨大的努力，但是想要突破下限非常容易，只要随便搞搞就可以了。上述三种状态虽然都不完美，但如果恰当使用依然有价值。还有一种比较特别的情况，就是**"花了很多时间和费用，聚焦少数指标的评价，结果依然不准确"**！比如，在一个人才盘点项目中，对每个被盘点对象都做了长达两小时的访谈，还邀请相关人员做了360度反馈（投入大），以对组织关心的五项核心素质进行评价（指标少），但由于设计和实施的专业性不足而导致评价结果与实际情况不符（不准确）。这就是典型的花大力气办小事情最后还没办成！

用这三个完美的标准对上述各种人才评价方法做一个盘点，大致如下。

---

① [美]艾萨克·阿西莫夫：《银河帝国》，江苏凤凰文艺出版社2015年版。

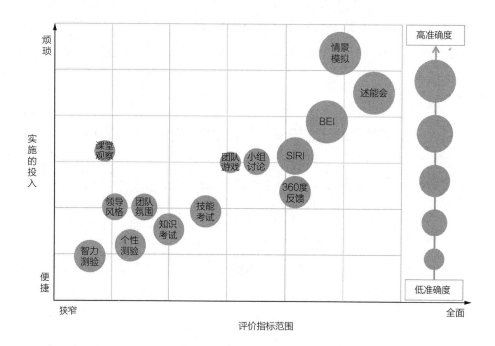

2. 人才评价工具选择的标准

"浴不必江海，要之去垢；马不必骐骥，要之善走。"上述八大类人才评价方法，并没有绝对的高低好坏之分，关键在于选用得当，能解决问题即可，没有必要追求完美。**工具的意义取决于目的，烧书取暖，书和木材就没有差别，甚至还不如木材。**根据使用场景的需要，可以对上述三个条件做适当的取舍。

> 如果是破冰或娱乐，则需要便捷优先，具有一定的准确性即可，无须考虑评价内容的全面性，一些类型理论的个性测验工具可以很好地满足这种需求。

> 如果是人才初筛，尤其是初级人才的筛选，最重要的是易于实施，则可以在准确性或全面性上适当降低要求，小组讨论、知识考

试、智力测验等都是可行的选择。

➤ 如果是盘点与选拔组织的核心人才，则必须坚持全面精准，此时应当多投入一些资源，尽量采取可靠的，甚至是多样化的方法进行综合的判断，减少用人失败带来的更大风险。

虽说各种人才评价方法没有绝对优劣之分，但是这些方法之下的具体工具，却有相对高低之别。在选择具体工具来解决组织的人才问题时，我们要评判的不仅是工具本身，更多的是关于工具从底层到顶层的全部因素，总结起来用一句话描述就是："**是否有科学系统的应用理论和方法的支撑？**"这里有四个关键词：科学、系统、理论、方法。

首先是科学：使用没有科学基础的人才评价工具，必然会模糊使用的边界，产生不良的后果。比如一个人才评价工具，不考虑组织和岗位的差异，给出一个人五星或三星的评价，给这个人贴上"高潜力"或"低潜力"的标签，其背后必然没有人岗匹配的基本思想，忽视了人类社会的分工和多样性。

其次是系统：有一副作者很喜欢的对联："生容易，活容易，生活不容易；人简单，事简单，人事不简单；人活生事"。但凡涉及人的工作，就绝对不会是点状的工作，而需要系统性地进行思考。比如，我们经常听说用人要扬长避短，但这就够了吗？一种系统的发展策略，应该能发挥优势、管理致命短板、聚焦重点和团队互补。系统的理论和方法，不是新潮的、零散的概念整合，而是要对所处理的事情有全面的思考和准备。

然后是理论：理论是形而上的前提和假设，如果没有明确的理论来指导工具的使用，就无法应对各种场景和各种个体的特殊性。比如，一个人的独特性是如何产生的？人是否可以完美无瑕？素质和潜力的概念有何不同？人的个性与行为是什么关系？这些居于人才评价工具之上的理论，才是最后达成人才工作目的的根基。

最后是方法：有很多事情的因果关系和行动步骤并不是显而易见的，如塑造一个领导班子，辅导一个优秀人才，盘点组织的高潜力人才。在这些过程中，要想有效地使用人才评价工具，需要有在科学、系统的理论指导下的，较为清晰的方法才行，而不是人才评价工具一用效果立马自现。

一个有生命力的人才评价工具，并非只是因为全面、准确或便捷，而是有科学系统的应用理论和方法作为内在"灵魂"。这种"灵魂"是应用人才评价工具于选拔、发展、盘点、团建等场景，达到相应目标的根本原因。

3. 人才评价的其他使用场景

人才评价的基本作用，是对人进行量化和区分，核心价值在于有效配置人才资源，充分发现、发挥、发展个人和组织的优势。基于这一核心价值，除了本书论述的人才盘点，人才评价还可以用于如下这些场景之中。

场景	适用方法
标准界定研究：通过标杆人才数据分析，或者标杆人才与一般人才的对比，洞悉组织/岗位人才成功的具体行为和关键原因	只要能相对较准、较快地得到个体的数据即可，常用自我评估、他人评估、提问式等方法，其他方式的针对性稍弱
个人认知发展：基于人才评价的自我认知，更深入地了解自己的优势和不足，更好地发展自我，发挥自己的长处	各种人才评价方法都可以，这种场景下的价值产出关键不在于人才评价方法本身，而在于反馈和发展的理论与方法的有效性
识人能力内化：基于人才评价方法的结构，可以更快地建立识人的框架，辅助一些基础技能，以更好地理解他人的心理活动，提升识人能力	自我评估和他人评估中的各种工具都可以提供相对结构化的标准框架，而提问式的方法则是更重要的识人基础技术

（续表）

场景	适用方法
学科专业选择：了解个人的个性特点、价值取向、兴趣方向，以及与不同专业的匹配程度，选好更加匹配自身的学科专业	自我评估类的工具，包括个性、价值观、兴趣等，可以探索内在底层倾向所适合的职业及专业方向
职业发展规划：通过人才评价了解自身特点，辅助选择职业，或者更换职业方向，找到更能实现自我价值的方向	针对新就业、职业换道、继续发展的不同场景略有不同，总体使用较多的是自我评估和他人评估
团队诊断建设：基于团队评价结果分析，诊断团队的功能缺失和潜在冲突，并通过价值理念的引导建设更有凝聚力的团队	可以使用各种类型的方法，根据团队类型和建设目标的不同做选择，但核心依然在于理论与方法的可靠性
夫妻关系分析：把夫妻当成团队，人才评价同样可以发现夫妻内在的差异和矛盾的根源，加强相互理解并化解矛盾	夫妻的关系分析较难使用太多样化的工具，个性、价值观的测验，以及提问式的方法都是非常有效的
破冰娱乐消遣：每个人都有八卦自己和他人的兴趣，因此人才评价可以很好地吸引人们的注意力，用来提升一些事情的趣味性	一些类型理论的个性测验工具，以及团队游戏，实施比较简单又有趣，容易吸引人们的注意力

上述场景下推荐的人才评价方法是大方向的指引，没有提供具体的工具，我们可以使用前面介绍的原则和方法做筛选。需要再次强调的是，所有的人才评价工具都无法做到100%准确，对工具的应用，千万要注意误差带来的风险。**一个正常人不会因为拥有很好的拐杖就砍掉自己的腿，所以我们也不要因为拥有很好的工具而放弃自己的判断。**人才评价，只是为我们提供了重要的人才参考信息，而人才盘点，则是基于这些信息做出综合的判断。由于判断的主体和过程不同，人才盘点有多种不同的模式。

Chapter
6

第6章

*

人才盘点的九种模式

有了人才的标准及评价方法，我们就可以着手设计人才盘点的策略。人才盘点并非只有一种固定的模式，而是有非常多可能的选择。这些模式可以总结为"谁"基于"何种过程"对人才做出最终的定论判断。"谁"有三种视角：业务管理者的"业务视角"、内部HR代表或外部顾问的"专业视角"，以及上述两者共同参与的"综合视角"。"何种过程"根据判断的依据也可以分为三种：手中无剑心中也无剑的"感觉印象"、手中有剑但心中无剑的"工具方法"，以及不再聚焦刀剑而关注"有效杀伤"的"人才洞察"。

三种视角和三种过程总共组合出九种人才盘点的典型模式。

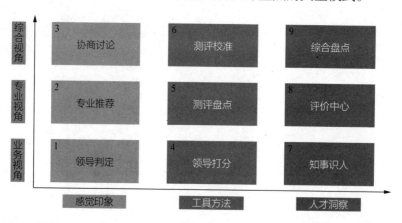

如下将概要介绍这九种模式的基本内容，简要分析其优势、不足与适用场景。其中，测评校准、评价中心、综合盘点三种模式，由于实用价值较高，将在第7章～第9章分别做详细介绍。

6.1　模式一：领导判定

组织要做人才盘点，最简单的模式就是给各级管理者发一份空白文件，要求他们把自己的下属填入一个人才盘点的模板之中，之后收集并汇总起来即可完成。我们把这种模式称为"领导判定"。

这种模式只需要管理者凭借自己的感觉和印象做出判断，而无须考虑详细的人才标准，也不用借助人才评价的专业工具和方法。其中做得简单的只要一个评价结论，把人放到某个位置，复杂的还可以要求提供一些评价说明和行动规划，如：

序号	姓名	绩效等级	潜力等级	九宫格位置	人才评价说明	未来行动
1	张三	A	B	8	团队的骨干，去年为部门业绩达成做了很大的贡献……	给更大的担子，继续历练
2	李四	C	A	3	新进大学生，潜力非常好，但是绩效还不行……	加强基础知识和技能培养，支持做出业绩
3	王五	B	B	5	工作比较平稳，突出优势不显著，工作能够达到标准	继续在当前岗位任职，加强学习
……	……	……	……	……	……	……

领导判定是一种低成本的人才盘点模式。在组织规模不大，管理者对大家都很了解；或者基层人员太多，资源投入又十分有限的情况下，采用这种模式不仅可以加快用人决策速度，快速响应业务的用人需求，还可以显著增强管理者的权威和控制感，使人才盘点与日常管理相衔接。

这种模式虽然便捷，但会受限于管理者的能力和立场。管理者个人的识人判断，会受到很多因素的影响而失真，这些因素包括主观偏见、任人唯亲、受人蒙蔽、人际不敏感等。当组织规模很小时，管理者不得不以自己为中心来开展人才的工作，但随着组织的发展，这种模式的风险会越来越大。

6.2 模式二：专业推荐

在一些相对大型的组织中，组织管理者不可能完全了解所有人才。如果他们既不想躬身参与，又不相信下属的意见，那么人才的工作就会交由HR部门、组织部门、干部管理处等的专业人士来负责。

如果这些专业人士采用专业的工具和方法来盘点人才，就是"测评盘点"或"评价中心"；如果他们依靠不太专业的感觉和印象来盘点人才，我们就姑且称之为"专业推荐"。这里说的"专业"，主要指他们在人才工作上的专业身份，而不是其工作过程的专业性。之所以叫"推荐"，是因为最终决策权依然在管理者手中，内部专业人士的盘点实际上行使的是"举荐"之权。

采用这种模式来盘点人才，前提是内部专业人士对组织内的人才要足够了解。如果他们也不太了解，就要开展一些调研活动来获取对人才的感觉和印象。这种模式的好处是为"组织中央"服务，站在组织的角度统筹人才选用，能够避免各个部门在用人上结党营私，打破人才流动的壁垒。

由于这种模式对人才的评价缺乏结构化的标准和流程，而仅是根据日常工作的接触，或者非结构化的明察暗访，因此难以全面反映人才的真实情况。这种模式会让人才管理权力与业务管理责任相脱节，降低直接上级的权威性。负责这件事情的内部专业职能，在剥夺了各级管理者的人才判定权后，会成为新的权力中心，可能导致新的不公和腐败行为的产生，毕竟历史上卖官鬻爵的事情俯拾即是。

6.3　模式三：协商讨论

很多组织为了避免上述两种模式显而易见的问题，设计了第三种人才盘点的方案。这种方案通常先由各级管理者根据感觉和印象对人才进行评价，完成人才预盘点，再由 HR 部门或组织部门等召集会议，共同对相关人才进行协商讨论，形成最终的结论。或者也可以反过来，先由专业部门对人才进行初步盘点，再与各级管理者一起协商讨论。

协商讨论的方式，会从专业视角和业务视角两个方面来审视人才，如果过程设计得当，则可以在一定程度上避免徇私舞弊、任人唯亲、脱离业务需求、管理者被夺权等问题。但因为这种协商讨论依然缺乏对人的结构化认识，因此对人才的讨论仍旧比较表面，容易出现"公说公有理，婆说婆有理"的局面，甚至演变为大家在用人上的交易：我不阻碍你想重用谁，你也别阻碍我想提拔谁。

以上三种人才盘点模式，在评价目标上没有明确的人才标准，评价过程依据感觉和印象来做直觉性的判断，评价结果也没有太多量化的分析，因此容易产生较大的误差。但一个组织采用这些模式来盘点人才，至少说明它已经开始重视这件事情。**从无到有跨出第一步，比从有到优更为困难，因此也是值得鼓励和庆祝的。**由于这三种模式都非常简便，因此也比较适合组织进行初步的探索尝试。

6.4 模式四：领导打分

多数组织在发展到一定阶段后，必定会谋求更加科学合理的人才管理方法，以降低无人可用和用人失察的成本。人才盘点从"感觉印象"升级到科学的"工具方法"，最容易想到的，几乎不需要增加额外成本的，便是"领导打分"。

领导打分的人才盘点模式示例如下。

考核内容	具体标准	等级标准			
		优秀	良好	一般	较差
德	1.政治态度……				
	2.职业道德……				
	3.大局意识……				
能	1.专业能力……				
	2.领导能力……				
	3.学习能力……				
勤	1.工作激情……				
	2.自我挑战……				
绩	1.业绩指标……				
	2.组织建设……				
廉	1.廉洁表现……				
	2.公平公正……				
总体评价	总体评价意见				
	优 秀	称 职	基本称职		不称职

在这种模式中，不管人才标准是否准确合理，都会被明确具体地提出来，并按照其内涵分解为若干细节的要求。各级管理者需要根据平时的观察，按照相应的标准对人才进行定量的评价，为盘点提供数据的支撑。

这种模式是当前中国企业比较普遍的实践，是大部分组织试图建立科学人才管理体系的第一步，是在尊重管理者意见的同时引导人才管理进入正规化的尝试。相比前三种模式，采用这种模式的组织已经开始意识到统一人才标准的重要性，并且试图通过量化的评价过程，提升评价结果的准确性。

但是这种模式有两大挑战：一是这种评价依然是管理者不受制衡的个人感受；二是不同的管理者对"优秀""良好"有不一样的认知标准，不同的管理者评价的分数没有可比性。因此，这种模式仍旧不能避免主观偏见、任人唯亲、受人蒙蔽等因素的影响。就算采用多位管理者评价求均值，或者去掉极端值的统计方法，终究无法弥补评价视角单一和标准理解不一的问题。但相比"领导判定"的模式，按照标准打分已经是一种进步了。

6.5 模式五：测评盘点

在人才评价的重要性和价值被广泛认同之后，人才评价的专业性和难度被深入认识以前，各种测评工具就"粉墨登场"了。当组织苦于盘点人才的管理者和被盘点的人才都"人心叵测"时，就会特别渴望有一个客观的测评工具，像做核磁共振一样把人才的心理特点全部评价出来。这种"机械主义"的倾向忽视了人的复杂性，使陷入"人才盘点苦海"的组织把测评工具当成救命的稻草。尤其是各种宣称可以准确评价人才能力素质的在线测评工具，以较低的时间和费用成本优势，被那些急需利用科学方法来评价与盘点人才的组织所采纳。这种使用专业工具来代替管理者判断的人才盘点模式，我们称之为"测评盘点"。

心理学的发展，的确提供了一些不错的人才评价理论和工具。但是任何单一的测评工具，尤其是在线测评工具，都很难全面准确地评价人才。先不论测评绩效、经验等标准的可能性，光是人的能力素质，就会受到内在个性、价值观、智力、知识、技能和经验等诸多因素的影响。完全利用测评工具进行人才盘点，不得不面临测评失真的问题，这些失真会把使用者对测评工具的过高期望，转变为对这些工具的全面否定和抛弃。

很多事情的发展都是进两步、退一步的，新事物的发展和应用更是如此。使用测评工具来代替管理者的判断，就是人才管理向后退的一步。这个退步有大有小，大退步是使用了完全不应该用于人才盘点的工具，如用类型理论的个性测验工具来判断人才与岗位的匹配度，或者他们的发展潜力；小退步则是没有管理好对一些有用工具的期望，使本应有价值的测评工具承担了超出其边界的功能，如僵化地使用360度反馈评价能力素质。**只有恰当地使用工具才能发挥工具的价值：用竹篮打不到水，不是竹篮不好，而是使用者思考不够。**

万事皆有利弊，测评盘点的模式虽然难以真实有效地反映实际情况，但这个过程中对测评工具的使用，依然起到了启蒙的作用：管理者从此开始看到人和人普遍存在的差异，认识到一些结构化的人才标准，并在对测评数据的质疑中建立了分析和探索人才内在特点的习惯，这些都有助于组织的人才工作迈向更高的水平。

6.6 模式六：测评校准

评价与盘点人才的专业性，并非任何一种测评工具能独自承载。在"测评盘点"忽视管理者参与的问题暴露后，"测评校准"被理所当然地提出来。这种模式通常采用"在线测评＋线下校准"相结合的方式：整合各种在线测评结果，通过相关业务管理者参与的盘点校准会，对人才进行多方讨论，最终确定盘点结果。

这种模式相比领导打分和测评盘点有两个方面的优势：一方面，在线测评提供了较为清晰、具体的标准，且测评得到的数据结果，可以作为人才探讨的参考依据，以加深对人才的认识；另一方面，校准过程维护了管理者"管人管事"职责的完整性，重视了他们在人才盘点中的意见，可以充分发挥管理者熟悉人才的优势，极大地降低误用测评结果的风险。

但如果没有良好的流程设计，测评校准则会容易陷入"虚假的民主"：如果在线测评与管理者的判断一致，就采信在线测评的结果；如果不一致，则采信管理者的判断意见。这就像作者家里的"民主"一样：妻子的意见与我一致时，听我的；妻子的意见与我不一致时，听她的。

测评校准的有效性，非常依赖参与校准的管理者的能力水平和公正意愿。在盘点校准的过程中，解释在线测评数据的一方，根本没有掌握被评价者的实际工作成效、行为表现，任何评论都有诛心和推测的嫌疑，无法理直气壮地反驳管理者的判断。当然，如果管理者愿意通力配合、不偏不倚，且识人有方，那么这种模式的确不失为一种高性价比的人才盘点模式。

以上三种人才盘点模式，都有明确的人才标准，并采用一些量化的方式来衡量人才。但由于过度强调测评工具的价值，并且因为人才信息掌握不对称等原因，使测评数据和上级观察判断难以有效地互补和制衡，所以在保证客观公正方面存在一定的不足。但相比前述凭借"感觉印象"进行人才盘点的三种模式，这三种模式已经初步建立起科学的盘点机制，也能通过工具的使用逐渐提升管理者的识人能力。这是目前大部分追求管理规范化的组织所处的阶段。

6.7　模式七：知事识人

人才盘点的目的，是构建组织的人才竞争优势。如果组织的管理者擅长知事识人，既充分了解业务开展的挑战和要求，又对人才具有深刻的认识，那么直接由管理者来做出人才的判断，采用"知事识人"的人才盘点模式是最具效率的方案。

这种模式能发挥作用，需要具备如下三个方面的条件。

（1）涉及的业务范围窄、人才数量少。因为每个管理者能深入了解的业务和人才是有限的，所以如果组织规模较大，管理者就免不得要拍脑袋了。

（2）管理者在所辖范围内具有足够的权力、权威和魅力，不会招致不公平的声音，否则组织里就会充满管理者"用人唯亲""亲小人远贤臣"的流言。

（3）管理者对"事"和"人"有深刻的洞见，在过去持续展示了高质量的人事决策，尤其是在大企业里管理小组织的管理者更需要这样的证据。

基于上述三个方面的要求，知事识人在组织中很少长期存在。管理者要达到知事识人的水平，一定要有清晰的人才标准，也一定能够努力摒弃偏见，客观地评价人才。达到这样的水平绝非易事，很多自以为采用此种模式的组织或管理者，实际上只是领导判定或领导打分而已。

大型组织的管理机制，不一定能得到意外的惊喜，但会避免出现意外的惊吓。知事识人的模式虽然决策迅速、结果准确，但其用人的风险完全不受控制，因此在大型组织里，虽然这种模式可能在一定范围、一定时期内存在，但不会成为普遍的常态。

6.8 模式八：评价中心

每种人才评价工具和方法都有其优势与不足，尤其是各种在线测评工具的局限性更大，如果采用多种工具和方法的组合，就能减少它们各自的方法偏差，特别是采用信效度较高的面对面访谈和情景模拟，可以显著提升人才盘点的准确性。这种以访谈和情景模拟为核心，组合多种工具和方法评价人才的方式，称为评价中心（Assessment Center）。

这里讲的"评价中心"并非一个地方，也非一个机构，而是一套人才评价标准、工具、方法和流程的组合。如下是一个典型的评价中心的

指标—工具矩阵，从中可以看出对每项素质的评价都用到两种及以上的工具和方法，相互验证和补充，使评价结果具有更高的可靠性。某公司城市经理高潜力人才测评指标—工具矩阵如下。

纬度	素质名称	评价中心				
		心理测验 / CPI 测评 *	访谈 / 行为 事件访谈	案例分析 / 经营规划	角色扮演 / 客户沟通	角色扮演 / 下属辅导
持续增长	追求极致	√	√	√		
	迭代学习	√	√			
	商机敏感	√		√	√	
卓越运营	经营规划	√	√	√		
	绩效导向	√	√			√
	成就客户	√	√		√	
	组织协调	√		√	√	
团队塑造	激发团队	√	√			√
	发展人才	√	√			√

注：*处为"活动类型/具体工具"。

相比测评盘点和测评校准，由于评价中心采用了更为系统的方法，掌握了关于被评价者更多的真实信息，因此能够有理有据地说服意见不一者。这种模式更适合一些人数较多的高价值岗位的人才盘点，如项目经理、门店店长、业务顾问等的选拔、认证、盘点。

评价中心由于其复杂度和专业性，往往只能被外部顾问和少数内部专业人士所掌握。因为这套评价方案需要较多的时间投入，且涉及较多的概念和方法，所以多数管理者都不太有精力和兴趣来深入了解与参与。而管理者的不了解和不参与，则会影响对最终盘点结果的认同度。

6.9 模式九：综合盘点

最后介绍的综合盘点模式，是一种追求各方面制衡的解决方案，有几个典型的特征。

（1）业务管理者和人才测评专家共同组成评委，从不同的角度评价与盘点人才。

（2）在具体的业务场景下评价人才，而不是使用脱离业务的无关情景和语言。

（3）以线下评价为主，以在线测评为辅，让评委充分获取被评价者的相关信息。

（4）评委需要打破信息的不对称，对人才进行充分的讨论，基于共识做出判断。

满足这些特征的综合盘点，最常使用"在线测评＋述能会"的模式，对人才的潜力、绩效、经验等进行综合的评价。综合盘点模式有诸多好处，如评委的多样化组成更能避免主观偏见，围绕真实业务场景更有说服力和实际应用价值，人才评价能力在过程中更容易内化，盘点结果的应用更能达成一致意见等。

这种模式也并非毫无缺点：花费的时间比较长（30～60分钟/人），对评委的评价能力要求比较高（除了熟知业务，还需要掌握提问、评价、反馈等技术），在人员比较分散时的组织难度也比较大（线下述能会的效果比在线会议更佳）。这些挑战导致并非所有企业都有条件采用这种模式。

最后这三种模式，是从"形"到"神"的变化，不再把注意力只停留在工作的流程和方法之上，而是真正地洞察人才。尤其是评价中心和综合盘点，特别是综合盘点，已经"形神兼备"，虽然略微复杂，但已在大量的行业标杆企业中得到广泛实践，为组织构建人才竞争优势提供了坚实的基础。

世界上没有什么最好的东西，你视若珍宝的东西别人也许会弃若敝屣；世界上也没有什么最差的东西，令你作呕的食物也许让别人垂涎欲滴。上述九种模式各有优劣，在不同性质、规模的组织内，在组织发展的不同阶段，甚至组织内不同的部门和层级中，都会有不同的最佳选择。甚至有些错误都是必经的过程，就像年轻人的成长一样，只有亲自经历过错误的坎坷和磨炼，才能寻找到正确的方向。

对于发展到一定阶段的组织，要使人才工作长期可持续，构建起体系化的人才管理机制，有三种模式是更加合适的选择。后续三章分别详细介绍这三种常用的模式：测评校准、评价中心和综合盘点。每个部分都会包括技术方案、实践案例、注意事项等方面的内容。

Chapter
7

第7章

＊

测评校准模式

当侧重工具和方法的专业视角，与强调管理者轻度参与的业务视角，在形式上整合到一起时，测评校准的人才盘点模式便具有比较便捷、相对精准的优势，非常适合人才数量较多、时间周期较紧、资源投入较少的场景。测评校准的人才盘点模式，主要包括三个步骤。

（1）数据收集：召开启动会，并通过各种形式收集盘点所需的潜力、绩效、经验等数据。

（2）数据整合：对收集的数据进行分析和整合，为盘点校准会做好充分准备。

（3）盘点校准：召集相关评委开展盘点校准会，通过介绍、分析、讨论等过程达成共识。

7.1 数据收集

在数据收集阶段，要把人才盘点中使用到的所有数据收集完整，这项工作需要专业团队与管理者共同完成。

数据收集	专业团队	管理者
基本信息	●	○
潜力数据	◉	◉
绩效数据	○	●
经验数据	◉	◉
其他数据	◉	◉

●主要负责　◉引导完成　◉辅助完成　○支持完成

1. 基本信息

准备好个人的基本信息，如部门、职务、在岗时长、轮岗次数、学历、专业、毕业院校、政治面貌、司龄、年龄、性别、专业证书、语言能力等。这一工作主要由专业团队来完成，条件好的可以通过人力资源信息系统导出，条件有限的需要邀请员工本人协助完成。

2. 潜力数据

通过各种在线测评工具，收集人才的潜力数据。可以根据盘点目的，采用360度反馈、上级评价、个性潜力测评、认知能力测评、脱轨因素测评、领导风格调研、知识考试等工具中的1~3种。这一工作通常由专业团队引导完成，但管理者需要在必要时参与这一过程，并且对人才的潜力做出真实的反馈。

3. 绩效数据

主要对被盘点者过去1~3年的绩效数据进行汇总，如果时间处在年中或下半年，则可以邀请管理者对其当年的绩效表现进行评价。如果组织不仅关注人才的任务绩效（KPI），还关注其"周边绩效（也叫关系绩

效，指任务绩效之外的与周边行为有关的绩效）"，则可以通过"领导有效性调研"或"员工敬业度调研"等方式进行评价。

4. 经验数据

这种数据通常可以体现在基本信息的工作经历中，但是如果要对员工经验数据的有效性和质量进行判断，那么其直接上级的意见必不可少，因此可以在准备好基本信息后，邀请管理者对此进行评价或确认。

5. 其他数据

如果项目还有一些其他因素的考虑，如调动意愿、身体素质、离职风险、健康程度、婚姻状况、政治面貌、民族、定居地等，也需要提前通过各种方法收集准备好。

7.2 数据整合

在收集完所有数据后，需要对数据进行分析和整合，主要包括"个人—团队"两个层面、"汇总—洞察"两种类型所组成的四项工作：个人数据的汇总、团队数据的汇总、个人预盘点意见、团队预盘点意见。其中由专业团队负责的数据汇总是容易的，而由管理者提前对人才和团队的洞察分析是困难的。

两个层面	专业团队	管理者
个人层面	个人数据的汇总	个人预盘点意见
团队层面	团队数据的汇总	团队预盘点意见

个人数据的汇总，需要对每个人的各种数据进行汇总，汇总的方式有两种。一种是简单合并，即把各种基本信息和测评报告放到一起：既可以打印装订成册，也可以合成电子文件包，发送给管理者及其他参与盘点校准会的相关方。如果是盘点校准会之后，则还要做个人评价的汇报、存档等工作，需要采用另一种深度加工汇总的方式，即把各种来源的重要数据，汇总到一张纸或一页幻灯片之中，并对数据进行概要的总结，以供管理者和评委参考，如下。其中，关键个性指标的总分为100分，360度反馈结果的总分为5分。

团队数据的汇总，是为管理者提供其团队总体情况的数据分析结果，在宏观层面辅助其思考团队现状与未来工作计划。团队数据分析主要包括如下几个方面。

➤ 团队在基本人口学变量上的分布（包括年龄、性别、学历、司龄等）。

➤ 数据统计出来的团队初步盘点结果（包括潜力、绩效、经验、九宫格、人才的各种排序等数据）。

➤ 团队优势和不足的整体性评价。

➤ 其他有助于关联业务特点和需求的人才数据统计结果，如团队或
层级的对比数据等。

个人和团队数据的汇总，以数据的统计展示为主。数据的分析、问题的洞察、结论的形成，都需要管理者在盘点校准会之前形成初步意见，这个过程可以称为"预盘点"。上述所有的数据，都是为"预盘点"提供参考佐证的信息。由于盘点校准会实际上是对管理者的"质询会"，因此管理者需要提前做好充分的准备，这对盘点的成功至关重要。

为了解决管理者准备不足或无从下手的问题，可以设计一个对人才和团队进行预盘点的文件模板，并要求管理者提前完成。如果嫌弃这样太麻烦，则至少也要提供一张简要的问题清单，由管理者先按照这张问题清单进行思考。无论哪种方式，核心都在于使管理者基于客观数据和主观感受，提前充分理性地思考人才和团队，并在后续的盘点校准会中，据此发表自己的成熟意见，以增强盘点过程的深入程度，提升盘点结果的准确性和应用价值。

管理者要想做好预盘点的文件模板或问题清单，个人层面的准备包括但不限于以下几项。

（1）人才潜力的评分和评价意见，以及做此评价的理由，如个人事迹、典型行为、成功案例等。

（2）人才绩效表现的评价，以及做此评价的理由，如其工作实际取得的成就、价值，对组织/部门/团队的贡献、影响。

（3）人才经验充足程度的评价，如具备哪些关键经验，在什么阶段获取，欠缺哪些方面的经验。

（4）其他需要被关注的评价要素，如离职风险、价值观、脱轨因素、身体健康、家庭情况等。

（5）针对每个人才，未来应当采取何种针对性的举措，以保留人才，激发人才士气，帮助人才成长。

在准备阶段也可以邀请管理者对团队的人才进行排序，排序的依据可以是发展潜力，或者是价值贡献，但最好不要是"你最离不开谁"。组织不应该鼓励管理者去思考他最离不开谁。**彼得·德鲁克认为，管理者离不开某个下属，本质上是管理者本人的无能。**我们在盘点中要求管理者这样思考，不正是在强化他们的无能感吗[①]？

至于团队层面的准备，包括但不限于以下几项。

（1）在团队功能定位和主要目标要求下，组织结构、业务流程的合理性及改善思路。

（2）团队各方面的业务能力现状、总体的氛围、人才结构现状、关键岗位人才状态、后备人才梯队情况。

（3）对团队总体人才健康度的分析，主要聚焦哪些是核心问题，未来如何解决，有哪些工作计划，以及需要哪些支持。

如果管理者缺乏相应的知识来完成这些准备，则可以安排一些赋能的培训活动，解释相关数据的含义及应用，指导管理者捋顺准备工作的要求和思路。由HR部门提供数据，管理者负责完善个人和团队预盘点报告。预盘点报告是盘点校准会上讨论的基础文件。在盘点校准会结束后，可以把这份报告优化后作为向上汇报、存档保留、行动跟进的主要载体。

---

① [美]彼得·德鲁克：《卓有成效的管理者》，许是祥译，机械工业出版社2018年版。

7.3　盘点校准

做好充分的信息准备后，就可以召开盘点校准会。举办这样一场会议通常包括五个典型步骤。

赋能培训 → 人才介绍 → 数据解释 → 人才讨论 → 行动计划

1.赋能培训

赋能培训的内容可以根据工作目标和实际现状进行多样化设计，但主要有三个方面。

> **共识理念，充分动员**：提升各级管理者对人才盘点这件事情的价值与意义的认识，使其在思想上更加重视。
> **掌握工具，内化能力**：学习与了解评价的标准、测评工具的解读，丰富自身识人用人的知识储备。
> **熟悉流程，有效参与**：知道盘点校准会的流程、原则、要求，以及后续行动，便于在各个环节有效参与，发挥作用。

赋能培训的时间可以根据实际情况进行调整，可以在数据整合工作之前，也可以在盘点校准会之前。赋能培训可以一次性培训宣讲所有内容，也可以把内容拆分到不同的环节。如果管理者的基础比较薄弱，那么赋能培训的时间和内容可以稍微充裕，如提前安排一次专场，对整个项目的流程和方法论做详细介绍。如果管理者已有较好的基础，那么可以适当缩减时间和内容，在盘点校准会之前做简要介绍即可。

2. 人才介绍

盘点校准会先由被盘点者的直接上级对人才进行介绍，包括当前岗位、负责的工作任务、过去一年取得的成效（绩效）、对比素质模型的评分和评价（潜力）、个人过去工作的历练（经验），以及其他有价值的评价意见。由于直接上级是人才盘点的主要负责人，因此需要给予其相对较长的发言时间，确保他对自己的下级有充分表达意见的机会。

在直接上级进行人才介绍时，其他评委（如隔级上级、跨部门上级、外部顾问、HR代表等）应当做好记录，并与自己的观察了解、测评结果等进行对比：意见一致的地方，可以交叉验证；意见不一致的地方，可以在后续的讨论中进一步澄清。

3. 数据解释

在直接上级对人才进行介绍后，由HR代表或外部顾问对各种测评的数据报告进行解释。在数据解释的过程中，尤其是潜力数据的解释过程中，最大的挑战，同时也是最大的价值，不在于测评数据和直接上级的判断是否一致，而在于能否**通过数据的解释，来加深评委对人才能力及其背后深层次原因的认识**。数据解释除了要提出与直接上级评价一致的地方，还要直言评价不一致的地方。

在数据结果与直接上级评价一致的地方，可以结合直接上级的介绍和评价，用测评数据来解释其工作中行为和结果背后的原因，使评委对人才的理解更深入。

在一次盘点中，某公司的总经理说他很难与他的一个经理对话，虽然双方都说着极标准的普通话，但就是不能相互理解，经常是"牛头不对马嘴"。作者结合测评数据分析了可能的深层次原因：这位经理比较喜欢形而上的思考，喜欢讲概念、模型，但是对事情关键的把握不足，这令非常务实的总经理经常大为光火；另外，这位经理极其要面子，很难承认自己是错误的，因此总是在不停地为自己辩论，并且很容易在没有真正理解对方观点的时候做出回应，这种沟通风格又令总经理感觉火上浇油。有了这两点补充，总经理对他下级的理解就更深了一层，更为确信自己做出的评价和判断，在日常管理中也更能采取针对性的反馈和行动。

在数据结果与直接上级评价不一致的地方，也要直接展现不同的观点，引导评委思考另一种可能性，并为后续的讨论列出重点。

在上述项目的另一次人才分析中，测评数据显示的结果与总经理的判断有一些不同。总经理将一位他很喜欢的产品经理夸得十全十美，尤其是对其推动执行力赞不绝口。作者结合测评结果分析了这种"推动执行力"的可能表现：这位产品经理很强势，做事很关注目标，勤奋度高，也很有人际勇气，不怕得罪人，从这些角度来讲他的推动执行力是很强的；但是他对相关方的感受并不敏感，主动影响他人的意愿也不强，而且很容易因为委屈、挫折而泄气，如果是推动更大范围内复杂问题的解决，则可能得不到上级的支持，从这些角度来讲他的推动执行力是否依然很强？在类似这样的数据补充说明下，这位总经理看到了之前可能忽略的风险，增加了对人才认识的宽度，以便更好地避免未来用人的风险。

在分析测评数据时，可以结合实际工作的业务场景进行说明，预测人才的行为表现，使数据的解释更加形象生动，避免"空对空"。

4. 人才讨论

有了上述信息，评委就可以对人才进行校准的讨论。人才讨论是一个辨析的过程，出于各种原因，会有支持的意见，也会有反对的意见，这都是正常的。**人才讨论不要怕有意见的冲突，相反更要担心评委一团和气，不敢讲话的局面。**

人才讨论的过程是为了揭示人才的真实情况，因此既要有制衡的机制，也要有开放的氛围：要想得到比较准确的判断，对各种信息就要保持质疑，既要质疑上级的结论，也要质疑测评的准确性。要想避免"虚假的民主"，还需要畅所欲言的文化氛围，鼓励实事求是的争论，要求评委不仅要说结论，更要列举事实的证据，以使评委了解的信息更加对称。这个过程需要一个会发问的主持人，通过进行专业的提问，来使各方面能够客观真实地澄清自己的观点，避免情绪化的争论，以促使评委达成共识。

人才讨论的后期，要逐渐围绕个人评分、九宫格归类、优势、不足、发展建议、任用建议等达成共识，并记录在案。**如果讨论过程无法达成共识，那么最终决断权要交给直接上级，他们只有具备了这样的权力，才会主动为这个团队的任务和人才负责。**

5. 行动计划

在评委把某个团队的人才全部校准之后，还需要对团队的总体情况进行盘点讨论，具体内容参见第10章的分析。根据个人和团队的盘点结果，评委还需要一起制订后续的行动计划，这个计划既要有针对每个人的行动，也要有面向团队整体的规划，计划和应用的内容参见第11章的介绍。

7.4 实践案例分享

某保险控股公司在经历了市场推动的快速增长后，面对相对成熟的市场和更加激烈的竞争，需要打造精细化的管理和运营，以及更具开拓性的竞争优势。这尤其需要提升干部队伍的意识和能力，公司在此背景下开启了一个"领先计划"，期望通过人才标准的构建及中层干部的盘点，达到三个方面的目的。

➤ 一是使中层干部更加清楚未来的业务发展挑战，以及对自己的能力要求，明确方向。

➤ 二是使中层干部提升对自我的认识，看到与未来要求之间的差距，激发自我提升的学习行动。

➤ 三是对中层干部进行盘点和区分，发现其中的优秀人才与待提升人才。

基于上述目的，项目主要包括五个步骤。

1. 标准构建

项目通过优秀中层干部访谈（10人）、优秀组与一般组特质扫描分析（40人）、组织战略要求分析、高管访谈（7人）、模型构建研讨会（8人），构建了满足组织未来发展要求的领导力素质模型，如下。

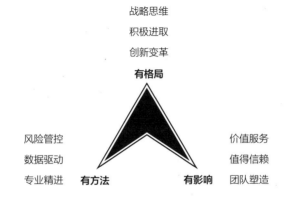

这一模型包括三大方面的九项素质，模型整体类似飞机形状，以强调组织"领先"的期望。"机头"是起引领作用的"有格局"的三项素质，两侧"机翼"分别是做事"有方法"和对人"有影响"的各三项素质。

➤ 该组织作为控股型的机构，每种职能都需要有更强的"战略思维"来指明方向，并且组织在未来会面临更大的挑战，需要干部做事更加"积极进取"，并不断"创新变革"，以带领组织适应新环境。

➤ 保险行业独特的属性需要其干部有"风险管控"的基本意识，通

过"数据驱动"来制定理性的决策，并且随着公司经营管理的精
细化要求，所有干部也需要不断地"专业精进"，成为专业型领
导者。

➤ 公司在转型中更加强调以"价值服务"为导向，需要干部能洞察
客户的真实需求，以客户价值为中心来思考问题，与各个相关方
（包括下属单位）建立"值得信赖"的关系，并通过持续的"团队
塑造"工作来打造有战斗力的团队。

2. 数据收集

数据收集主要分两个部分：一部分是人才基本信息、KPI数据等已有
信息；另一部分是为开展测评调研而收集的潜力和关系绩效的数据。在
该项目中，围绕领导力的过程模型，收集了中层干部"内在特质+外在行
为+结果影响"三个方面的数据。

内在特质	评价干部的内在个性特质，并选择关键要素与上述人才标准相匹配
外在行为	基于人才标准定制化开发360度反馈，由周围同事进行多视角的反馈
结果影响	开展领导有效性调研，了解其团队成员的感受，评价其"关系绩效"

3. 数据整合

数据收集完毕后，分析与整合这些数据，准备个人和团队的数据整
合报告。其中，个人报告如前述方法论部分的介绍，形成了每人一页的

数据汇总和总体评价，这里不再举例展示。团队报告对所有人才的各种数据进行统计分析，其中重点分析了测评结果所揭示的团队现状，以及团队九宫格统计结果，摘录示例如下。

（1）内在特质分析。

从内在的个性特质层面来看，该组织的中层干部表现最为明显的行为倾向如下。

1	规则意识突出	遵守规则流程，有较强的自我约束力，直接坦言维护组织的规则
2	数据敏感度高	对数据比较敏感，喜欢分析数据，从数据中分析规律、发现问题
3	推动执行力强	主动发现问题并承担责任、采取行动，推动目标、计划的按时执行
4	事业激情不够	事业心不强，倾向于容易达成的目标，更喜欢从容的工作节奏
5	前瞻考虑不足	聚焦当前而非长远的问题，追求稳定可靠，避免创新的风险
6	人际影响较低	不太倾向于思考他人的特点和需求，主动影响他人的意愿较低

（2）外在行为分析。

根据九项素质要求设计了36道行为描述式题目，以及2道开放式反馈题目，得到团队总体数据如下。

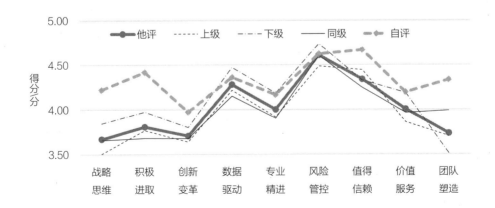

从行为层面来看，中层干部在九项素质上相对较强的是"风险管控"和"值得信赖"，相对较弱的是"战略思维""积极进取""创新变革""团队塑造"。在九项素质的36种行为表现上，分数最高和最低的5种行为分别如下。

高分行为	风险管控	敏锐识别工作中可能存在的潜在风险	4.78分
	数据驱动	基于对事实和数据的理性分析做决策	4.75分
	风险管控	熟悉相关法律法规及监管对风险管控要求	4.68分
	值得信赖	在外界的诱惑和压力下，保持职业操守	4.51分
	价值服务	及时响应内外部客户的需求，不拖延不推诿	4.45分
低分行为	战略思维	前瞻性地考虑未来工作的方向和挑战，提前布局	3.22分
	积极进取	不满足于过去的成就，为自己设定更高的目标	3.25分
	创新变革	打破思维定式，采用创新方法推动工作进步	3.29分
	团队塑造	描绘组织和团队未来发展的愿景，激发团队激情	3.31分
	团队塑造	关注人才的发展，采取行动提升团队成员的能力	3.46分

（3）结果影响分析：

通过领导有效性调研收集了员工在每个方面的两种感受：一是对当前的感受；二是对未来的期望。现状的感受取决于管理者的领导行为是否有效，通常情况下人们都会对未来抱有更美好的期望。如果某个方面期望和现状的差距较大，就说明管理者在这方面做得还不够；如果员工对管理者的期望也不高，则情况更糟糕，可以理解为"员工对你已经不抱希望了"。数据统计如下。

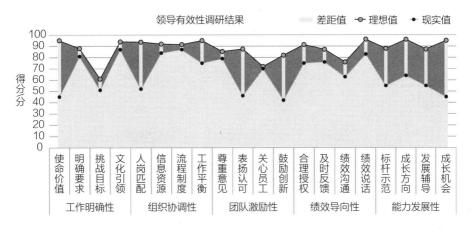

从数据中可以看到，中层干部所采取的领导行为，使他们的下级普遍觉得：

1	具体工作目标清晰，但工作的价值和意义不明确，挑战性不够
2	工作开展平稳有序，资源制度也能支撑，但工作没有激情，不能发挥特长
3	有尊重也有关心，但是没有表扬，没有成就感，比较保守，不能尝试创新
4	任务导向，普遍不关心能力的发展，尤其缺乏挑战性的锻炼机会

上述三个方面的数据，对中层干部进行了全面的勾勒，最后总结了四个关键的结论，这些中层干部是：

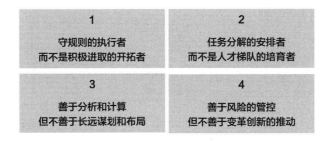

（4）九宫格分析：

除了将中层干部作为整体对象进行分析，团队报告对其中的个人也

191

要进行比较，除了各种指标的排序与对比，主要是九宫格的初步分类。该项目对KPI评分与领导有效性进行整合，得到了绩效维度的评分；对基于素质模型的360度反馈结果与关键特质得分进行整合，计算了潜力维度的评分。

两个分数按照20%-60%-20%的相对比例，可以把绩效和潜力分为三个等级，绘制到九宫格中，即可得到人才分布的统计结果。

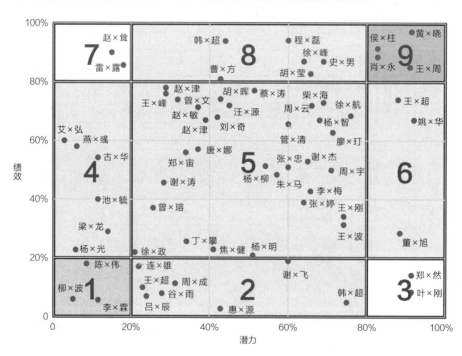

项目组根据各个分管领导的管辖范围，分别准备了个人和团队的数据汇总与分析报告，并由分管领导在此基础上，完善形成预盘点报告，之后召开盘点校准会。

4. 盘点校准

盘点校准会由公司的CEO、人力资源副总裁、外部顾问分别与各体系分管领导一起召开。66位中层正副职干部，分别由8位分管领导进行介绍，其他评委结合日常观察、测评数据进行提问，最终对人才的评判达成共识。会议除了对人才个体的评价与发展进行讨论，还讨论了部门正职的后备人才、各体系总体的人才情况，以及未来的工作计划，以使盘点结果更具应用落地的指导价值。

项目通过两天的校准讨论，优化了前期准备的个人和团队预盘点报告，形成了最终盘点报告。和预盘点相比，最终盘点的九宫格结果对18个人做了潜力等级向左或向右的调整，对9个人做了绩效等级向上或向下的调整，其中只有5个人同时调整了绩效和潜力的等级，这说明数据分析结果与实际情况具有较强的一致性。

5. 成果应用

该项目盘点后的应用，结合前期规划目标，主要包括：

➤ 中层干部队伍分两期开展了"领导力觉醒"研讨会，解读了测评报告，研讨了面临的挑战和个人能力差距，并根据发展的策略原则制订了每个人的个人发展计划（IDP）。

➤ 基于团队总体数据分析与诊断结果，以及盘点校准会评委讨论的意见，制定了后续人才培养方案，尤其是战略思维、领导力提升和创新变革三个方面的主题培训活动。

➤ 根据人才盘点做了几个方面的人事调整：提拔2位中层副职干部为正职；新调整3位人才参加公司最近实施的改革项目；针对4位明

显与岗位不匹配的人才做了调岗处理。

➤ 发起了一个对公司使命/价值观进行讨论的项目，自下而上地组织员工讨论组织、团队和个人的使命/目标，增强文化的凝聚力，激发干部的内在驱动力。

➤ 后续研究设立了一个"总裁创新奖"，每年评选一批为组织业务发展做出重大创新的个人、团队和部门，以促进风险可控的改进创新。

通过该项目的实施，组织的中层干部对公司的人才标准有了更加清晰的认识，也看到了未来进一步发展的能力差距，使团队更清楚个人成长的方向。项目结束后调整了一些公司领导早就感觉不对劲的人才，使人才队伍更具活力。尤其是一些关键岗位，由于人员的调整而使工作面貌很快发生了转变，为组织带来了很大的价值。

Chapter
8

第8章

*

评价中心模式

我们在第5章讲过人才评价工具的不完美，无法兼顾全面、准确和便捷。当我们的资源很匮乏时，我们只能在一定程度上牺牲全面性或准确性。但如果我们的资源充足，则没必要冒险，"没有什么人是无法被准确评价的，如果有，就再多用一个工具"。评价中心作为一种借助多样化的工具和方法，由专业视角进行人才盘点的模式，具有全面、精准的优势，比较适合期望得到较高质量的第三方客观评价的场景。

8.1　"非典型"评价中心

人们通常所说的专业术语"评价中心"（Assessment Center），是指用来评估人才的一系列方法和程序的组合。

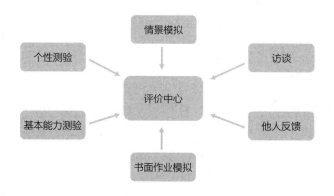

传统的评价中心要求有三个核心原则。

（1）由多个经训练的测评师参与，基于一致意见形成评价意见。

（2）综合运用多种技术方法，以情景模拟为主，以其他工具为辅。

（3）较为全面地测评对工作影响重大的特质/素质，进行定量与定性的分析。

完全符合这种标准的人才评价策略，很多时候并不具有经营上的"投入—产出"优势，尤其是"多个测评师"和"情景模拟"会极大地增加盘点的成本。因此，我们没有必要"求其名"，而应该"务其实"，把评价中心的标准简化为"多个评委—多种方法—全面评价"即可。按照这样的要求，我们可以把评价中心设计为大部分企业都能负担得起的模式，更有性价比。另外，"评价中心"这个词语，也完全可以是组织里的一个部门或一个地点，作者就曾经帮助很多机构规划建设其人才评价（与发展）中心，为组织在人才管理方面创造了很大的价值和贡献。

新定义下的评价中心模式，有非常广泛的应用场景。如果管理者没有时间，或者不方便，或者不值得参与某些人才盘点活动，但又期望得到比较准确的盘点结果以作为参考，那么这种时候由外部顾问，或者内部全职或兼职的测评师，通过多样化的方法组合，对人才进行准确全面的评价，也就有了较大的实用价值。

为了达到较高的准确度，在评价中心的各种工具组合中，最好至少包括一种信效度较高的、面对面的评价形式（提问式、呈现式、互动式、小组讨论优先，团队游戏和观察式也能勉强接受）。按照这种思路，评价中心具有非常多样化的设计形式。比如：

➤ 个性潜力测评+行为事件访谈。

➤ 个性潜力测评+行为事件访谈+情景模拟。

➤ 知识考试＋个性潜力测评＋无领导小组讨论。

➤ 360度反馈＋领导风格调研＋行为事件访谈＋情景模拟。

➤ 个性潜力测评＋无领导小组讨论＋结构化即时计分访谈＋行为事件访谈。

➤ ……

评价中心模式可以采用的工具、方法及其组合很多，无法穷尽，需要根据具体需求来设计，我们通过四个案例进行说明示例。

8.2 案例一：优秀新员工选拔

某工程设计咨询服务公司正处在快速发展的阶段，每年会新招300～500名大学生。由于公司过去储备的干部人数较少，未来两三年马上就会面临干部断档的挑战，因此希望加速校园招聘人才的成长速度。但是公司也没有充足的资源投入每个新员工身上，因此需要从中筛选出一部分更具潜力的人才予以重点培养。

秉持"相马、育马、赛马"的指导思想，项目要先从新员工中挑选出50名优秀人才。由于成本预算有限，整个选拔方案的设计优先考虑快速简洁，尽量利用已有的新员工培训活动，挑选出具有较强综合素质的人才。基于这样的目标和条件，项目的筛选方案设计如下。

➤ 第一个环节：在为期两周的新员工入职培训中，邀请培训讲师提供配套的学习考核及考试，结合培训现场的观察，重点评价新员工的学习能力和学习态度，从400人里筛选出200人。这个环节几乎不用增加成本，且信效度尚可。

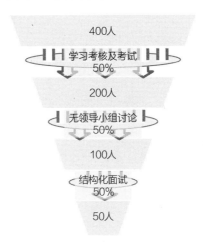

> 第二个环节：对 200 人实施无领导小组讨论，通过商业案例研讨分析的方法，参考新员工培训中已经完成的个性潜力测评，评价新员工在分析规划、沟通影响、团队领导等方面的综合素质，以较低的人均成本从中筛选出 100 人。

> 第三个环节：为了避免评委偏见，由两个评委进行二对一的面试，通过结构化即时计分访谈（SIRI）和行为事件访谈两种形式，对 100 人进行每人 30 分钟的面试，进一步评价五个方面的能力（学习能力、认真勤奋、分析规划、沟通影响、团队领导），并整合前两个环节的评价数据，最终挑选出 50 名优秀新员工。

这 50 名优秀新员工由 HR 部门分别与所在单位做了沟通，使他们可以在工作中受到更多的关注，接受更多的挑战。后续由 HR 部门定期对本人和上级进行回访，并组织实施每季度一次的集中培训交流。从入职培训中挑选出的 50 人名单是动态的，后续每年会根据该期员工的绩效表现和能力成长进行复盘和调整。

项目第一期还做了评价题目和能力的内化：通过理论学习、顾问带教、反馈交流等方式，培养了30余名内部测评师，他们可以设计上述各个环节所需的评价题目，并能实施相应的评价活动。这些内部测评师在之后的校园招聘和优秀人才筛选中，发挥了很大的作用，节约了大量的成本。

截至目前，该项目已经执行了三年，第一届的优秀人才中已有十余人被提拔到了基层管理岗位，在组织的业务发展中贡献了更大的价值，并展现出了继续培养的潜力。

8.3　案例二：门店销售经理盘点

某家居企业是定位高端细分市场的行业龙头，业务覆盖国内和国际市场。基于这一定位，该企业除了设计制造更高品质和更好体验的产品，还需要打造一支能力素质更强的营销人才队伍，以符合企业面向高端人群的定位。作为组织能力提升的一项专项行动，该企业计划构建一套营销人才的评价认定机制，以有效管控直营店和加盟店的关键人才质量。项目首先针对销售经理岗位，然后逐渐扩展到店长和销售两个关键岗位。

项目通过各种调研分析，构建了销售经理的素质模型，总共包含六项关键素质（见下表）。这些素质要求销售经理具有强大的内在驱动力，对外能提供专业服务并赢取客户的信任，对内能激发团队并提升团队的专业能力，还需要协调好与其他部门的关系以做好客户服务。

由于评价认定机制对直营店和加盟店的利益影响较大，因此要求评价方案客观精准，具有公信力。方案设计匹配了一个在线的个性潜力测评工具，用以了解六项关键素质的底层影响因素，并以行为事件访谈和角色扮演为核心方法对人才进行评价。其中的角色扮演活动，基于该企业独特的业务属性，对销售经理岗位需要经常处理的典型挑战进行了融合，开发设计了两个场景：一是对绩效不佳的年轻员工的谈话；二是对外部客户投诉的处理。应对这两个场景的能力水平，可以说是销售经理取得成功的核心区分因素。评价的指标—工具矩阵如下。

评价指标	个性潜力测评	行为事件访谈	角色扮演	
			绩效反馈	客户沟通
自我挑战	√	√		√
人员激励	√	√	√	
团队赋能	√	√	√	
赢取信任	√		√	√
专业服务	√	√		√
沟通协调	√		√	√

项目设计好指标和工具后，对所有直营店的销售经理做了盘点，其中60%的销售经理通过了认证，剩余40%没有通过。在通过认证的销售经理中，把比较优秀的人才纳入了店长储备库，其中准备度比较充分的则直接提拔到了店长岗位。没有通过的人员一部分自己选择了离开，还有一部分在半年后二次参与了认证。对于第二次参与依然没有通过，且业绩水平显著不达标者，做了辞退或降职处理。

由于这项工作对员工的利益影响很大，所以在直营店的人才盘点中寻求了外部顾问的参与，这样做一是避免内部产生更多的政治问题，二是带教内部专业人士通过实践内化评价与盘点能力。在评价与盘点的机

制成熟后，由内部测评师开展了对加盟店销售经理的盘点，该企业会按照盘点达标的销售经理人数给予加盟商额外的补贴，以鼓励加盟商聘用更加优秀的人才。

后续采用同样的思路，对店长、销售两个岗位也进行了标准的构建和人才的盘点，逐渐完善了人才认证的机制，对内打通了销售序列的人才供应链，对外强化了对加盟商的支持与管控，显著提升了整个品牌销售队伍的能力水平。

8.4　案例三：中层干部盘点

某省移动通信企业在传统业务增长乏力的情况下，积极寻求转型，探索新的增长点，布局了个人、家庭、政企和新兴市场的立体发展空间。在推动业务战略落地中，该企业也暴露出了人才队伍思想、能力跟不上的问题。由于新任一把手到岗不久，对具体的人才情况也了解不多，遂发起了中层干部盘点项目，期望对100多名中层干部进行盘点，以便对中层干部的情况有一个全面的了解，并聚焦关注其中重点人才的使用。

在开始人才盘点前，对组织的领导班子进行了访谈，梳理了推动战略落地所需的关键素质（事业激情、战略思考、鼓舞团队、推动执行），建立领导班子统一认识的人才标准，有助于后续对人才进行盘点，使过程和结果达成一致意见。

由于企业历史比较悠久，内部关系比较复杂，该企业希望能够得到完全不受干扰的、独立客观的第三方意见，因此项目的实施采用了评价中心的人才盘点模式，为管理团队的最终用人决策提供可靠证据。盘点活动主要包括四个部分。

知识考试 ＋ 个性潜力测评 ＋ 360度反馈 ＋ 行为事件访谈

➤ **知识考试**：主要考察中层干部是否关心企业，对当前企业面临的形势的认识深度如何，在一些关键问题上是否与企业的战略有清晰且一致的认识。企业一把手亲自出了三道与战略有关的论述题，并在阅卷后查看了得分最高和最低的一些典型回答。

➤ **个性潜力测评**：结合上述四个方面的能力素质要求，着重分析相关联的一些个性潜力，如事业心、人际感知、前瞻性思考、影响意愿等特质。

➤ **360度反馈**：邀请不同的相关方对中层干部进行反馈，既要评价其四项能力素质的水平高低，又要反映其群众基础的好坏，了解中层干部在不同相关方眼中的形象。

➤ **行为事件访谈**：由外部顾问通过一对一访谈，结合上述评价数据，对中层干部在四项能力素质上的真实水平进行评价，并形成综合的评价报告，内容包括被盘点者的九宫格位置、能力素质评分、关键个性潜力指标、360度反馈结果，也撰写了详细的评价意见和发展建议，以供领导班子在实际用人中做参考。

项目收集了中层干部在过去三年的绩效结果，按照从远到近2：3：5的比例进行了加权汇总，并分为三个等级。整合绩效数据和能力素质评分，绘制了人才九宫格，如下统计了各个格子的人数。

单位：人

		潜力			汇总
		低	中	高	
绩效	高	⑦	⑧	⑨	20
		2	13	5	
	中	④	⑤	⑥	48
		16	26	6	
	低	①	②	③	35
		9	20	6	
汇总		27	59	17	103

从这个盘点结果中明显可以看出，组织当前中层干部的绩效表现和能力素质有比较大的差距：高潜力干部比较少，大部分干部的绩效表现都不突出，只有不到50%的人能够在绩效表现和能力素质两个方面同时达标（九宫格5、6、8、9四个格子），也难怪前期战略落地无法取得预期效果，队伍能力建设急需提上议程。

盘点结束后，该企业根据盘点结果，由新任一把手带着领导班子，在外部顾问的客观介绍下，对重点人群的任用进行了讨论。重点一是九宫格6、8、9里的24名中层干部，哪些可以马上被提拔任用，哪些可以给更大的压力；重点二是九宫格1里的9名干部，是否要做降职、调岗的处理；重点三是九宫格2、4里的36名中层干部，哪些在未来会有较大风险，需要提前防备。最后通过讨论调整了一些人才的任用，把一批想干事、能干事、靠得住的中层干部放到了关键位置上。

整个项目通过评价中心模式，在没有利益关系的第三方的客观评价下，减少了内部可能的政治冲突，促进了领导班子对干部人才的评价任用达成共识，建立了某些职能的人才优势，消除了一部分中层干部的阻碍，为战略落地做好了比较充分的人才准备。

8.5 案例四：一线销售人才盘点

某快消企业在全国有近万名一线销售人才，随着市场竞争的加剧，这些一线销售人才的能力水平直接决定了企业在市场的业务竞争力，提升销售队伍能力水平的要求迫在眉睫。面对这么庞大的一支队伍，如果采用常规的选拔优秀、系统培训等方法，则很难快速见到效果。因此，我们把思路聚焦到"控制底线水平，清理错配人才"上：建立一个基本门槛，持续、快速、准确地淘汰不合格的人才，并匹配其他辅助性资源，逐步提高门槛，优化人才队伍。

在分析典型"错配"的人才时，项目组发现他们存在四种典型的问题：一是产品不熟悉，二是思路不清晰，三是勤奋度不够，四是社交技巧不熟练。有的人可能有个别问题，但如果有其他方面的显著优势，也能弥补短板。比如，有的销售人员思路不清晰，但是非常勤奋，勤能补拙，工作表现也能达标；有的销售人员社交技巧不熟练，但是特别聪明，也能另辟蹊径，顺利完成目标。但如果存在两个以上问题，并且又没有显著优势的，则几乎不可能胜任工作。

面对如此庞大的人群基数，要集中地、复杂地进行人才的盘点显然不太可能，盘点方案设计必须简洁、快速、客观、易复制，且要与业务的场景和管理举措紧密关联。基于这样的要求，该项目的评价内容包括三个部分。

➤ **日常数据**：收集销售人员日常在一线巡店、上下班打卡、客户反馈、成交数据等方面积累的数据信息，主要评价其**绩效表现**及**勤奋度**。

➤ **知识考试**：主要考察企业文化、市场政策、产品特点三个方面的**关键知识**，这些知识是销售人员必须深入了解，应当倒背如流的。

➤ **SIRI面试**：主要采用"行为类"和"情景类"两类问题，考察销售人员在**工作思路**和**社交应对**方面的能力素质。其中，针对"情景类"问题，设计了一些非常简短的情景模拟，通过现场演练来评价人才的人际应对能力。

日常数据主要来自企业管理系统中记录的数据，比较真实可靠。知识考试通过在线系统实施，由产品、市场和销售管理部门联合出题，定期更新知识手册和考题，通过集中在线考试的方式实施。SIRI面试由项目组设计好题目库，培训交由各个区域的HRBP来负责实施。通过三个方面数据的汇总，可以得到每个人在知识掌握、工作思路、勤奋度、客户沟通四项指标上的得分情况及绩效表现。

人才盘点每半年进行一次，各区域根据情况自主安排，每次盘点的结果根据销售人员在四项指标上的得分情况及绩效表现做如下四种处理。

绩效表现	知识掌握、工作思路、勤奋度、客户沟通四项指标不合格数量				
	0项	1项	2项	3项	4项
优秀	↑	↻	↻	↻	↺
胜任	↻	↻	↻	↺	↺
待提升	↻	↻	✘	✘	✘

✘——直接辞退或降职。
↺——在指定时间内提升个人能力素质或绩效表现，否则做辞退或降职处理。
↻——在指定时间内提升个人能力素质或绩效表现，否则纳入重点风险人群进行管理。
↑——纳入后备人才库，作为未来重点培养的销售管理人才。

项目第一期盘点了某区域500名销售人员，有约20名销售人员需要做辞退或降职处理，有约25名销售人员需要立即改善，还有约15名销售人员表现非常优秀，可以作为未来重点培养的人才。通过这次盘点，基本上锁定了约10%的"问题"销售人员，推动了团队在人才优化、能力建设方面的进步。之后以此为模板，在其他区域逐步开展了人才的盘点和优化。盘点后辅之以相应的培训学习资源、人才招聘支撑，逐步提升了销售团队的整体水平。

上述四个案例仅是使用评价中心模式盘点人才的个别情况，是根据组织核心目标与实际情况设计的方案，并非恒定固有的模式。比如，案例一"优秀新员工选拔"的类似场景，如果没有集中培训的机会，那么也可以先由各个部门举荐后再进行面试；案例二"门店销售经理盘点"的类似场景，也可以不用做"绩效反馈"的角色扮演，而用"领导有效性调研"来代替；案例三"中层干部盘点"的类似场景，增加一个体现组织当前挑战的案例分析，可以更好地评价中层干部的思维成熟度；案例四"一线销售人才盘点"的类似场景，如果条件允许，可增加外部客户的匿名反馈，则更能与业务管理场景相关联。

很多事情都没有唯一正确的答案，如过去三年绩效如何整合成一个定量结果，案例三中"2：3：5"的比例也不是标准答案，按照"1：3：6"整合也不是不可以，很多时候只要原则正确，细节合理即可。面对相似的人群或场景，建议根据自身的独特情况进行重新设计，而不是直接复制这些方案。

Chapter
9

第9章

✳

综合盘点模式

作为一种借由专业视角和业务视角共同审视，以真正洞察人才为目标的人才盘点模式，综合盘点具有诸多优势，非常有利于构建组织长期的人才管理机制和能力。

9.1　综合盘点的必要条件

开展综合盘点除了要有清晰的标准、优良的工具支持，其设计还需要满足如下几个必要条件。

➤ **评委多元**：综合盘点需要专业视角和业务视角的整合，因此评委角色应当多元化，至少需要由直接上级、跨部门上级、隔级上级、专业评委（外部顾问或 HR 代表）等角色中的两种以上来完成盘点。这样不仅可以增加视角的互补，还能制衡可能的私心和偏见，促进更加客观和公正的评估。

➤ **上级担责**：人才盘点虽然有多种评委角色参与，但是要把最终决定权交给其上级，其他角色的存在是为了提供参谋和制衡的作用，尤其是专业人士要避免越俎代庖，使上级没有机会承担责任。但如果上级明显地罔顾事实、胡乱评价，那么也应当予以反馈，以增强评价的客观性。

➤ **协商一致**：人才盘点需要营造开放的氛围，评委可以公开表达自己的不同看法，通过对人才的讨论甚至是辩论来达成一致意见。只有这样，才能增加对人才了解的深度，做出准确的判断。

➤ **业务语言**：盘点离不开人才评价的专业工具和方法，但更重要的是要置于业务场景中，谈论业务问题，使用业务语言，而不是使用抽象的术语。只有这样，才能使业务管理者充分参与，有价值地预测人才在业务场景中的行为。

➤ **信息对称**：要创造条件，使评委对人才掌握共同的信息。如果只有部分评委了解人才，信息不对称，那么少数评委就会拥有绝对的话语权，而使盘点无法开展对等的讨论，这样也就不能通过评委意见的互补来去伪存真。

➤ **以人为主**：这包含两层意思。一是要以人的评判为主，可以使用一些测评工具来辅助管理者进行判断，但不能代替管理者做出判断；二是要尊重参与盘点的人，通过盘点帮助每个有意愿的人获得成长的支持。

基于这样的要求，综合盘点最简便的方法，就是"在线测评+述能会"的组合。在线测评可以使用个性潜力测评、360度反馈、领导风格调研、领导有效性调研等一种或多种工具。所选工具最好能补充日常观察和述能会所无法评价到的内容，以辅助提升人才评价和盘点的质量。如下以"个性潜力测评+述能会"为例，详细介绍这种方案的实施流程和关键技术。

9.2 综合盘点的实施流程

综合盘点的开展通常包括三个步骤：数据收集、述能准备和述能盘点，其中述能准备和述能盘点两个环节较为复杂。

在数据收集环节，需要完成两项工作。

（1）**基本信息收集**。

收集员工的基本信息，具体可参考测评校准模式中的要求。

（2）**测评数据收集**。

完成在线测评/调研，生成个人报告及数据汇总报表，对人才进行初步分析，以供评委在后续盘点时参考。

在述能准备环节，需要完成四项工作。

（1）**评价标准准备**。

根据盘点需求准备好人才盘点的评价标准，如潜力、绩效和经验等，这些标准应当有清晰的评价刻度，并设计相关评分表。

（2）**述能材料准备**。

准备述能会中汇报的模板，填写指导说明，并提前发给述能者进行充分的准备。（毕竟大家的工作通常都很忙，给予充足的准备时间不仅能减少很多怨言，也能减少准备不足的借口）。

（3）**内部评委准备**。

组织好内部评委，对评委进行系统的培训，系统掌握人才盘点的关键能力，包括工具理解、提问技巧、评价反馈等技能。

（4）**后勤组织准备**。

做好述能会的后勤准备工作，包括场地、时间、交通、餐饮、物料，尤其是评委的邀约、协调、组织等。

在述能盘点环节，需要现场完成六项工作。

（1）**活动说明**。

在述能会前，对评委进行简要培训或说明，强调基本的流程、原则和产出成果，并对标准、提问、评分和反馈等基本知识进行强化，使评委的准备更充分。

（2）**讲述汇报**。

述能者按照准备好的述能材料向评委做汇报，评委听取汇报，做初步的评价，并准备进一步进行了解述能者真实水平的提问。

（3）**评委提问**。

汇报结束后，由评委分别对其提问，对人才进行独立的个人评价，并记录评价的结论、证据，同时准备本人的反馈内容。

（4）**评委反馈**。

述能盘点可以设置反馈环节，由评委现场向述能者反馈其优势、不足和发展建议，帮助述能者有更好的自我认识和发展。

（5）**人才辨析**。

评委根据个人观察和评价，一起讨论人才的各项指标评分，对其优势、不足和发展建议等达成共识，并做好记录，以供结束后形成正式报告。

（6）**总结复盘**。

盘点结束后，可以对盘点结果进行复盘，确定最终盘点结果，并讨论后续行动计划，以及一些其他相关的主题，如组织结构、继任计划、班子盘点等。

以上各个环节可根据实际情况进行调整，如取消评委反馈，缩短提问时间，或者强化总结复盘等。在综合盘点的全过程中，述能模板、提问技术、反馈技巧、人才辨析、评分定论五种关键工具非常重要，如下分别做详细介绍。

9.3　述能的六张模板

述能者准备和讲述的内容，可以根据盘点目标，参考第5章"呈现式"的设计逻辑进行设计。作者常用的模板包含五个部分。

1. 基本情况介绍

包括基本信息、教育背景、工作经历、关键经验和个人主要成就等。

2. 成功与遗憾案例分享

分享2~3个近期案例，可以包含1~2个成功案例和1个遗憾案例（也可以不讲遗憾案例）。

3. 个人负责业务发展计划

所负责业务现状分析，以及未来业务开展的目标和计划。

4. 个人领导团队发展计划

团队成员现状分析和盘点，以及未来团队管理工作的目标和计划。

5. 职业发展行动计划

对职业发展的思考，以及为此所采取的具体行动。

这五个部分的内容可以归结到六张模板中。

一、基本情况介绍

基本信息						关键经验			
照片	姓名		年龄			经验类型	有无	时间	核心成就/成果
	部门		岗位			经验1			
	司龄		岗龄			经验2			
	婚姻状况		最高学历			经验3			
教育背景						……			
						个人主要成就			
						时间	岗位		主要成就
工作经历									

基本情况介绍可以快速展示个人的关键信息，尤其是对个人的经验成熟度和绩效贡献，可以做一个快速的概览和评估。另外，通过教育背景和工作经历，也能看到个人的"出身"与"转身"，分析可能的优势与不足。

优秀的人才会有更加积极主动的学习成长经历和职业转换经历，具有更加丰富的经验和更加突出的价值贡献；而一般的人才则比较被动地提升自我或调整工作，经验和成就也相对单一，不会超出甚至达不到常人可及的水平。

二、成功与遗憾案例分享

案例基本情况	案例过程介绍
案例名称	
案例时间	
个人角色	
其他人员	

案例阶段划分

阶段	阶段说明（数量可增减）
阶段1	
阶段2	
阶段3	
阶段4	
……	

"过去是预测未来最好的指标"，成功与遗憾案例分享旨在通过对真实"行为事件"的分析，判断述能者内在的能力水平。其中，通过遗憾案例的分享，不仅可以了解述能者在解决问题时的行为、思想和情感，还可以看到述能者在面临挫折、失败和压力下的心智模式。由于述能对"叙事过程"的关注要远多于对"成果包装"的关注，因此要求述能者详细介绍案例的背景信息和各阶段行为。

优秀的人才会处理更具挑战性的任务，调用更加复杂高深的知识以做出判断，有清晰的思路和方法，在言行中展现高层级的行为；而一般的人才处理的常常是简单例行的任务，过程中并没有清晰的思考，其言行的等级水平较低。如果是遗憾的案例，那么优秀的人才会表现出主动担责的行为，找内在原因，复盘找方法，而一般的人才往往推卸责任，找客观原因，说一堆问题。

三、个人负责业务复盘规划

业务发展计划（可附页或以其他格式阐述）

1. 业务现状复盘	
2. 未来工作规划	

　　"凡事预则立，不预则废。"无论何种性质、哪个层级的岗位，对尚未发生之事的预期，都是评判其工作能力的核心标准之一。厨子要做好菜，就得在烧锅未热之时想好流程；管理者要管好业务，也需要在目标达成之前考虑好行动策略。在业务的复盘和规划部分，可以考察述能者对业务进行复盘、分析和规划的能力。

　　优秀的人才在业务的复盘和规划中，对现状了解得更为深入，思考站位更高，更关注外部环境而不是自己的一亩三分地，有更加清晰的目标，行动策略更为明确有效；而一般的人才对现状的认识常常不全面、不准确，站在自己的角度考虑问题，忽视客户和外部环境，眉毛胡子一把抓，行动策略比较泛泛而谈。

　　如果是对管理者的盘点，则还需要特别关注他们对团队的复盘和规划。管理者的业务规划要落地，离不开团队管理能力的支撑。对"团队总体现状"的洞察和"团队建设计划"的思考，可以说是判断管理者团队管理能力的核心指标。

四、个人领导团队复盘规划

团队发展计划（可附页或以其他格式阐述）

1.团队总体现状	
2.团队建设计划	

　　优秀的管理者会重视团队的建设，对业务发展需要什么样的队伍，以及如何构建这样的队伍思考清晰；而一般的管理者在思考未来业务的发展时，常常会忽视人的因素，并不会特别考虑团队的匹配性，对团队的建设不太重视，对团队需要的核心竞争力缺乏思考，团队工作方向和计划不明确。

五、团队人才盘点

绩效表现	低	中	高
优秀	⑦ 老手	⑧ 骨干	⑨ 明星
胜任	④ 过渡	⑤ 主力	⑥ 新秀
待提升	① 错配	② 候补	③ 新人

发展潜力

　　优秀的管理者不仅要对团队有宏观的思考，更要对自己的队伍了如指掌，深刻了解每个下属的能力优势不足和行为风格特点。要求管理者对下属进行盘点，不仅可以评价管理者的识人用人能力，也能帮助组织了解下一层的人才情况。在个人述能这样的正式场合，绝大部分管理者会尽量对下属做出客观的评价，以证明自己的识人用人能力和公允态度，因此这个盘点结果是有参考价值的。

　　优秀的管理者不会停留在表面对人才进行观察和评判，他们对团队成员的了解会更加深入，不太会受个人的喜好和偏见所影响，对人才的评价也比较全面；而一般的管理者则只看人的表面，或者某一个片面，如只看绩效或只看勤奋度，难以深入评价人才的内在特点，盘点结果明显存在问题。

六、职业发展行动计划

自我评估：对自己优势与不足的评价	
个人优势剖析	个人不足剖析

职业目标：对自己长期和短期的发展规划	
职业理想：对自我职业发展的终极设想	近期目标：未来三年的职业发展规划

自我提升：已经采取的行动和未来计划	
过去已经采取的能力提升行动	未来计划采取的能力提升行动

　　职业发展行动计划关注述能者对自我成长的认知、期望和投入。其中，自我评估主要考察述能者对自我认识的深度，以及心态开放程度；职业目标用以了解述能者对未来的期望，以及其内在的动力与目标；自我提升则重点评价述能者在自我提升方面的实际行动与未来计划。这

个部分需要重点关注人才的内心追求。**如果一个人没有对一件事情的执着，那么他很难做出什么大的成就，因为成就大都伴随着困难，而只有欲望才能克服困难。**

优秀的人才会深刻地剖析自己的优势和不足，有自己清晰的职业发展期望，并投入时间和精力到个人成长上；而一般的人才则含糊地谈自己无关痛痒的不足，甚至把优势说成自己的不足，对未来没有展望或完全不切实际，对个人能力成长的投入也很少或根本没有学习进步。

职业发展行动计划除了用于评价人才，也是对人才自我反思与批评、计划与承诺的引导，以促使组织建立一种自我批判和不断进步的文化氛围。在共产党和解放军的成长过程中，最有效的组织建设方法之一就是"批评与自我批评"[①]。如果述能者对自己了解很深入，行动计划也有效，就给予其鼓励；如果述能者看不到自身的问题，并且行动计划也无效，就要帮助其认识清楚现状。

以上六张模板是作者经常使用的"经典模板"，但是根据具体需求的不同，可以做一些针对性的调整。如果强调经验的评价，则可以单独要求罗列过往经验；如果强调人才的自我批判，则可以加上一页自我批判和改善的内容；如果述能与述职合并开展，则可以适当增加工作成就的讲述；如果希望述能者直接证明自己的某种能力达到的水平，那么也可以设计专门的模板来进行自我评价和证明。

9.4 提问技术

在述能者讲述完毕之后，评委需要结合其讲述内容，进行能力素质

[①] 张建华：《向解放军学习：最有效率组织的管理之道》，北京出版社2007年版。

的澄清提问。提问主要围绕三大部分：一是实践案例，二是未来规划，三是其他方面。

1. 围绕实践案例的提问

人们最自然的本能倾向，是夸功自大、报喜不报忧，组织里但凡有一件像样的成就，至少会有 10 个人跳出来"认领"主要的功劳。即使要求述能者讲具体案例，他们也不可避免地会夸大其词，所以提问环节要少关注结果，多关注过程，破除述能者有意或无意的伪装。**人们不会被一座大山绊倒，但会因为一个小坑而摔跤（不蹶于山，而蹶于垤）。** 采用"行为事件访谈"的提问方式，核心原则是抓住关键，问得足够细，以判断其真实有效的行为是怎样的，过去展现过的能力高度如何。四个方面的问题通常按照如下顺序提问，具体提问可以参见第 5 章中有关"行为事件访谈"的介绍。

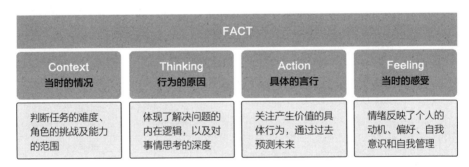

FACT			
Context 当时的情况	Thinking 行为的原因	Action 具体的言行	Feeling 当时的感受
判断任务的难度、角色的挑战及能力的范围	体现了解决问题的内在逻辑，以及对事情思考的深度	关注产生价值的具体行为，通过过去预测未来	情绪反映了个人的动机、偏好、自我意识和自我管理

2. 围绕未来规划的提问

对未来业务和团队的发展，很多人并没有清晰有效的思考和规划，但由于他们可能善于讲大道理，所以听起来仿佛胸有成竹的样子。**我们听到过许多的慷慨激昂和信誓旦旦，其中有的是在骗听众，有的是在骗自己，等到后来他们说的结果都没有出现，而我们却要为此承担责任！**

所以，对未来规划的提问，也要诉诸对细节的"拷问"。作者基于过去长期实践的经验，参考了一些关于战略和规划的理论模型，总结了一套针对规划内容的"规划七问"。这七个问题的结构如下。

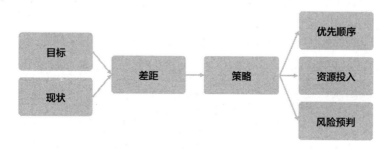

这一提问结构适用于对业务和团队的复盘与规划的提问，有助于深入了解述能者的内在想法，以及这些想法的内在逻辑、关联性和可行性。这七个模块的评价重点及参考提问如下。

模块	评价重点	参考提问
目标	对工作目标的规划和畅想，评估其方向感和自我挑战的意愿。评价的关键词是**"合理性"**	今年你的工作目标是什么？如何进行分解？ 基于你的业务规划，你期望建设一个什么样的团队？
现状	对岗位及专业现状的熟悉程度，评估其信息广度和业务理解力。评价的关键词是**"清晰度"**	我们的现状是怎样的？有哪些核心优势？外部最佳实践是什么样的？ 你的团队现状如何？优秀员工比例有多少？谁最有潜力？
差距	对目标和现状之间的主要矛盾的分析，评估其问题洞察力。评价的关键词是**"洞察力"**	我们现在最主要的问题是什么？距离行业一流最大的差距在哪些方面？ 当前团队最大的问题是什么？团队建设最大的挑战在哪里？
策略	缩小差距所应采取的策略，评估其策略思考及对事物逻辑和本质的理解。评价的关键词是**"有没有"**，但其有效性要从三个方面（优先顺序、资源投入、风险预判）进行评价	你计划采取什么行动？核心举措是什么？ 你计划如何改善团队当前的状况？

（续表）

模块	评价重点	参考提问
优先顺序	对策略中做什么和不做什么，先做什么和后做什么的深入分析，进一步评估其解决问题思路的清晰程度，把握关键的能力。评价的关键词是"**连贯性**"	如果只抓三件事是哪三件？哪些可以放弃，哪些必须坚持？ 如果再给你一个编制，你会放到哪个职能中？优先解决哪方面的能力短板？
资源投入	解决问题所需要的资源投入，评估其成本意识和务实的能力。评价的关键词是"**可行性**"	你的业务规划需要什么资源投入？你期望能得到什么支持？ 你计划增加的团队编制，投入产出是如何测算的？
风险预判	对方案可能风险的判断和应对预案，评估其考虑问题的周密全面性。评价的关键词是"**可靠性**"	假如你的计划无法达到效果，你怎么办？ 方案会有什么样的风险和问题？ 你的团队是否还有其他需要关注的风险？

3. 围绕其他方面的提问

针对个人基本信息和职业发展行动计划部分，以及其他评委期望进行澄清的能力素质进行提问，参考提问如下。

模块	参考提问
基本情况介绍	你出于什么样的考虑，去读了第二学位（在职研究生、专升本等）？ 你认为关键的职业转折是哪个阶段，为什么？ 在你的工作成就中，哪个是你起到最主要作用的？ 如果要调换区域，你在个人生活上会有什么阻碍吗？
个人职业发展	你讲到自己的优势是……，请举一个具体的例子说明一下你在工作中是如何做的？ 请补充说明一下，你在工作中感觉到自己最大的优势/短板是什么？ 你的职业理想和目标之间不太一致，能讲讲你对职业的思考吗？ 最近学习了什么与工作相关的东西？学的是什么？

在述能会中的提问，需要注意以下事项。

➤ 提问的目的主要是深入评价人才，而不是对其予以指导，更不是满足评委个人的好奇心，因此需要确保对人才的各方面进行完整的评价。

➤ 营造相对轻松的氛围，如果压力太大，则会影响述能者的思考和回答，除非考察的就是抗压能力。

➤ 提问需要有效，一些明显无效的问题只会浪费时间。衡量是否有效的标准是"述能者是否可能通过伪装来展现自我"，包括讲出来但不是自己想出来的、说得到但做不到、太简单或太困难等，都不是好的提问。

人们都有自己喜欢的反反复复的事情，并且不会随着时间的推移而热情衰退。这些事情可以是系统的行为、肢体的动作、激进的思想，或者固定的情绪。除了少数人，如《三体》中的章北海，或者受过严格训练的特务，他们能伪装出完全相反的信念和行为，其他大多数人都难免流露出自己的内在倾向。好的提问，能够促使人们无法或忘记伪装，毫无遮掩地展示自己日常的所思和所为。有了好的提问，我们便可以通过面试过程中的"抽样检查"，来推测其内心的真实情况。

9.5 反馈技巧

一个组织如果不关心自己的使命和目标，那么它可能活不长久；但如果对员工的成长发展也漠不关心，那么它很可能更短命。无论是从促进组织进步的宏观角度，还是从帮助个人进步的微观角度，在述能会上对员工进行反馈和辅导，都很有价值。这个环节也能提升述能者的参与感。试想，如果述能者在一通讲述呈现和提问回答后，没有得到任何反馈，就好像"对着警察交代犯罪事实"一样，那么他们会产生极大的不安全感。由于述能会的时间有限，因此现场反馈应当比较精练，主要包括四个方面的内容。

> **个人感受**：可以先请个人谈一谈参与述能的感受，这样既可以缓和情绪，也可以为后续反馈做铺垫。

> **个人优势**：个人在胜任当前岗位要求，或者更高层级岗位要求方面展现出的优势特征，这些优势需要保持或进一步发展。

> **个人短板**：个人尚不能适应当前岗位要求，或者对于未来的更高要求还存在显著差距的方面，成长发展需要弥补个人身上致命的短板。

> **发展建议**：基于上述优势和短板两个方面的评价，述能者在未来应当优先重点强化的方向和行动建议。

在对述能者进行反馈时，需要注意如下事项。

> 聚焦个人能力的反馈和发展，而不要就具体工作开展探讨和指导，如有必要可简要点出问题，并在事后进行探讨和交流。

> 鼓励人才的成长，激发个人正向积极的态度，因此不能只是批评、否定和打压，而是要指出应该如何提升。

> 反馈要言之有理、反映事实，不能主观臆断、"强加罪名"，要使对方感觉评价是客观合理的，经得起事实的检验。

> 反馈可以略微深入，不仅指出存在的优势和短板，还可以分析导致这种优势或短板的内在原因，包括价值观、个性、知识等心理属性产生的影响。

> 发展建议也不一定只聚焦短板，对人的发展的策略，应当秉持四个关键要素：①塑造显著优势；②管理致命短板；③聚焦发展重

点；④团队协作，取长补短。

➢ 最后需要说明的是，现场的反馈，虽然富有仪式感，也有及时性，但永远无法取代工作中的反馈，因此在述能结束之后，还应当组织集中或单独的、更加充分的反馈，以帮助人才取得更大的成长与进步。

本书开头说人才工作越来越强调"个体差异"，并不包含用不同的态度来对待不同的人才。在反馈环节，有些管理者有很强的"区别心"：对学习意愿和能力强的人很热情，反馈很多；而对那些"扶不上墙的烂泥"，则采取"多一言不如少一语"的态度。**这种"见才眼开"，跟"见钱眼开"本质上一样，都是势利的行为。**

他人会非常清晰地感受到我们内心的态度，并逐渐成为我们所认为的样子。绝大多数人都会希望自己可以更好一点，哪怕明知自己没有升职加薪的机会。如果我们的内心对员工有更高一点的期许，他就更有可能坚定意志，努力进步一些，反之则会自我放逐，印证我们所认为的"不思进取"。我们应当真诚地为每个员工的个人发展考虑，给一些中肯的反馈。这种真诚并非只说好听的话，老子说"信言不美，美言不信"，只要是对述能者有帮助的建议，有时候"当头棒喝"的效果更好，甚至用一些"恐吓"的方式也无可厚非。

关于反馈，还有一条要紧的建议，就是不要站在"施恩者"的角度看待自己所提供的反馈和建议，不要对述能者有任何感恩于自己的期望。如果你是外部顾问，你做这件事已经收了钱，就不应该奢望更多；如果你是组织内部的管理者，那更是你分内的责任，做不好反而是失责。**很多时候，我们帮助他人仅是为了支配他人，并借此来增加自身的**

权力[①]。但这种支配很多时候并不会生效，助人者把恩惠放在嘴边，和受害者把伤疤展露眼前一样，都不会使双方关系更加亲密，相反只会减少对方的善意，增加对方的恶意。当你遇到困难时，那些你帮助过的人不一定会报恩，反而是那些帮助过你的人更有可能继续帮助你。所以，一开始就不要有任何期望，是最有利于把这件事做好的。

9.6 人才辨析

人们对事物的认识，通常不会在短期内自然而然有质的跃升，有时甚至当相反的证据摆在我们面前时，我们仍会选择视而不见。在人才盘点中，由于证实偏差的心理效应，我们很难在自己的头脑中对一个熟人产生新的评价。

人才选拔离不开投票、评分，但是如果只有投票和评分，这件事的政治属性就会变得强烈。**如果先由评委各自评分然后计算均分，那么我们得到了什么？我们得到了一种妥协的意见，一种极端值对大家的绑架。如果去掉最高分和最低分，那么我们又会得到什么？我们会得到去除了真知灼见后留下来的含糊其词，这是对评委意见的不尊重和对工作成果的浪费。**只有投票和评分，不会增加我们对人新的认识。

所有新的认识，都源自人们认知和理解的差异：如果人们的认知完全一样，就不会有日心说的突破；如果人们没有理解的差异，教育和交流就是复制与粘贴，没有任何新的价值。对人的评价亦是如此，如果大家的认识完全一样，我们就无法加深对人的认识。正是因为不同的人看

---

① [美]欧文·亚隆：《当尼采哭泣》，机械工业出版社2011年版。

到了不同的方面，甚至有不一样的结论，我们才有可能建立起对人的全面了解。

人性中有很多矛盾：真诚中包含虚伪，高尚中包含卑鄙，邪恶中包含善良，仇恨中包含热爱。我们很有可能只看到了其中的一面，而忽视了另一面。如果不能整合相反的观察和意见，就无法完全描绘一个人内在的和谐与矛盾。在人才盘点的讨论环节，我们不应该害怕冲突，而应该欢迎冲突，甚至引导评委产生意见冲突。意见冲突中哪怕是错误的意见也值得尊重：一是它有可能是对的（当前不对但未来可能对，某种场景不对但另外场景可能对，全局不对但局部可能对）；二是它可以砥砺真理（对错误意见的否定，需要展示出更多的事实和证据，反而进一步证明了正确的意见）[①]。

对人才的辩论和分析，是人才盘点的核心、精髓。人才辨析的核心，就在于通过整合不同的意见，"去粗取精，去伪存真，由此及彼，由表及里"地，构建一个立体的人，使组织对人的认识达到一个更高的层次。人才辨析不仅是准确评价人才的关键流程，也是更好地帮助人才成长发展的坚实基础。因为只有对人才了解得越多，发展和任用的建议才越有针对性。

要做好人才辨析，需要所有评委遵循几个基本原则，这些原则应当对评委明确地提出三个要求。

1. 开放坦诚

不论职级和职能角色不同，述能会上评委之间一律平等，鼓励所有评委发表自己的不同意见。

---

① ［英］约翰·穆勒：《论自由》，孟凡礼译，广西师范大学出版社2011年版。

2. 客观公正

评委需要掌握有效的提问技能、客观的评价标准，基于事实而不是自己的偏好对述能者进行评价，讨论也要实事求是，而不是主观臆断。

3. 对外统一

无论讨论现场评委持有何种态度，不管是支持还是反对，都应该对外统一立场，不能对外泄露自己和他人的意见，最好由组织进行统一的通告说明。

9.7 评分定论

经由人才辨析对人才情况有了充分的了解之后，评委需要根据人才标准进行结论性的评价。由于评价的绩效、潜力和经验等标准都有相对客观的等级刻度（参见第 3 章和第 4 章的说明），讲述和提问也有针对性与标准化的过程，因此评委小组比较容易做出一个高信度和高效度的判断。

在实际操作中，由多个评委对人才进行评分，并得到最终的结论，有三种可选的方案：共识评分、锚定评分和分别评分。

➤ **共识评分**：评委需要在人才辨析的过程中，得到一个大家达成普遍共识的评分和结论。这种方案对现场主持人的能力要求最高，达成一致意见所需的讨论时间也较长，但是其结果的误差会相对较小，也有少数情况会被强势影响者带偏。

➤ **锚定评分**：由某个角色（通常是外部顾问，因为他是最没有利益关系的人）公开发表对人才的评分和结论，其他评委如果没有显著的差异，则根据自己的意见评分，如果有显著不同的意见，则仍然要进行人才辨析以达成共识。

➤ **分别评分**：评委在人才辨析之后，分别根据自己的意见进行评分，最后对分数进行统计得到最终结论。为了提升评价的信度，也可以在分别评分后匿名展示所有评委的评分，计算最大值、最小值、标准差等。当评分一致性较高时，可以快速做出判断；当分数分布比较分散或有极端值时，可以进行第二轮调整评分，如下。

姓名	得分/分	最大值/分	最小值/分	标准差	分数分布
B	3.16	4.05	1.58	0.63	分数分布图 1.0 1.5 2.0 2.5 3.0 3.5 4.0 4.5 5.0
V	2.34	2.83	1.42	0.38	分数分布图 1.0 1.5 2.0 2.5 3.0 3.5 4.0 4.5 5.0
A	3.53	4.17	3.17	0.32	分数分布图 1.0 1.5 2.0 2.5 3.0 3.5 4.0 4.5 5.0
H	2.81	3.08	2.58	0.13	分数分布图 1.0 1.5 2.0 2.5 3.0 3.5 4.0 4.5 5.0

除了评分，有的场景下也可能不得不采用投票的形式，尤其是在以提拔人才为目的的盘点活动中。相比评分，投票的问题在于因为评委人数通常较少而导致的区分度较低，误差也较大。比如，3个评委中有1个投反对票，或者5个评委中有2个投反对票，两者看起来好像差别很大，但实际上百分比就只差了6.7%。另外，虽然有了人才辨析和人才刻度，

但是评委的投票还是取决于主观偏好，因此难免会有顺水人情或打击报复的心理。

提升投票形式的有效性，有两个建议：一是设定严苛的通过标准并邀请胜任的评委，实施一票否决而不是2/3同意；二是多轮投票，设定明确的"通过—不确定—不通过"的区间，针对不确定的情况，进行第二轮人才辨析后，进行再次投票。其他一些手段，如公开唱票、记名投票、差异投票等，都不能解决实质性的问题，有的甚至会扭曲事实。

综合盘点是一种非常有价值的人才盘点模式，第13章讲述人才盘点的四种典型场景，会更加详细地介绍四个以述能会为核心的人才盘点案例，是故本部分不再单独介绍实践案例。

9.8 保障五个成功关键

综合以上所述，相比其他的人才盘点模式，以述能会为主，辅之以其他专业工具测评的综合盘点模式，虽然需要相对多的时间投入，且对组织实施的能力要求更高，但是更能满足中国企业做好人才盘点工作的五个成功关键，产出更大的价值。比如，客观立体的人才标准、清晰的评价刻度、内外部评委参评、内部评委的赋能培训、评委的辨析讨论等，能从多个角度共同提升评价的准确性。其他方面的一些设计与成功关键的联系如下。

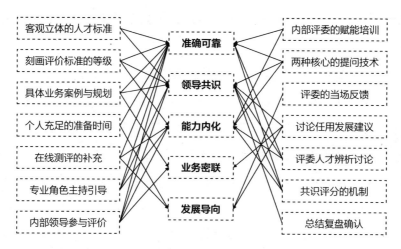

基于这样的特点，综合盘点模式可以融入组织经营管理的流程之中，即使不作为普遍使用的方式，也可以在一些关键领域起到引领的作用，助力组织从多个方面创建强有力的内部人才供应链。

Chapter
10

第10章

*

从个体到组织

本书所述人才盘点的模式与实践，重点聚焦对人才个体的深入洞察与有效区分。但人才盘点工作不仅是对个体的判断，也要站在组织的角度进行总体的分析与诊断，包括盘点结果分析、人口结构统计、结构流程盘点、用人成本分析、继任人才盘点、领导班子盘点和组织能力盘点等要素。最后，还要根据盘点结果，进行团队人才健康度的综合判断。

10.1　盘点结果分析

对盘点结果的分析，即对组织整体或局部的人才结构进行概括分析，尤其是洞察不同类型人才数量所反映出来的组织人才现状和问题。由于事物的高低好坏很难有绝对的标准，因此这种分析依赖对常模的横向参照。关于常模，我们先来分析人才的"理论分布"结构。

按照九宫格"绩效—潜力"两个指标，我们假设这两个指标符合正态分布，那么其中99%的人会处在距离平均值 ±2.58 个标准差的范围内，即 Z 分数范围 $(-2.58, 2.58)$，我们把这些人分为高中低三个等级，则他们的标准分数 Z 分别是：$(-2.58, -0.86)(-0.86, 0.86)(0.86, 2.58)$。再把极端的 1% 纳入高低两个等级，则三个等级的分布比例为 19.5%、61.0%、19.5%，取整得到 20%-60%-20% 的分布。我们继续假设潜力和绩效是相互独立的，则可以用乘积计算联合分布，得到九宫格各个区间的理论期望值比例。

我们再基于历史数据分析人才的"实际分布"结构。作者在过去十多年实施了一些人才盘点项目，积累了数万人的人才盘点数据，其中采取综合盘点模式得出的较为可靠的数据近万人，这些数据主要覆盖企业的各级管理者和部分高职级专业人才，统计得出九宫格的实际经验值比例。

九宫格-理论期望值				
	潜力低	潜力中	潜力高	小计
绩效优秀	4%	12%	4%	20%
绩效胜任	12%	36%	12%	60%
绩效待提升	4%	12%	4%	20%
小计	20%	60%	20%	100%

九宫格-实际经验值				
	潜力低	潜力中	潜力高	小计
绩效优秀	3%	12%	6%	21%
绩效胜任	13%	43%	7%	63%
绩效待提升	7%	6%	3%	16%
小计	23%	61%	16%	100%

对比九宫格的理论期望值和实际经验值，我们发现两者总体一致，但略有差异，导致这些差异的原因大致如下。

➤ 首先，由于潜力和绩效并非完全独立，而是有正相关，因此九宫格的1-错配、5-主力、9-明星三个格子的比例要比理论期望值更大，从理论到实际的变化分别是4%→7%、36%→43%、4%→6%。3-新人、7-老手两个绩效与潜力显著背离的位置，人才实际比例要比理论比例更低，变化都是4%→3%。

➤ 其次，由于邀请作者帮助实施人才盘点的组织，本身的业务发展情况应该好于一般组织，因此低绩效比例比理论比例低，变化是20%→16%。在上一个因素的叠加下，2-候补、6-新秀两个格子里的具有中高潜力的人才，更有可能取得好的绩效结果，因此显著减少了比例，变化分别是 12%→6%、12%→7%。

➤ 最后，由于大部分组织都不会等到人才完全成熟了再提拔任用，因此在岗人才的能力水平相比岗位要求会较低，并且还有一些人处于岗位错配的状态，因此高潜力人才相对较少，只有 16%，而低潜力比例则达到 23%。在这些因素的叠加下，4-过渡格子的实际比例比理论比例略微增长，变化是 12%→13%。

相比理论期望值的计算，实际经验值更符合当前社会主流企业的实际情况，因此我们以此为主要参考对象。但理论期望值的计算，也从某种程度上证明了实际经验值的真实性。参考这个经验常模，我们就可以根据九宫格的数据分布，对组织的人才情况进行综合的判断。根据盘点结果的分布，可能呈现出来的状态分析示例如下（以一个 100 人的团队为例）。

常规团队

2	16	7
12	40	8
5	8	2

夸功自大

0	25	30
0	20	25
0	0	0

危在旦夕

6	2	2
23	22	3
17	20	5

时运不济

0	4	2
5	21	12
15	35	6

新兵队伍

2	12	6
6	20	15
2	12	25

中庸稳定

0	5	2
3	80	5
1	4	0

坐享其成

8	35	17
12	18	4
1	4	1

老骥伏枥

15	15	2
20	25	5
5	12	1

两极分化

2	13	20
11	9	12
19	9	5

绩效（纵轴）　潜力（横轴）

➤ **常规团队**：与常模相比人员分布比较一致，就是比较"正常"的团队。但这种正常只是常见的、平均的，并不是优秀的，仍然存在很大的改进空间。

➤ **夸功自大**：如果盘点结果全部（或绝大部分）处于5、6、8、9四个格子里，那么这个团队只能是一种情况——夸功自大。这种结果通常是失真的，尤其是当团队基数较大时，这种结构很少出现。

➤ **危在旦夕**：与夸功自大相反，如果团队成员大都分布在左下角1、2、4、5四个格子里，则这个团队非常危险，其能力素质已经很难支撑其正常履行工作职责，业绩产出也无法维系生存，需要做大的调整。

➤ **时运不济**：如果潜力分布比较正常，但是高绩效比例极低，低绩效比例极高，则很有可能是外部环境较差，时运不济，虽然团队能力处于正常状态，但是无法取得较好的绩效结果。

➤ **新兵队伍**：当高潜力比例显著较高，同时低绩效比例也显著较高时，这个团队像一支"新兵队伍"，其能力素质尚未转化为业绩表现，当然这种情况也可能夹杂着时运不济的可能性。

➤ **中庸稳定**：如果团队大部分人都处于5这个格子里，则是中庸稳定。这样的团队还能做事情，但是难以大范围地实现突破。这种结果往往是由一个作风强势且心态僵直的领导者所造就的。

➤ **坐享其成**：团队潜力分布比较常规，但是高绩效比例很高，这样的结构往往是机遇所塑造的。当行业或企业处在风口之上时，不需要特别的能力依然可以取得很好的结果，就能够坐享其成。

➤ **老骥伏枥**：团队高潜力的人才不多，中低潜力比例高，且他们贡献了团队最主要的产出。这样的团队主要依靠时间和经验的积累获得成功，但这种高绩效危如累卵，如果市场变化提出更高要

求，那么其业绩表现很有可能如雪崩般急转直下。

➤ **两极分化**：团队有非常多的明星，也有非常多的错配，这种两极分化的状态很少长期维持，这种结构往往出现在转型成功之后，并且会马上进入调整阶段，减少错配并扩增更多人才，以使明星能充分发挥引领作用。

这些模式并未穷尽，根据九个格子相对于常模"更高—相似—更低"的三种分布，理论上存在3139种团队状态。我们可以借鉴上述思路，根据盘点结果的具体分布进行分析。

10.2　人口结构统计

除了对人才绩效和潜力盘点结果的整体分析，人才盘点还需要从人口学变量的角度，对人才进行更为立体的统计分析。我们可以从性别、年龄、任职时长、最高学历、轮岗次数、职级、职能等角度，对人才进行统计分析，用以刻画完整的人才队伍现状。

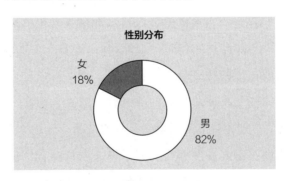

性别的比例并非一个普遍重要的要素，但是在某些特定的行业或部门，需要注意极端失衡所带来的结构性风险。比如，HR部门没有一个

男生，或者信息技术部门没有一个女生，就会缺少性别多样化带来的好处。先不必说"男女搭配，干活不累"的协作氛围，也不必说"性别互补，取长补短"的效率提升，单是给办公室的饮水机换桶水，就能体现HR 部门有男生的好处。

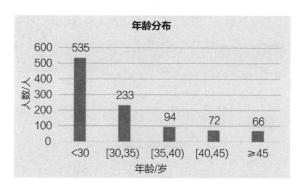

关于年龄分布，我们总是默认"老龄化"是贬义词，"年轻化"是褒义词。这是科学技术的快速发展在人们心里留下的刻板烙印，是对"颂古非今"强烈反抗后的心理痕迹。实际上，人才队伍的年龄分布没有绝对好坏的模式，关键在于同组织的业务特点是否匹配：有的组织需要更加丰富的经验（如教师、医生），人才队伍的年龄大一些可能更好；有的组织需要创新冒险的业务属性（如直播、AI），更契合年轻人喜欢尝试探索的特点。

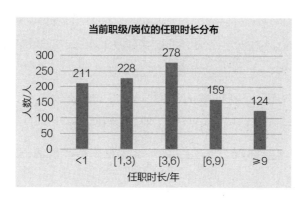

当前职级／岗位的任职时长，反映了组织内人才流动的情况，特别要注意两种极端。一是很多人在当前职级／岗位时间过长，人才不流动。按照彼得原理，人们总是会上升到他不能胜任的岗位，最终组织里的每一个岗位都会被一个不胜任的家伙占据。如果出现这种分布结构，则意味着组织的人才活力存在严重问题。二是很多人在当前职级／岗位时间过短，人才频繁流动。这种分布会带来较大的业务风险，由于大量人才尚不充分熟悉当前岗位的环境和要求，因此工作的质量和效率会有严峻挑战。

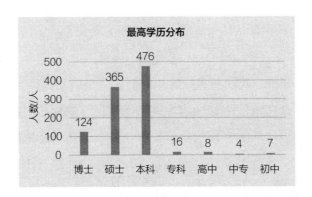

从个体来讲，学历不足以完全决定其成就。但对组织整体来说，最高学历分布却与其业务表现息息相关。教育可以带来学识的增长、眼界的拓展、思想的转变，很多更具挑战性的任务，高学历人才胜任的概率会显著提高。但是社会分工使不同的行业和岗位，对学历的要求存在差异，科技行业就比服务行业需要更多高学历人才。我们也不要过度追求与业务特点不相匹配的高学历结构。比如，有家电商公司老板出身名校，即使基础性的岗位他也坚持从名校招聘高学历人才，但这些人才90%都会在一年内离职。人才会流向最能发挥自己价值的地方，实在是不可强求。

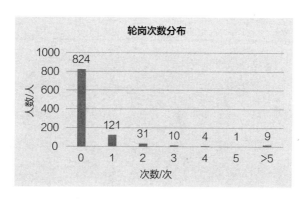

组织人才轮岗次数的分布，反映了组织内综合性人才的充足程度。经历过多样化岗位的人才，不仅是促进组织内合作的关键"润滑剂"，还是未来综合性领导者的储备生力军。如果组织缺失具有多样化岗位经验的人才，就会加剧组织内不同职能的割裂，使组织缺乏在各个层面、各个局部进行统筹的关键能力。

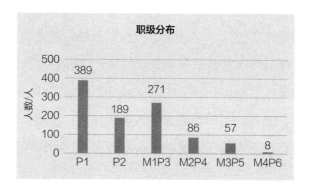

各职级的人数分布，重点分析比例合理性问题。其中需要关注四类人才的比例：高层领导、中层干部、基层经理及高层级专业人才。这四类人才的比例过高，除了用人成本高企，更要命的是他们都想要行使手中的权力，当组织里太多的人在行使权力时，只会降低办事的效率。如果这四类人才的比例过低，则又会导致管理幅度太大，工作强度过大，精力分散，对工作的质量追求不利。

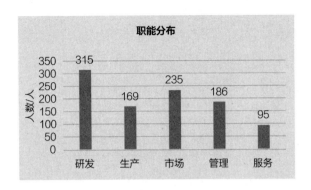

对职能分布的分析，既可以细分到每个部门，也可以归纳为大的体系。我们可以适当对照同行数据，了解不同职能人数的相对多寡，但切不可将此作为编制调整的依据。每个职能需要多少人，取决于需要做多大的事，而后者又取决于组织长期的战略定位和当前的战略重点。比如，每100名员工匹配的HR工作者人数为1～3人很常见，但具体要匹配多少，还是要分析当前和未来一段时间的HR工作需求。

除上述要素外，人才分布结构还可以从司龄、级别、序列、部门、绩效、婚姻状况、生育状况、职称等角度进行统计分析。在这些单一指标之上，我们可以进行更加深入的交叉统计，发现整体之下的局部存在的独特性问题。比如，不同职级人才的年龄分布，不同任职时长的人才在学历上的分布，不同部门人才的轮岗次数分布，不同年龄阶段人才的性别分布等。

以不同职级人才的年龄分布为例，如果某个职级年龄较大者比例过高，则要考虑这个职级继任和更替的可能。在某公司M3总监级（相当于专业序列P5级）人才中（见下图），年龄大于等于45岁者有40人，占比超过70%，虽然整个组织比较年轻化，但是总监级的年龄结构存在较大挑战。从示例中还能看到，在30～35岁的人才中，有相当大比例的人才（102人）停留于P1职级，在基层岗位上的竞争力要低于30岁以下的人才

（晋升到P2职级的比例更低），这些人才中很有可能有较多错配的情况，
需要进行详细的分析并解决。

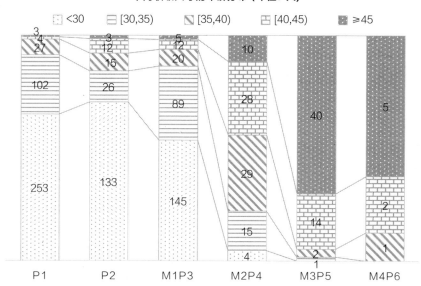

不同职级人才的年龄分布（单位：人）

10.3　结构流程盘点

在人才盘点中，也可以对企业、部门或团队的结构、流程、岗位、
编制等进行分析与盘点，了解组织当前的状态及存在的问题。**任何一种
比卖烤红薯更复杂一些的业务模式，都需要把很多人组织起来一起努
力，只有这样才能实现组织的目标。**虽然各个组织的战略本质可能相差
不大，要么是低成本，要么是差异化，但是为了执行战略而把大家组织
起来的结构千变万化。在这纷繁复杂中，参考罗伯特·西蒙斯的观点[①]，

---

① ［美］罗伯特·西蒙斯：《组织设计杠杆》，吴雯芳译，商务印书馆2010年版。

我们可以把组织结构大概分为五种原型，分别如下。

聚焦职能——强调职能的分工与协作，追求效率。这是大多数"科层制"组织常见的结构，把相似的工作整合到一起，并且要求下级对上级负责，这是最基础的分工与合作方式。

聚焦地域——基于当地的独特要求，在当地创造价值。比如，很多物业公司、保险公司、基础公共服务公司，都必须在各个地方设立功能较为完整的分/子公司，来为当地的客户提供更好的服务。

聚焦产品——为了创造卓越的产品，每个品牌都具有相对独立的组织完整性。比如，中粮旗下的蒙牛、福临门、酒鬼酒，都以产品为中心，建有自己的独立的销售、采购、供应链、财务、HR等职能。

聚焦客户——基于对客户的深入洞察和定制服务，来创造组织的竞争优势。按照行业或客户来构建职能的方式，会使客户感觉整个企业都在围着他们转，自己的痛点被深入理解，更容易建立起相互信任、合作共赢的关系。很多专业服务机构都会按照行业进行结构的划分。

聚焦知识——为了促进专业知识的创造或使用而采取的组织结构。几乎所有的高校都是这种组织结构，在一些大型科技企业的研发中心，也有部分职能是按照专业进行组织的。

这五种结构只是基础的原型，实际上每个组织的结构都是多种类型的组合，简单来说有三种时空的组合方式。

1. 不同时间

根据业务发展的需求，在不同的阶段采取不同的组织结构。越是新兴的行业，市场与业务都快速变化的组织，这种调整就越多，如互联网企业的组织结构调整就非常频繁。

2. 不同空间

在组织的同一时间，由于各个子单元的特点不同，分别采用差异化的结构。比如，前台是聚焦客户的，中台是聚焦产品的，后台是聚焦知识的。

3. 同一时空

某些岗位需要同时兼顾不同的结构，因此衍生出各种矩阵式组合。比如，区域公司的 HR 代表要向总部 HR 代表和本地业务负责人双向汇报，技术研发人才不仅要接受研发领导的管辖，还要在客户项目组中接受项目经理的调遣。

由于跨越时空组合的复杂性，因此组织结构和流程总是会有各种各样的问题。**特别是组织一旦被创建，就有其自身的意志，追求更大、更多、更长久，而不会主动终结自身。**局部组织的这种特点，经常会阻碍整个组织实现其目标。组织结构和流程存在的问题主要包括以下十三点。

1. 部门责权边界重叠不清

很多组织过于强调"主动承担"的文化，而没有厘清各个部门的核心职责，导致部门之间经常推诿扯皮，而最后却错误地归结为干部们本位主义思想的弊病。

2. 结构细分过度导致臃肿

每个部门都会认为自己的工作无比重要，每个管理者都希望自己的部门结构完善，因此都倾向于巨细靡遗地进行分工，最后导致功能重复建设、机构臃肿、工作不饱和、人效降低等问题。

3. 职能设计空白无人承担

如果对业务流程的拆解不够完整，或者业务变化出现新的功能需求，就会导致组织结构无法覆盖所有功能，出现无人负责的空白地带。

4. 管理幅度过窄或过宽

管理幅度取决于下属岗位的复杂度、多样性和关联性，如果下属的工作比较复杂，相互之间差异又大，并且需要密切配合，那么在这种情况下管理幅度太宽必然会导致应对不足，反之则是人才浪费。

5. 组织层级过多或过少

管理扁平化已经成了一种时髦的概念，实际上组织层级过多和过少一样有问题。虽然组织层级过多会导致决策速度慢，但如果走到另一种极端，组织层级过少也会使风险管控变弱、工作负荷加重、同级协调变难、职位激励变弱等问题。

6. 职责划分不符合专业

在部门职责划分上没有充分考虑专业的接近度，把差距较大的工作内容放到了一起，或者反过来把相似的工作分散到了不同的部门，都不利于专业深度的发展和效率的提升。

7. 一线信息不能被传递

组织中高层对市场、工厂、员工的情况不了解，前方作战部队得不到后方或高层的炮火支持，决策与执行明显脱节。

8. 内控缺失风险满天飞

组织的良性发展，离不开对多种矛盾要素的平衡，如成本和利润、冒险和传承。组织内部的审计、纪检、督查、质量管理等部门的缺失或弱化，或者部门内部缺乏完善机制，都会使风险处于不受控制的境地，带来灾难性的影响。

9. 部门岗位责权不对等

每个部门和岗位的设置，都需要平衡其责任跨度、资源控制、对其他部门的互动影响和支持义务[①]。如果这四个因素失衡，就会导致组织功能无法正常开展，或者对人才的要求太高而无人能够胜任。

10. 过度集权或过度分权

集权和分权自古以来就是所有组织权力分配的焦点。中国历史从不缺少这方面的经验，"一管就死，一放就乱""分久必合，合久必分"。没有什么证据表明集权和分权哪个更好，关键是要适合组织的天时地利人和，能促进组织整体利益而非局部利益的最大化。大部分组织的权力安排不是为了公平，而是为了风控和效率，因此权力分配往往与能力相关，所以比较糟糕的情况是总部缺乏能力而集权，分部缺乏能力而分权。

11. 机制扬本位而抑合作

组织的管理机制，包括考核机制、激励机制、产品管理机制、客户管理机制，如果缺乏系统全面的考虑，则很有可能会促使部门本位主义的产生，抑制相互的合作，降低组织效率。

---

① [美]罗伯特·西蒙斯：《组织设计杠杆》，吴雯芳译，商务印书馆2010年版。

12. 因人设岗组织随意性大

有些管理者对组织结构的管理过于随意，经常因人设岗，这种行为的长期持续，会使组织结构不再以任务流程为中心，而是以某些人为中心，部门和岗位之间的分工非常混乱，导致各种问题并发。

13. 股权或治理结构不完善

在更为顶层的股权和治理结构上的问题，会从根源上瓦解组织的存续能力，更不用说对组织履行正常功能的损害。

这些问题的表象虽然各不相同，但其本质都可以总结为一句话：**组织里的一部分人，并非完全出于有意识的自私或恶意，在努力地阻止其他人的工作产生价值。**找到这些问题后，解决它们的方法也有很多种，这些方法有效的关键可以总结为一句话：**平衡好"效率"和"人性"。**

10.4 用人成本分析

虽然不同行业的用人成本比例可能不同，但对中国企业而言，用人成本会是一种越来越重的负担。很多企业老板不一定关心自己的人才健康度，但肯定会关心为员工支付了多少成本。用人成本分析经常使用的指标包括以下四类。

成本总额及细项：所有因用人而产生的直接成本，其细项有工资、奖金、保险、公积金、福利、补贴、赔偿等。另外，还有间接的用人成本，如猎头费、培训费、管理咨询费、HR部门的人工成本等。具体分析时要包括哪些内容，可以根据组织的需求或习惯进行设定。

人均成本：上述成本总额除以全年平均人数而得到的均值。

单位用人成本的营收/利润/产出：每一元的用人成本产出的组织营收、净利润，或者产出商品服务的数量。比如，营收/用人成本=3，也就是每一元的用人成本，创造了3元的营收。当然，这类指标也可以反过来除，看每一单位产出所需要的用人成本。比如，用人成本/营收=0.33，也就是每一元的营收，就要支出0.33元的用人成本。

人均营收/利润/产出：相比上一个抽象指标，这个指标更为常见，如人均营收500万元，人均盈利250元，人均产销5辆车。实际上，这两个指标都反映了人才的效率，虽然上一个指标比较抽象，但更能反映真正的效率。比如，我们花200万元请一个高水平的销售人员，一年营收1000万元，那么单位用人成本的营收为5元，人均产出为1000万元；如果我们花200万元请10个一般水平的销售人员，一年还是营收1000万元，那么单位用人成本的营收还是5元，但人均产出只有100万元。从人均产出来讲，第二种方案好像要差很多，但从成本效率的角度来讲，两者是一样的。

针对上述四类基础指标，还可以进行更多延伸的分析。

（1）加上时间线进行趋势的分析，需要强调初期和末期的变化。比如，工资总额增加了，或者人均成本降低了。

（2）各个序列/部门/团队进行横向的对比，发现它们的高低差异。比如，市场部比销售部的用人总成本高，或者信息部的人均成本高于财务部。

（3）各序列/部门/团队的指标，随时间变化的趋势。比如，法务部的人均成本增长，比HR部的要多。

基于上述分析，我们需要重点关注的"不健康"问题主要有以下几点。

➤ 成长期的企业，用人成本的增长是"健康"的问题，甚至单位用人成本的产出略微降低都是正常的，但是如果有显著降低，则是"不健康"的问题。

➤ 成熟稳定期的企业，人均成本的缓慢增长是正常的，如果人均成本显著高企，则有可能是"不健康"的问题。

➤ 在政治经济环境稳定的情况下，人均成本几乎是不可能降低的，一旦出现降低的情况，就需要关注顶尖人才的流失问题。

➤ 衰退期企业进行人才优化，成本总额降低是正常的，但如果人均成本反而增长，那么常常也是不正常地处理了一些无关紧要的低级岗位。

➤ 部分部门的成本结构显著差别于其他部门，或者出现了明显的变化，都需要引起关注。

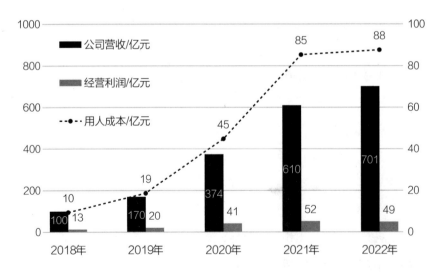

比如，某公司的业务快速发展，五年内公司营收大幅度增长，相应的用人成本也在快速增长，涨幅超过了公司营收的幅度。当业务处在快

速发展期时，这点成本很容易被未来的增长所覆盖。但随着营收增长的放缓，这种高成本的问题就开始变得不正常，组织对利润和效率的关注，将使降低用人成本成为接下来迫切完成的工作目标之一。

成本永远是书写企业故事不可缺少的一部分，但我们需要注意成本不是我们的最终目的。就好像每个人每天都需要呼吸，但我们生活的意义并不是为了呼吸。所有企业存在的意义是为了持续满足相关方（包括客户、员工、社区、股东等）的需求，如果只是为了降低成本，那么关停企业是最好的做法。因此，我们在做用人成本分析时，还是需要把注意力放到发展上，将是否有利于发展作为衡量成本健康与否的标准。

10.5 继任人才盘点

盘点结果除了常见的九宫格或详细信息列表，也可以结合业务单元的组织结构进行展示，示例如下。

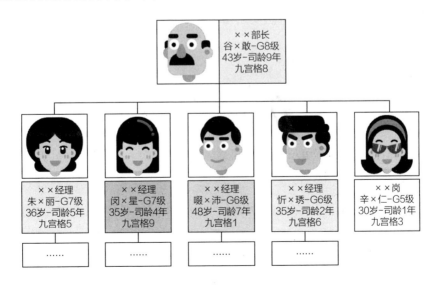

这种比较形象的静态展示，有利于组织和部门快速看到当前各业务单元的人才问题。但这些问题在未来会有什么样的变化趋势，可以从哪些角度予以解决，则还需要加上时间因素，展现出动态的人才分布，即继任人才盘点，或者叫后备人才盘点。**由于"继任"这个概念，有一种"长江后浪推前浪"的画面感，且使人感觉具有较强的确定性，因此我们在之后的介绍中使用"后备"这个相对中性的词语。**

需要盘点后备人才情况的岗位，主要是各层级的管理岗位，以及其他对组织和部门非常重要的非管理岗位。后备人才盘点可以根据人才的成熟度把候选人分成三个等级。

第一级：已经成熟的后备人才。可以马上胜任某岗位的人才，其能力素质、工作绩效、经验积累都比较充分。需要注意的是，这里的"已经成熟"，不是以目标岗位当前人才为标准，而是以胜任目标岗位的要求为标准，因为当前在岗的人可能也很差，如果再培养一个同样很差的人，是没有意义的。已经成熟的后备人才，通常是九宫格中位置9的人才。

第二级：1年左右可成熟的后备人才。再通过1年左右的培养可成熟的后备人才，他们可能还有局部的能力需要突破，也可能尚未用业绩来证明自己，或者欠缺少量关键经验。这些人才最有可能是九宫格中位置9的人才，至少也是位置6的人才，也有少数情况下是位置8的人才，但几乎不可能是其他位置的人才。

第三级：2～3年可成熟的后备人才。再通过2～3年的培养可成熟的后备人才，他们的能力素质往往比较强，但是在工作绩效和经验积累上存在一定差距。这些人才很有可能是九宫格中位置6和3的人才，也有可能是位置8的人才（由于能力素质一般，虽然绩效优秀，但需要更长的时间才能做好准备）。处在这个后备层次的人才，通常年龄不会很大，借用一家企业总裁的话：“如果一个人在过去20年的职业生涯中，都没有进入较高准备度的状态，凭什么再过3年就会有质的飞跃！”

通常我们不需要把“4年以上可成熟的后备人才”也盘出来，核心原因是我们看不清那么遥远的未来，甚至“2~3年可成熟的后备人才”都只是一种模糊的判断。一个人做事能走一步看三步就已经超越了常人，一个组织的人才工作如果能做好当年、看准三年也已经是鹤立鸡群。但如果组织的后备人才严重短缺，在未来较长时间内要从头开始培养人才，那么也可以再加上一个“未来可关注的后备人才”，这些人大概率来自九宫格中的位置3。

关键岗位及其后备人才	××部长 谷×敢-G8级 43岁-司龄9年 九宫格8	××经理 朱×丽-G7级 36岁-司龄5年 九宫格5	××经理 闵×星-G7级 35岁-司龄4年 九宫格9	××经理 啜×沛-G6级 48岁-司龄7年 九宫格1	××经理 忻×琇-G6级 35岁-司龄2年 九宫格6	××岗 辛×仁-G5级 30岁-司龄1年 九宫格3
已经成熟的后备人才	—	—	—	—	—	—
1年左右可成熟的后备人才	闵×星-G7级 35岁-司龄4年 九宫格9		徐×畅-G5级 30岁-司龄2年 九宫格9	—		
2~3年可成熟的后备人才			夏×至-G5级 32岁-司龄3年 九宫格6	—	徐×佳-G5级 30岁-司龄1年 九宫格3	黄×梦-G4级 28岁-司龄2年 九宫格6

如上示例，在这个后备人才盘点中，部长“谷×敢”自己的状态尚可，并且有1年左右可成熟的后备人才“闵×星”，并且“闵×星”的团队里也有较为成熟的后备人才“徐×畅”，因此在未来一段时间内部长岗位的安全性较强。“朱×丽”和“啜×沛”都没有3年以内可成熟的后备人才，其中尤其是“啜×沛”当前的状态并不好。针对以上情况，组织应采取的行动包括：在未来一段时间内强化对“徐×畅”的锻炼，在时机成熟时提拔其替代“啜×沛”；再给“谷×敢”配置几个有潜力的新

人，让其培养更多优秀人才，作为晋升的条件；加强"朱×丽"在人才培养方面的意识和能力，提升其队伍的健康度。

后备计划不是替补计划，而是对团队可持续发展的准备。有的管理者会把几个经理彼此作为替补，并认为每个经理岗位的空缺风险都是可控的。这种替补方案看起来后备人才很多，但真要提拔人才或人才流失，会发现那些后备人才根本就挪不动，或者不得不拆了东墙补西墙，总有一面要漏风。

通常情况下，中低层级岗位后备人才的盘点，只局限在该团队内部的人才中。而**高层级岗位的后备人才，需要具有更广阔的视野，把外部人才也要考虑进来**。后备人才盘点不仅可以分析岗位的可持续性，也可以诊断各个团队的整体能力。俗话讲"孤掌难鸣，独木难支"，那些缺乏充足后备人才的部门/团队，即便负责人的水平很高，往往也是"不太能打"的。

在实践中还存在另一种后备人才盘点的工作，即从某个层级中，挑选优秀人才组建后备人才库。这是一种宏观层面的人才工作，不以具体部门或岗位为后备的目标。这种后备人才库的建立往往是为了加速人才的成长，会匹配针对性的学习资源。这两种人才工作也可以结合起来，如把各个岗位 2 ~ 3 年可成熟的后备人才集合起来开展一些培养活动。

10.6　领导班子盘点

如果说一把手是组织的灵魂，那么领导班子就是连接灵魂并指挥躯体的大脑。在人才盘点中，尤其是对下级机构的盘点中，领导班子盘点可能比任何其他人的盘点都重要。对（领导）班子的盘点，不仅是对班子成员个人的盘点，更包含对成员组合涌现出的整体功能的盘点。我们同样可以从两个角度对班子进行评价：一是班子的成就/贡献，二是班子的健康度。两者按照高中低组合，也可以盘点得到九种类型的班子。

班子的成就贡献	病态	中等	健康
优秀	⑦ 幸运班子 虽然班子的成就/贡献突出 但班子内部问题很大 极不稳定	⑧ 骨干班子 班子的成就/贡献突出 但健康度存在一些隐患 略有风险	⑨ 明星班子 班子非常健康 且取得卓越的成就/贡献 持续发展
达标	④ 危险班子 虽然班子的成就/贡献达标 但班子内部问题很大 非常危险	⑤ 主力班子 班子的成就/贡献能够达标 但健康度存在一些隐患 比较脆弱	⑥ 新秀班子 班子非常健康 且成就/贡献能够达标 未来可期
待提升	① 问题班子 班子毫无成就/贡献 且内部问题严峻 极度危险	② 候补班子 班子的成就/贡献不能达标 班子内部存在阻碍 积重难返	③ 新建班子 班子非常健康 虽然尚未做出成绩 但很有干劲

班子的健康度

对班子成就/贡献的评价，可以从短期的经营成果、长期的能力建设两个方面综合考察。短期的经营成果有营收、利润、净资产收益率、周转率、市场占有率等；长期的能力建设有品牌声誉、研发能力、供应链、人才梯队、社区关系等。

盘点班子的健康度，鲁思·韦格曼等人[1]认为包括六个要素：真正的团队、恰当的成员、令人向往的目标、稳固的结构、支持的环境和有力的团队指导。作者基于过往的经验和对团队动力关系的研究，总结了一个指导实践的评价模型，这个模型包括五个主要方面。

---

[1] ［美］鲁思·韦格曼等：《人到高层》，郭旭力等译，中国人民大学出版社2010年版。

维度	班子诊断内容
班子清晰度	班子成员的身份清晰度 班子成员责权/分工/角色的清晰度 班子成员数量多寡 班子成员的稳定性
班子凝聚力	班子一把手的权威与影响力 班子成员之间的相互信任与支持度 班子内互动协调的沟通机制
班子目标感	战略目标和实现路径的清晰度 班子成员对目标与路径的共识程度
班子胜任力	班子一把手及其他成员的个体能力、道德水平 班子成员性别、年龄、专业背景、经验、能力、视野、个性的互补及完整性 团队个人和整体的学习与进步
班子风险	其他可能导致班子运行产生风险的因素

基于上述分析框架，一个班子经常存在的问题及背后的原因分析示例如下。

维度	常见的班子问题
班子清晰度	没有明确的身份，对谁能参与高层决策比较模糊 对班子成员的要求不清晰，成员不知道该做什么，边界在哪里 人数太少或太多，太少导致代表性不够，太多导致沟通成本太高 班子成员频繁更换，不能形成稳定的领导集体
班子凝聚力	班子一把手不服众，没有建立权威和非职权的影响力 班子氛围阴晦，成员之间隔阂严重，不能互信，存在冲突 班子内部由于相似的特点（如权力欲望都太强），或者由于存在两种差异较大的思维方式（如一半冒险一半保守）而产生的矛盾 班子内存在小团体，各自为政，不团结
班子目标感	班子没有明确的战略目标和实现路径 虽然有目标但是并不为大家所普遍认同，部分成员持有异议 班子成员表面上认同目标，但各自有各自的小算盘
班子胜任力	班子成员在关键能力素质上共同欠缺，如战略思维不足，或者人际影响力不够等 班子成员的品德作风问题，如官僚、懒散、刚愎、合作性差等 班子内部一些属性过于同质化而缺乏互补，如性格都过于软弱、缺乏失败的经验、没有国际化视野、全都是理工科背景等 班子没有固定的学习计划，能力长期不进步，没有自我反思和自我批判的机制
班子风险	由于地域（班子成员不在同一个地方）、身体状况（班子成员的身体素质差）、家庭状况（班子成员的家人健康或教育问题）等带来的潜在风险

对班子健康度的诊断与分析，常用的方法有以下五种。

1. 基础信息分析

通过对过往经验和其他基础信息的分析，可以诊断班子成员背景的互补性，以及其他可能的风险因素。

2. 本人访谈

通过具体案例+业务规划等内容的访谈，了解班子成员的能力素质，班子成员对战略目标的理解，以及个人的身份认同感。

3. 班子互评

通过班子成员相互的评价，了解班子成员的胜任程度，评估班子成员个体及相互之间的关系。

4. 相关方调研

对外部渠道、客户，内部干部、员工等进行调研，了解班子的胜任情况、对外的一致性，以及其他可能的风险因素。

5. 测评分析

尤其是班子成员之间的个性动力关系，可以通过个性潜力测评来进行分析，主要包括功能缺失、互补不足、内部冲突、理解障碍、角色冲突等方面。比如，班子是否缺乏驱动力，相互之间是否容易妥协，是否有人承担"狠人"的角色，是否具有适应环境变化的多样性……

通过成就/贡献和健康度对班子盘点定性后，需要分别对不同类型的班子采取有针对性的行动，简要说明如下。

	病态	中等	健康
优秀	⑦ 幸运班子 由点及面平稳过渡	⑧ 骨干班子 解决局部问题	⑨ 明星班子 预防负面问题
达标	④ 危险班子 多管齐下排除风险	⑤ 主力班子 持续逐步改善	⑥ 新秀班子 提供资源支持
待提升	① 问题班子 全面及时深度重建	② 候补班子 快速解决阻碍因素	③ 新建班子 及时引导支持

纵轴:班子的成就贡献

横轴:班子的健康度

10.7　组织能力盘点

我们很少会把组织能力的诊断设计为人才盘点的主要内容,但是由于人才盘点中会获得不少有关组织能力的信息,因此可以把它作为一项附加的工作。组织能力的盘点,是一项非常模糊的任务,原因在于大家对"什么是组织能力"的认识千差万别。组织能力是一个筐,什么东西都能装,关于组织能力的研究数不胜数,但由于本书的重心不在于此,并且这些模型之间也没有非常本质的区别,因此这里只做一些简要介绍。

➤ 戴维·尤里奇的"十四项指标"[①]:包括人才、速度、共同的思维

[①] [美]戴维·尤里奇等:《变革的HR:从外到内的人力资源新模式》,陈丽芳译,中国电力出版社2014年版。

方式、问责制、协同、学习、领导力、客户链接、创新、战略一致性、精简化、社会责任、风险、效率。

➤ 马文·韦斯伯德的"六个盒子"[1]：目的、结构、关系、激励、领导方式、帮助机制。

➤ 艾伦·P.布拉奇的"九系统组织"[2]：领导力、战略、业务流程、目标测评、文化、人才能力、信息/知识、组织结构、业务问题。

➤ 麦肯锡公司的7S模型：战略（Strategy）、结构（Structure）、制度（System）、风格（Style）、员工（Staff）、技能（Skill）、共同的价值观（Shared values）。

➤ 作者也在咨询服务中提出过一个组织能力的DREAM模型：使命方向（Direction）、资源配置（Resource）、激发动力（Encourage）、能力支撑（Ability）、协作关系（Match）。

除此之外，关于组织能力的研究，还有塔什曼等人的"一致性模型"、大卫·汉纳的"OSM模型"、杨国安教授的"杨三角"等。选择越多越困惑，当我们对组织能力进行诊断和优化时，最好先厘清根源——我们需要的组织能力是什么？引用中欧国际工商学院忻榕教授的观点：**"组织能力的首要特点是能为客户创造价值，它对这家企业来说是独特的、难以复制的、可以传承的，所以它本身就是企业的竞争力。"**[3]

从这个基础出发，我们对组织能力的盘点大致可以从两个层面来开展：一是"外显能力"，二是"内隐能力"。外显能力有快速的投递能

---

① [美]马文·韦斯伯德：《组织诊断：六个盒子的理论与实践》，胡智丰、张小雨译，电子工业出版社2020年版。

② [美]艾伦·P.布拉奇：《9系统组织》，王翔译，东方出版社2018年版。

③ 忻榕：《人才发展五星模型：全面提升企业人才竞争力》，机械工业出版社2014年版。

力、全球最低综合成本的采购能力、大量获取新客户的能力、高质量低成本的生产能力、大规模人才招聘的能力、超越客户期望的服务能力等。这些能力是企业的经营管理者们所关注的，由多种要素综合产生的结果。

内隐能力是组织外显能力的内在原因，如领导力、人才培养能力、组织结构、组织文化等，是上述这些模型的框架所描述的能力。比如，要建立组织强大的研发能力，则需要有相对独立的组织结构、一批聪明绝顶的科学家、良好的文化氛围、与客户需求的联动机制、聚焦中长期的考核制度等。后面这些要素，几乎都能归纳到上述模型的结构里。

学者和顾问们经常喜欢谈论问题背后的问题，否则就不能证明自己的深邃，这也是为什么上述模型全都是内隐能力的描述。但从管理实践者的需求来看，他们首先感兴趣的是问题，然后才是问题背后的问题。按照上述模型开展的组织能力诊断，通常不能吸引高层管理者的兴趣，原因就在于过度聚焦内隐能力的诊断，而忽视了外显能力的分析。

没有哪家企业会把招募"一批绝顶聪明的科学家"当成最终的工作目标，企业需要的是"强大的研发能力"。**我们不能拿"扁鹊见蔡桓公"的故事，来比喻老板们看不到"病在骨髓"的肤浅。恰恰相反，我们只有同时展现出两个层面的问题，并把它们的逻辑关系也分析出来，才算发现了一些值得关注和可以解决的问题。**组织能力的分析有三种可能的情况。

（1）我们发现了外显能力的问题，但没有找到内隐能力的原因。比如，我们发现组织给客户提交方案和报价的速度太慢，但并不知道是哪些具体原因产生了这样的问题。

（2）我们没有发现外显能力的问题，但我们看到了很多内隐能力的缺陷。比如，我们发现员工经常迟到还敢跟老板顶嘴，或者各级管理者的领导力不足，但并不知道这些问题产生了什么样的业务影响。

（3）我们既发现了外显能力的问题，也发现了背后内隐能力的原因。比如，我们发现组织的人才发展能力很弱，背后原因主要是人才发展经理的水平不够，各级管理者也不重视，用人文化上也比较习惯论资排辈。

这三种组织能力的分析，我们更需要第三种。**发现各种外显能力和内隐能力的问题是容易的，但厘清因果关系更有价值。**企业里谁都知道"我们这里有问题，那里也有问题"，就算是愚笨之人，也能把组织的问题说个三天三夜。但是我们不需要问题，我们需要回答"问题的表里关系是什么，应该从哪些方面解决哪些问题"。光知道提交方案和报价的速度慢没有一点用，得找到解决之道才行；仓促地惩罚迟到和顶撞老板的员工可能更糟糕，因为这可能根本就不是一个需要被解决的问题；而在搞清楚领导力不足带来的具体影响之前，慌忙地给管理者安排领导力提升课程，可能什么问题都解决不了。

组织发展工作容易聚焦内隐能力而忽略外显能力的原因，在于：内隐能力具有相对统一的结构，容易学习和借鉴，并且从内部就能够获取诊断信息，写报告更容易；而外显能力则在不同的行业和组织有完全不同的关注要素，少有可直接借鉴的分析框架，并且要分析其背后的原因更是难上加难，不太容易给出具有洞察力的报告。外显能力的分析框架，可以按照企业内部的价值链来聚焦一些关键指标。比如，我们基于客户需求的产品研发能力如何？我们的采购在综合成本上是否还有改善空间？我们的人才保障能力主要短板在什么地方……基于这些问题，我们再继续深入分析其背后的内隐能力原因。

要做好这样的组织能力盘点，除了要充分调动各个部门的参与感，让大家更为开放坦诚地暴露问题，还要自身有足够的业务敏锐度和洞察

力，能够引导大家思考问题背后的问题，最终把外显能力的诊断与内隐能力的分析关联起来，为组织和部门的能力提升找到行动路径。

10.8　团队人才健康度

基于盘点结果，我们经常需要对整个组织或所属部门做一个"人才健康度"的结论性判断。为了在评价时能做到简便客观，我们以"履行团队当前职责"和"应对未来业务挑战"两个标准来描述人才健康度的等级，分为五种水平。

1. 严峻

履行团队当前职责要求捉襟见肘，很多工作无法达到基本要求，或者已经停滞，很多工作需要其他部门或高层管理者承担。这种团队的人才情况不具备短时间内改善的可能性（没有向好的趋势），这种情况如果不是团队领导（班子）存在问题，就是他（们）还没有足够的时间和资源来处理问题。

2. 较差

团队内多数关键岗位人才的胜任力不足，团队只能勉强维系基础或关键的功能，工作基本上没有亮点，更谈不上创新和改进，最多只能做到基础工作不出错。这种团队所面临的人才问题是多方面的，并且短时间内难以彻底解决，如内部关系紧张、优秀人才流失、没有储备人才、工作流程混乱等。

3. 中等

团队部分关键岗位人才缺失或不能胜任工作要求，导致团队某些功能不够支撑组织业务发展的需要，还存在一些显著的问题，但这些问题可以通过实施6～12个月的针对性举措予以改善。这种团队也存在一些中长期问题（如人才断档），但这些问题尚有"时间"和"空间"来逐渐解决。

4. 良好

少数关键岗位人才的胜任力有差距，但人才队伍总体能够支撑当前的业务需要，团队在应对未来业务挑战方面的准备度不够，暂时还不能培养和输送成熟人才。这种团队虽然也可能存在少数对团队有较大影响的人才风险，但风险可控，团队总体表现出不断进步的趋势。

5. 健康

人才队伍能够支撑团队当前各方面的功能需要，各方面的工作成效显著，并且能较好满足未来一段时间的业务要求，还可以输送一些成熟人才来拓展业务或到其他团队，后备人才梯队充足，团队没有明显的人才风险。

我们可以判定某个组织属于哪种人才健康度水平，但这通常没有太大的价值，就好像我们说某个人不是很健康，最多只能吓唬他重视健康问题，对应该怎么办的指导意义不大。更为有用的做法是对组织的各个部门做人才健康度的判断，以便聚焦后续的工作重点，做到"头痛医头，脚痛医脚"（这种做法比"头痛医脚，脚痛医头"要可靠多了），最终使组织更加健康。

如果组织规模较小，则可以直接展示各个部门的人才健康度，一览无余地看到需要重点关注的部门和团队，如：

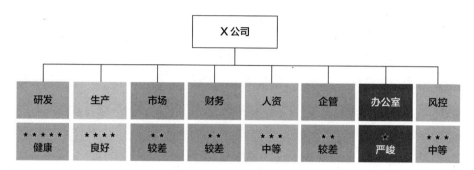

如果组织规模较大（如层级或部门较多），则可以先将各个团队的人才健康度按照1~5分赋分（1分为严峻，5分为健康），然后进行数据的逐级统计，以便进行横向对比、前后比较、分布分析等综合性分析。比如，在某家公司各个线条中，集团职能9个团队的人才健康度均值为（1×5+2×4+1×3+2×2+3×1）/9≈2.56分，团队总体情况最差。

	事业部1	事业部2	事业部3	事业部4	集团职能	总计
健康团队数量/个	2	2	1	0	1	6
良好团队数量/个	1	3	2	1	2	9
中等团队数量/个	1	1	1	4	1	8
较差团队数量/个	1	1	0	0	2	4
严峻团队数量/个	1	1	0	0	3	5
团队总数/个	6	8	4	5	9	32
人才健康度均值/分	3.33	3.50	4.00	3.20	2.56	3.32

团队人才健康度的判断是一种综合的评价，没有必要搞出一个公式来详细计算人才健康度的分数，而且也很可能搞不出来高质量的算法。比如，一个部门的员工素质都很高，但是部长和经理们的水平很差，人才健康度最多2.5分；但一个员工水平一般，而各级管理者比较靠谱的团

队，人才健康度却有可能达到3.5分。相比评分，更加重要的是这样评价的原因，这对后续的行动才更有帮助。

以上八个方面从个体到组织的分析，不必全部包括在人才盘点工作中。这些分析有繁有简，很多内容甚至可以作为一项专门的工作来开展。在人才盘点中，我们可以根据需要选用其中的部分内容做分析，核心还是要聚焦到解决关键问题上。

通过人才盘点发现的问题、得出的结论，都不是人才盘点工作的终点。**发现问题是为了解决问题，得出结论是为了改变结果，人才盘点工作的最终落脚点，需要落实到具体的管理行动中，采取针对性的举措，提升组织的人才竞争优势。**

Chapter
11

第11章

＊

盘点结果的应用

不论使用哪些方法/工具，采取哪种盘点模式，进行哪些整体分析，都只是解决组织人才问题的开始。**人才盘点要面向未来，落实行动，发现并解决组织中与人才相关的各种问题。**需要说明的是，我们可以通过人才盘点发现很多问题，但不一定能通过人才工作来完全解决这些问题，如组织战略制定、数字化建设等。

人才盘点后采取的强关联行动，主要包括机构建设、人才发展、队伍调整三个大的方面，每个方面又有若干工作的细节。如下图所示，这些工作就如同树冠一样，可以为组织带来更多的能量，使业务需要得到"结果"。

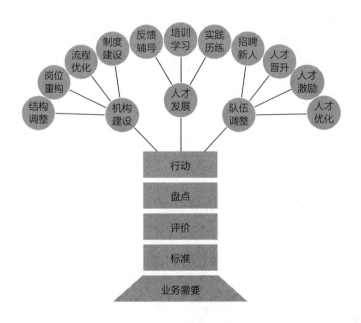

除此之外，还有几项重要又具体的工作需要关注，包括**各类人才的管理、撰写个人评价报告、制订个人发展计划、制订部门行动计划**。这些工作都很不容易，但**"竞争优势来源于竞争对手无法轻易模仿，或者由于惰性和无能而模仿不了的因素"**[①]，所以我们要欢迎困难的事情，宁可"累死"自己，也要"卷死"别人！

11.1 机构建设优化

人才盘点后要对组织的结构、岗位、流程和制度进行调整，塑造一个满足客户需求、简洁高效、风险可控的责任体系。主要工作包括四个方面。

结构调整：对组织中不合理的机构设置进行调整，主要方向包括增设、裁撤、合并、重组一些机构、部门、团队。比如，某旅游公司通过盘点发现，虽然有客户投诉处理部门，但没有专门的机构来协调并管控各个部门的服务质量，因此增设了一个客户体验部门，统筹客户投诉处理、满意度管理、产品体验改善等职责。

岗位重构：除了宏观的组织结构调整，微观层面的岗位也经常需要进行重构。岗位职责并非一成不变，随着业务需要的变化或人才特点的变化，需要及时调整岗位的职责范围和重点。具体举措包括新增、强化、减少、免除岗位的某些工作职责，使岗位的工作重心发生转变，以更有利于工作的开展。岗位职责的重构，往往不只针对单一岗位，而是多个岗位一起进行相互的增减，以使共同效率得到提升。

---

① ［美］理查德·鲁梅尔特：《好战略，坏战略》，蒋宗强译，中信出版社2012年版。

流程优化：如果通过盘点发现业务流程存在问题，如冗余、有漏洞、速度慢、不稳定、成本高等，就需要在后续工作中对这些流程进行优化。流程的优化包括强化、简化、延伸、删除、变序、增加、合并、分流、并行、串联等具体方式。但是要进一步增强流程的有效性，就必须考虑到标准化、自动化、智能化的技术支持。比如，某公司在盘点中发现，不同管理者在处理低绩效人才时的方法与效果大不一样，因此就在绩效考核后增加了一个绩效改进的工作流程，为管理者的工作提供清晰的要求和指导，使该项工作更加有效。

制度建设：流程更多是程序性的安排，而制度则是规范和准则。企业里有很多制度，如人才晋升制度、财务管理制度、信息安全制度等。当这些制度阻碍了工作的开展时，可以遵循如下原则进行优化或设计。

> ➤ 目标导向。各种制度建设和优化的核心衡量标准，是能否支持实现预期的目标。
>
> ➤ 系统全面。需要考虑到各种可能的情况，不能解决一个旧问题，创造两个新问题。
>
> ➤ 执行量化。制度不仅要有标准，更要有衡量标准的尺度，要避免模棱两可。
>
> ➤ 简单有效。制度大部分情况是为了解决常规性问题，既要有效，又要简单。
>
> ➤ 宣贯落地。制度需要被相关方所了解、认可，并在工作中予以执行。

组织经常同时开展上述四个方面的工作来进行机构的建设与优化。比如，某贸易公司的销售岗位职责太过宽泛，要负责从客户开拓到供应链开发的全部工作。盘点中发现随着组织规模的扩大，这种岗位职责很难找到合适的人才，并且当前工作效率非常低下。因此，该公司在盘点后把销售岗位的职责聚焦到客户开拓上，另外专门成立两个新的部门，分别负责供应链的管理和产品方案的设计。相应地，也调整了一些业务流程和考核激励制度，以使彼此的分工协作更加顺畅。

11.2 人才发展行动

没有人会喜欢被盘点，就仿佛自己是一个供人检阅的物件一样。但如果盘点活动是个人成长的一个节点事件，会带来后续个人能力发展的机会，则参与者的感受会大为不同。人才的能力发展具有非常多的方法与途径，如下列举了成人学习常见的九种方式，大概可以分为三类，都可以作为盘点后的人才发展行动。

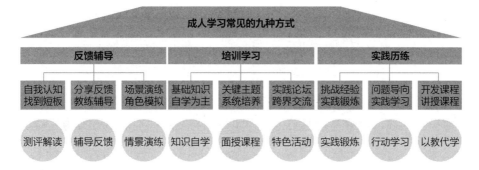

反馈辅导：在盘点结束后，可以由外部顾问或内部领导，结合本人的测评盘点报告，对参与者进行反馈和辅导，帮助其了解自身优势与不足，澄清发展目标和要求，并制订一份具有针对性的个人发展计划。在之后更长的时间里，直接上级可以督促个人发展计划的执行，并提供更多的反馈和辅导以促进人才的成长。做好人才反馈和辅导绝不只是告诉员工应该怎么做，重点应该包括三个方面：一是强化对自我的认知；

二是厘清岗位角色的要求；三是如何学习的系统性策略和方法[①]。

培训学习：基于盘点发现的人才能力差距，还可以通过书本自学、集中内训、外送培训或特色交流活动等方式，培养人才的基础知识、基本技能、领导意识、专业能力等。**培训与学习的重点，不是个人缺什么就要补什么，而是先要聚焦解决"组织发展日益渴望的能力需求和队伍当前相关能力缺失之间的矛盾"。**

实践历练："宰相必起于州部，猛将必发于卒伍。"虽然人才要走进教室学习深造，但教室里是培训不出人才的。"耳听千遍，不如手过一遍"，人的脑力与体力，都需要在使用中才能得到强化。人才发展最重要的手段，就是把人"放到火上烤"，使其在实践中提升自身的能力水平。我们可以采取的实践历练方式有很多，如增加决策权、到一线挂职锻炼、参与重要项目、在新的职能领域轮岗、增加下属人数、负责新业务/新项目等。**当然这些挑战式历练不仅能"磨炼"人才，也有可能"磨灭"人才，但这是组织和个人为了成长与发展，不得不承担的风险。**

11.3　队伍调整建设

基于盘点结果应对人才进行增减升降的调整，以建设良性的人才队

---

① 夏勇军：《成长力觉醒：探寻人生与职业幸福之路》，电子工业出版社2021年版。

伍，解决或避免人才的沉疴痼疾。主要手段包括四个方面。

招聘新人：组织结构调整后增设新岗位，或者人才任用调整而产生空缺，在无法从内部得到人员补充时，就需要通过外部招聘来快速弥补空缺产生的损失。或者盘点后组织需要开阔视野、增加外部经验、更新组织文化习惯、储备未来人才、成建制地快速组建团队，也可以通过外部招聘来满足需求。

人才晋升：盘点结果不一定要与人才晋升强关联，但是最好能有后续机制，确保优秀人才能承担更大的职责。对于绩效、潜力、经验都很强的人才（九宫格9），应当进入后续的提拔考核流程，尽快将其放到更高层级的岗位上，以使其做出更大的贡献。**当前社会这个强调经济效率的"大争之世"，优秀人才长期得不到认可，很容易变成竞争对手的精兵良将。**

人才激励：在盘点中发现的优秀人才，应当创造条件使其得到认可和回报。其中绩效出色的（九宫格7和8），应当给予当期激励；绩效+潜力出色的（九宫格9），应当给予短期和长期相结合的激励；非常有潜力但绩效表现尚不出色的（九宫格6），应当考虑给予一定程度的长期激励，至少应当保证相对清晰的激励制度的吸引力。

人才优化：针对已经无法胜任当前岗位的要求，且在短期内不太可能做出改变的人才（九宫格1、2、4），如果可以在低一级的岗位上发挥价值，则可以做降职处理，以免在当前岗位上造成更大的损失。如果在当前序列不具有优势，相反在组织其他序列可能具有潜在优势，则可以进行内部横向的调整，以求"人尽其才"。如果不仅不能胜任当前岗位的要求，也不愿意接受降职或横向调动的处理，或者有明显的价值观问题，则可以做辞退处理。

两千多年前，墨子就说"官无常贵，而民无终贱。有能则举之，无

能则下之"；时至今日，"能上能下"依然是一种说得多做得少的想法。对很多组织和管理者来讲，招聘新人、人才晋升、人才激励都很容易，可一旦要优化人才则很困难。我们总是碍于当事人的功劳、彼此的情感基础、自己的口碑或羽毛，而不愿意采取行动。实际上，这种迟疑不仅有害于组织，更有害于当事人。当一个人能够在低一级的岗位上得到与其能力相匹配的成就，或者在新的方向找到自己可以发挥的优势时，他还具有各种可能性。如果他长期停滞于无法胜任的岗位，时间越长，越会磨灭其信心、减少其机会，并最终走上无路可走的路。**组织应当建立起一套"负面行动机制"，给管理者一个台阶、一个借口、一个工具，使他们能够放下内心的愧疚，增强自己的勇气，去做该做的事情。**

11.4 各类人才的管理

根据盘点产生的人才九宫格，需要对人才进行分类管理，以有效利用资源，促进组织人才队伍的增值。

⑦ 老手	⑧ 骨干	⑨ 明星
④ 过渡	⑤ 主力	⑥ 新秀
① 错配	② 候补	③ 新人

➤ **1-错配（低潜力低绩效）**：对于此类人才应评估风险，如果没有特殊原因，需要尽快换岗、降职或淘汰，以减少组织损失和个人发展的沉没成本。

➤ **2-候补（中潜力低绩效）**：对于候补人才应加强支持和指导，提升他们的绩效表现，使其成为团队主力。如果人才长期处于该位置，则说明其优势得不到发挥，也需要调整岗位。

➤ **3-新人（高潜力低绩效）**：对于刚加入组织的新人，需要协助其尽快熟悉工作，产生绩效，成为组织内的新秀。如果有较长时间处于此位置，多数情况下是外在原因所致，未能发挥其优势，最好将其调整到其他团队或岗位。

➤ **4-过渡（低潜力中绩效）**：当绩效结果超出内在潜力时，需要分析当前绩效达标的外在客观原因和内在主观原因，识别并规避绩效降低的风险。同时，要考虑该类人才未来不能持续适应的可能性，储备可以接替的后备人才。

➤ **5-主力（中潜力中绩效）**：针对大多数人才，重在识别和发挥他们的优势，用人以长，在用人过程中促进绩效结果和人才能力的持续提升，使其为组织创造更大的价值。

➤ **6-新秀（高潜力中绩效）**：新秀人才需要表现的机会，可以给他们一些变革的项目或探索性的任务，以促使其取得卓越的绩效表现，并通过赢得成功来进一步建立信心，使其获得团队的认可，成为明星人才。

➤ **7-老手（低潜力高绩效）**：当绩效结果显著超出内在潜力时，老手们可能会"能不配位，必有灾殃"。相比过渡型人才，组织需要更加谨慎地预防该类人才在未来绩效下滑和不能适应的风险。

➤ **8-骨干（中潜力高绩效）**：骨干人才需要在保持绩效表现的同时，接受岗位上的更多挑战，以不断革新自身的思维方式，提升内在能力素质，争取成为明星人才。

➤ **9-明星（高潜力高绩效）**：如果明星人才具备丰富的经验，则可以

马上提拔任用；如果其经验尚浅，则可以通过系统性的发展行动来提升他们的准备度。发展行动中最重要的，是要在岗位通常职责之外，设计更具挑战性的任务，拓展其能力和眼界的边界。

一百个五音不全的人唱不出一个顶尖歌手的天籁之音，一百个平庸的程序员也解决不了一个顶尖架构师面临的挑战。 反过来，一个顶尖歌手也无法独自展现出大合唱的恢宏气势，一个顶尖架构师也没办法一个人写完所有的代码。虽然我们要有资源的倾斜，但不要只关注明星人才，要使整个团队有序发展。

当我们没有明星人才可以提拔任用时，也可以通过"强制拉伸"（揠苗助长）的方法来使用人才，如提拔新秀或骨干人才。不过这样的做法可能带来业务上的风险，因此可以通过团队搭配的方式来降低风险。比如，某快消公司要选拔一个区域销售经理，但是盘点发现没有足够成熟的人才，就选了三个各有优势的年轻人组成一个小组，给予他们休戚与共的目标和责任，让他们共同协商领导该区域的工作，最后在业务发展的过程中也培养出了人才。

我们期望人才九宫格里的每个人，都能不断地向上和向右成长。但实际上这两种成长的跨越都非常困难，尤其是向右比向上更难。一个主力人才一不小心就能从5跨到8成为骨干人才，但他需要付出很多努力才能从5跨到6成为新秀人才。在社会不断向前发展的环境中，个人成长如同逆水行舟，能努力跟上节奏就实属不错了。人才的进步需要付出很多努力，但人才的退步只要坐等即可。所以，我们要有心理准备，人们会自然地在人才九宫格中向左和向下移动。如果组织或个人能提前做一些事情来避免这样的情况，那自然是皆大欢喜的。

11.5 撰写个人评价报告

无论是盘点结束后给个人的发展性反馈，还是向领导呈现的人才盘点的最终意见，都少不了要撰写个人评价报告，其中最重要的评语又是一项专业挑战。我们先来看一个样例[①]：

> 才识明敏，办事干练。
>
> 明白谙练，办事勇往。
>
> 老成淳谨，办事勤谨。
>
> 才情明练，办事实心。
>
> 才具优长，办事勇往。

这些评语是清朝官员得到的上级评价，通常是四字或八字的词语。皇帝看了这些语焉不详的评语，实际上毫无价值。很多管理者在评价人才时，虽然略好于此，但也并无本质不同：责任心强、很认真、很有干劲、做事有担当……这样的评语几乎千篇一律，毫无用处。要产出一份高质量的个人评价报告，需要遵循三个基本原则。

---

① [美] 孔飞力：《叫魂：1768 年中国妖术大恐慌》，陈兼等译，上海三联书店 2014 年版。

➤ **提供价值**：个人评价报告的内容要对组织、部门和员工有价值，避免空洞无物。实现这种价值有两个关键要素：一是关联工作，二是聚焦重点。关联工作是要写对工作有预测作用的内容；而聚焦重点则要求报告要写最需要写的东西，长篇累牍但缺乏重点同样没有价值。

➤ **逻辑一致**：整个个人评价报告中各个部门的内容要逻辑自洽，不能自相矛盾。如果前面评价人际能力强，后面又说对人不敏感，则比什么都没有说更糟糕。这种逻辑一致要求在描述一些表面矛盾的地方时，也要解释清楚为什么会有这种矛盾，使报告的读者能够对其形成一致的印象。

➤ **独特描述**：个人评价报告要展现人才的独特性，避免使用千篇一律的套话。报告应该使用准确恰当而又有针对性的词句，以展现人才的独特性，使读者能够形象生动地了解被盘点者，最好能"跃然于纸上"。如果一个分数就对应一个标准评语，报告全部是复制和粘贴的组合，那都是上不了台面的"低端货"。

基于上述原则，作者总结了一个写报告的模型，总共包括四个步骤，用来指导具体评语的撰写，分别是整合（Integrate）、描述（Describe）、解释（Explain）、影响（Affect），简称IDEA模型。

Integrate——整合：对个人评价报告的描述，应当整合各种工具与方法中所有相关的发现。比如，360度反馈中的同事评价比较差，个性潜力测评发现做事富有勇气，述能会发现人际理解能力一般、岗位KPI达成较好，就可以整合评价为："推动执行力强，在工作中敢于采取不受欢迎的强硬行动，不因他人的看法而退让，但有可能得罪他人。"通过整合各种工具与方法的发现，可以避免方法的偏差，并且使评价更为深入和全面。

Describe——**描述**：在信息整合的基础上，评语要先对某个方面的能力素质水平做总结性的描述。比如，"具有追求卓越的事业激情""坚定维护组织的利益和声誉""对他人的内在想法不太敏感""不善于同他人快速建立关系"等。

Explain——**解释**：对描述性的结论进行解释或说明。解释主要有两种方向：一是为什么会有这样的结论，二是具体有什么表现。很多时候这两者并没有显著的区别。比如，"具有较强的谈判影响力（D），善于分析和理解他人的内心想法（E），能灵活应对各种意见与分歧（E）""具有追求卓越的事业激情（D），敢于竞争、冒险，设定挑战性目标（E）"。

Affect——**影响**：介绍所描述和解释的这种能力素质，会对工作产生什么样的影响。比如，"具有较强的人际敏感度（D），能深入分析并把握客户潜在的需求（E），容易赢取客户的专业信赖（A）""具有较强的战略思维（D），考虑工作目标清晰、路径明确、思维周密（E），能为团队提出有效的行动策略（A）"。

遵循上述原则和模型，如果再多一些词汇（这比原则和模型更重要），就可以写出一份高质量的评语，至少好过前述皇帝的朝臣们的作品。但如果我们对自己有更高的要求，则要拓展我们对人的多样性的认识。"读万卷书不如行万里路，行万里路不如阅人无数"，我们内心用以评价人才的尺度，会随识人的增多而扩展：看到更高的上限、更低的下限，以及更多样化的可能。

11.6　制订个人发展计划

每个人才都需要发展，需要独特性的发展，需要有计划来实现独特

性的发展。在盘点结束后，帮助每个人才制订一份个人发展计划，不仅事关组织的发展，更是组织对每个人才的善举。

设计一份好的个人发展计划，首先需要对个体未来的目标和要求有清晰的认识，认识到人才相应的优势和短板，然后在此基础上聚焦塑造显著优势，或者管理致命短板，形成具体可行的发展计划，最后还要通过系统的方法督促行动的坚持。一份个人发展计划示例如下。

1. 我的反思				
使命目标				
能力要求				
个人优势				
致命短板				
2. 我的发展计划				
发展重点1				
序号	具体发展行动	时间	资源支持	成功标志	如何监督
1					
2					
3					
4					
5					
发展重点2				
序号	具体发展行动	时间	资源支持	成功标志	如何监督
1					
2					
3					
4					
5					
3. 共同承诺				
计划者	日期	上级管理者	日期

人的发展有其自身的规律，只有顺应规律才能获得成效，莽撞蛮干很难出奇迹。本书不再花更多篇幅重复介绍如何做好个人发展计划，感兴趣的读者可以阅读《成长力觉醒：探寻人生与职业幸福之路》中的第四部分，详细了解"成长的方法"。

11.7　制订部门行动计划

人才盘点后组织要采取的行动，按照责任主体可以分为三种类型：一是整个组织都需要采取的行动；二是部门层面应当采取的行动；三是员工本人应当采取的行动。第一项工作通常由 HR 部门统筹完成；第二项工作则需要部门管理者来负责；第三项工作应该写入员工的个人发展计划中，HR 代表和部门负责人都可以介入，也可以撒手不管让员工自我管理。

部门层面应当采取的行动，需要聚焦部门独特的需求，从机构建设、队伍建设、人才发展三个方面出发，制订一份可以执行、跟踪和评价的计划。某公司运营部人才盘点后的行动计划如下。

类别	关键行动计划	负责人	时间
机构建设	部门组织结构调整在4月底之前完成，主要成立一个面向客户的服务单元	部长	4月
	调整运营总监岗位职责，主要把客户服务功能拆分出来，增加一部分原料协调管理的职能	部长	4月
队伍建设	从外部招聘一位运营经理和一位副经理，协助总监开展工作	副部长	5月底
	降职"贾仁才"，并妥善处置，初步建议安排到服务部门	部长	3月
	考察并提拔"夏禹"任运营副经理	部长	3月

（续表）

类别	关键行动计划	负责人	时间
人才 发展	在整个部门开展运营数据分析、员工辅导、客户服务方面的技能培训	副部长	5—12月
	对调"时晓"和"孙发"的岗位，增加他们的岗位经验，作为后备人才储备培养	部长	3月
	由上级对各位盘点人员进行反馈，并形成各自的个人发展计划，在全年监督执行	部门上级	3—12月

　　部门行动计划的制订非常容易，但计划的执行是"关山难越"。计划除了要遵循SMART的基本要求，还有两项成功关键：一是明确责任人，尤其是需要多方协作的行动，厘清相关方的责任分工；二是定期复盘，对已经采取的行动进行效果的检验，对即将采取的行动进行动员和督促。我们可以在下一次的人才盘点中，让相关责任人回顾他们的行动和效果，以此推动人才工作的持续落实。

Chapter
12

第12章

*

构建组织人才盘点机制

12.1　管理者的迷思和心思

成事以人，成人以事，组织中的人和事是不能割裂的，因此组织的各级管理者在人才管理，尤其是人才盘点的工作中，应当承担第一责任人的角色，而不是把这项工作交由 HR 部门来完成。但有很多不够"成熟"的管理者，对待这件事却有一些常见的"迷思"。

➤ "工作太忙了，无法保障投入那么多时间。"
➤ "人才盘点是专业人士的职责。"
➤ "我对兄弟们了如指掌，无须专门的评价和盘点。"
➤ "评价人才一切以业绩为导向，其他都是虚的。"
➤ "只要选出拔尖的几个，其他的不用管。"
➤ "采购一些测评工具测一下大家的情况就可以了。"
➤ "发动同事们互评，相信群众的眼睛是雪亮的。"
➤ ……

这些迷思的背后，是管理者对待人才工作这件事的两种底层信念：一是"不重要，不值得"；二是"很容易，甭麻烦"。

人们对事物的价值评价，只有在比较中才能显出相对的高低。"生，亦我所欲也；义，亦我所欲也。二者不可得兼，舍生而取义者也。"很多管理者经常会把人才的重要性挂在嘴边，但当这项工作与其他工作产生冲突时，几乎又总是把它放在最后一位。在这样的底层信念支配下，管理者宁愿每天沉浸于亲自解决问题，也不愿意通过人才工作来推动团队能力的提升。他们并不真正重视人才工作，所以也不会承诺自己的投入。

管理者除了容易低估人才工作的重要性，也容易低估人才工作的困难度。**实际上，很多管理者都是极度自信的家伙，他们总是习惯性地低估很多事情的难度。**他们认为人才和人才工作是简单的，也不会在这件事情上倾注精力，而会认为只需要通过一些绩效表现或测评调研的数据即可做出判断。

除了上述这些被直接讲出来的想法，还有一些不够"成熟"的管理者会有更加隐蔽的"心思"，他们的外在行为和内心诉求表现为以下几种。

- **护犊子**——不为下属争取机会的领导，不是好领导。
- **报私仇**——胆敢顶撞我，看我让你永无出头之日。
- **藏明星**——优秀的人都被选走了，部门的活谁来干。
- **老好人**——政治就是我的人多多的，不要干得罪人的事。
- **搞平衡**——大家轮流坐庄当明星，不能指望一个人把所有活都干了。
- **做交易**——你帮我晋升了我的下属，我也会对你投桃报李。
- **打酱油**——随便怎么样都行，大家都差不多。

这些迷思和心思，会对组织和团队造成巨大的伤害。如果长期纵容，则必然会导致组织用人风险大、团队用人家臣化、优秀人才流失快、人才队伍难成长、业务转型响应慢等一系列问题。

组织用人风险大：表现为盘点选拔出来的人才，并非组织内的最佳候选人，不能满足组织和岗位的要求。长此以往，组织各层级都会充斥着不适合的人才，进而损害组织整体的功能。其原因包括选人唯以业绩为导向、内部政治博弈、优秀人才被雪藏、人才决策太随意等。

团队用人家臣化：表现为团队成员认同和效忠于团队管理者，相反可能对组织没有认同感甚至存在敌意，造成组织失去对人才的管控力。其原因在于团队管理者对团队成员拥有过大的权力，通过人才的选拔、降职、辞退等方法，让人才为其所用，而非为组织所用。

优秀人才流失快：表现为越是优秀的人才，越是留不住，而越是一般甚至不适合的人才，反而长期留任。其原因在于管理者没有给予优秀人才正常发展的空间，也没有展现出自己的领导力，优秀人才得不到合理的回报、充分的认可、成长的空间，只能一走了之。

人才队伍难成长：表现为团队在较长时间内都不能获取解决新问题，或者更好地解决老问题的能力，工作质量和效率得不到提升。其原因在于管理者既没有胸襟也没有能力，来"培育超越自己的人"，过于单方面地强调服从和执行，而忽视了对人才成长的投入。

业务转型响应慢：表现为在组织面临新的变革时，人们的思想认识和能力行为并未及时做出转变。其原因在于组织只是指明了方向，但并没有把这种方向同个人的利益关联起来，对人才的评价和选用没有以这种方向为指引，导致上层战略和下层行动的脱节。

即使组织的管理者没有这些迷思和心思，他们重视人才及人才工作，也一心为公，没有任何私心杂念，也还有一些心理效应会影响他们对人才做出客观的判断。

12.2　影响人才评价的心理效应

有一个故事，说某公安局长正在和同事安排工作，这时一个小孩匆匆跑来，对局长说："不好了，不好了，你爸爸和我爸爸吵起来了。"同事问局长："这孩子是谁？"局长说："这是我的儿子。"那么请问：公安局长和那两个吵架的人是什么关系？

是不是感觉很复杂？如果告诉你公安局长也可能是女的，你再想这个问题是不是就变得简单合理了：吵架的两人是局长的丈夫和父亲。在这个故事里，我们默认公安局长是男的，进而影响了我们的分析和判断。

我们的思维方式总是有一些固定的模式，这些模式会让我们做出最快，但并非最优的决策。在人才盘点中，对人才的评价会受到很多误差的影响。其中有一些是不完全可控的随机误差，还有一些是危害更大的系统性偏差，即我们内心固定的认知模式。这里分享六种常见的心理效应，它们会阻碍我们准确地评价人才。对这些心理效应进行认识和管理，有助于我们设计出既能顺应人性又能管理人性的人才盘点机制。

1. 首因效应

我们对一个人的评价，会受到对这个人最初印象的影响。

有人说"人生若只如初见"，人和人相处久了，发现原来对方并没有自己以为的那么好，但是相识之时的记忆犹新，就与现在的感受形成了鲜明的对比，于是开始失望现在、怀念过往。其实这并非对方的错，只因我们对刚开始接触时的感受印象深刻，主导了之后一段时间的观察和评价，最后才会有一种突然的落差。

在人才盘点中，尤其是盘点一些交往时间不太长，还不是那么熟悉的人时，就要注意自己对这个人第一印象的影响。要想避免首因效应的影响，需要更多的时间来了解对方，不要在一开始就下结论，要时刻质疑自己最初的想法，不断地收集新的信息，只有这样才能探索人的真实情况。

2. 近因效应

我们对一个人的评价，也会受到对这个人最后印象的影响。

因为我们大脑的短时记忆能力有限（就如同电脑的缓存一样），面对太多的信息，我们总会接收新的信息而遗忘旧的信息，所以最近发生的事情也会令我们印象深刻。比如，一个员工前九个月躺平摆烂，但在绩效考核前三个月异常勤奋刻苦，那么他就比另一个先躺平摆烂四个月，再异常勤奋刻苦四个月，最后躺平摆烂四个月到年底的员工，能得到更高的绩效评价。

为什么我们觉得"急流勇退"是明智之举？因为一个人很容易由于跟不上变化或没有时间来更正错误而"晚节不保"，而急流勇退则让大家的最后印象停留在高峰时刻。**如果你想要给某个人留下好印象，就应该在他觉得你表现最佳的时候说再见。**有句俗话说"好记性不如烂笔头"，避免近因效应影响最有效的方法，就是通过录像、录音、做笔记等方式，把整个过程的信息综合起来考虑。

3. 光环效应

光环效应（也叫晕轮效应，Halo Effect），是指人们对一个对象某个突出特点或品质的印象，会影响对这个对象其他特点或品质的认识。

大气中的冰晶把阳光或月光折射后，会形成一个比太阳或月亮更大的光环（也叫晕轮），这个光环会放大太阳或月亮的影响范围，让我们忽视周围的其他东西，这就是"光环效应"这个词的由来。我们在评价人时也会无意识地受到光环效应的影响，如"一白遮百丑，一胖毁所有""情人眼里出西施"等。

导致光环效应产生的原因是，没有客观地对一个人的多个方面进行独立的评价。比如，一个人内心对事业的抱负，和他是否能够忍受挫折，是两个不同的品质，需要做独立的评价。如果看到一个人很有抱负，就觉得他也很坚强，那就陷入了光环效应，而无法客观地对其进行评价。我们只有建立一种人无完人的信念，"爱一个人也知道他的缺点，恨一个人也知道他的优点"，才能避免光环效应的影响。

4. 证实偏差

人们会不断收集证据证明自己的信念，而忽略那些否定自己信念的信息。

人们的不理性，经常表现为不是先有证据再有结论，而是先有了结论再去找证据。比如，一个人买了一只股票，之后就会不自觉地注意到支持股价上涨的证据，而选择性地忽略或否定股价会下跌的相反证据。再如，一个人观察到几个经历过穷困生活的人，在工作中都比较勤奋努力，也就会产生一种信念，认为吃过苦的人更愿意吃苦。一旦他有了这种信念，就会不断寻求案例来证明它，并忽视那些虽然经历过穷困生活但仍不上进的相反案例。**合理化自己的选择，比承认自己的错误更容易，但这种心安理得，会把我们带入更大的错误。**

星座、血型、地域、性别、年龄、学历、长相、绩效等因素，都是个人证实偏差中的常客，左右着我们对一个人的准确评价。要避免证实偏差，得先理解一些基本的统计概念，尤其是个案与规律、相关与因果的关系和区别。假设某家公司中人才的学历与绩效表现有正相关，这就是一种存在于个案之上的群体规律。但这不能说明每个学历高的人绩效都高，这就是个案与规律的区别。同样这个例子，我们也不能理解学历高就是绩效表现好的原因，很有可能这家公司绩效高的人会被奖励去读书呢！有了这样的认识，我们需要注意对信息的完整收集，避免先有结论再找证据的思维方式，尤其是在评价与盘点熟悉的人时，不是论证自己先入为主的评判，而是尽量从正反两个角度收集信息，只有这样才能做出更真实的评价。

5. 自我参照效应

我们会对与自己有关的东西记忆深刻，也会对和自己相似的人高看几分。

很多企业家和领导者在选人时，标准其实只有一个，那就是跟自己像。久而久之，组织里全部都是"小一号的老板"：性格特点都很像他，但能力与经验不如他。这样的组织在面临环境变化时，由于缺乏多样性会导致适应力较低。越是取得过成功的人，自我参照效应就越强，他们最熟悉的成功路径，就是自己的路径，因此当看到很像自己的人时，也更容易相信对方会取得成功。

劝人读书者，多是读书人！人们还很容易高估自己所具有的品质的价值，认为自己的路径要优于其他的路径，表现出"禀赋效应"。要想避免这两种心理效应，需要做到两点：一是看到自己并非全能，像自己的人也有很多做不到的事；二是对组织和岗位的要求有清晰的认识，充分洞察成功所需的关键特质。当然，如果有了这两个方面的客观认识，依然觉得还是要找一个像自己的人才能把事做成，那么在人才盘点中就要"举贤不避'亲'"了。

6.责任扩散效应

参与人才评价的人越多,人们越不会主动承担起应有的责任。

一个和尚挑水喝,两个和尚抬水喝,三个和尚没水喝。谁都应该干的事情,往往谁都没有干。作者看到过很多公司做人才竞聘,通常由五六七八个领导来当评委,经过一系列操作和打分,去掉一个最高分,去掉一个最低分,剩下的分数求均值。在这种做法下经常出现第一名领先0.1分险胜的情况,其有效性跟丢色子比大小差不多,要是考虑时间和精力成本的投入,还不如丢色子来得快。

导致这种现象出现的原因之一,是这种机制没有让评委们承担起区分人才的责任,他们的心里可能都在想:"这些人我也不太了解,干脆打个差不多的分数,其他评委会比我更了解。"在人才盘点中要避免评委们的责任扩散,方法有两种:一种是指定主导者,对这个结果负主要责任;另一种是让每个评委都公开发表自己的看法,这能促使大家认真投入并做出区分性的评价,也能充分交流人才信息以提升判断的准确性。比这两种方法更好的方法,就是两种方法一起用:先由评委们进行公开的讨论和充分的交流,再由第一负责人做一个公开的定论,并由评委们达成共识。

管理者的这些迷思、心思,和影响人们做出客观判断的各种心理效应,使人才盘点的工作很容易出现误差,进而导致用人失察。除此之外,组织内部不同方面对这项工作的立场和期望,也会使该工作出现较多的不协调。

12.3　相关方的需求

任何组织的人才盘点工作，都离不开四个相关方：组织整体、业务部门、HR部门、员工本人。我们在本书开头论述了人才盘点对这四者的价值，但要同时满足这些价值并不容易。这四个相关方对人才盘点工作的站位视角、评价过程及结果应用的想法是不完全相同的。

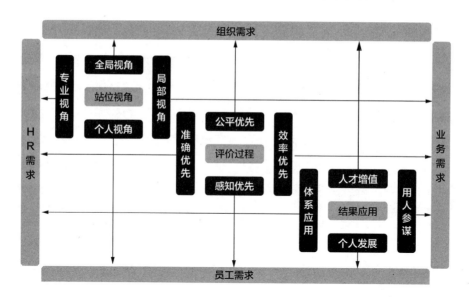

站位视角的不同：

➤ 组织期望从全局对人才进行盘点和管理，解决组织发展所需的人才供给问题。

➤ 业务部门则更关心局部的需求，从部门人才需求的角度出发看待这一工作。

➤ 员工则更关心个人会经历什么，对自己有什么积极或消极的影响。

➤ HR 部门关心的是相关方对人才盘点工作专业性的认同，创造并宣传其专业价值。

对评价过程的期望不同：

➤ 组织期望人才盘点能得到公平公正的结果，公信力是对评价过程的优先要求。

➤ 业务部门更期望评价过程有效率，不占用太多时间，不影响日常工作的开展。

➤ 员工更关心是否充分展现了自己，得到充分的尊重，不被组织和上级所误解。

➤ HR 部门更关心评价过程的准确性，使用的工具/方法和盘点结果经得起质疑。

对结果应用的关注点不同：

➤ 组织关注盘点结果能否推动组织的人才增值，促进业务战略更好落地，助力实现组织目标。

➤ 业务部门更希望盘点结果能提供用人的建议及各种支持，尤其是人才工作资源和机制方面的支持。

➤ 员工尤其关心盘点结果对自我成长发展的帮助，期望能基于盘点得到更多发展的资源和机会。

➤ HR 部门更多考虑人才盘点与其他人才工作的关联，构建起相互衔接的人才管理体系，创造更大的专业价值。

各个相关方的这些需求都是合理的，不应被忽视。但这些需求碰撞到一起，想要兼而顾之，又会使人才盘点工作变得更为困难。比如，对于员工能否跨部门地盘点和调动，组织和业务部门就会有不同看法；或者在准确性和公正性的矛盾上，组织和HR部门也会有不同的取舍；再者员工期望得到的个人尊重与发展支持，可能与业务部门希望的简便高效也有矛盾。

前面讲述的这些问题，包括管理者的迷思和心思，影响人才评价的心理效应，以及相关方的需求矛盾，都是做好人才盘点工作必须解决的问题。我们可以苦口婆心，也可以循循善诱地去提升管理者的能力和意识，但更加根本的举措，是**建立起组织人才管理的机制**，用这些机制来赋能于人，约束于人，满足于人。

12.4　构建制衡的机制

"**在过去二百年里，我们最伟大的发明恰恰是科学流程其自身，而非某个特定的工具或玩意儿。**"[①]伟大的企业并不因为其产品而伟大，而是持续推陈出新的文化和流程。组织的人才管理能力也要依靠一套机制，而不是一个能人，来保障人才盘点工作长期取得成效。虽然这种机制并没有统一的模板，但是有一个内核的要求，就是制衡。实际上，绝大多数事情都需要找到一个平衡点，在这个平衡点上，需求可以兼顾、短板可以互补、矛盾可以调和。

人才盘点工作的核心与基础，是对人才进行客观准确的评价。我们可以从三个方面的制衡，来保障这一目标的实现。

---

① ［美］凯文·凯利：《必然》，周峰等译，电子工业出版社2016年版。

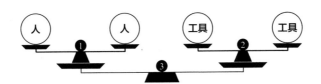

人与人的制衡：不同的立场会有不同的关注点，两种以上评价角色的存在（如HR代表、直接上级、隔级上级、跨部门上级、外部顾问），不仅能避免个人的偏见，还能促进不同视角的融合，更能降低评价者徇私的可能性。

工具与工具的制衡：任何一种工具都有局限性，组合使用不同的工具（如个性潜力测评、360度反馈、述能会、情景模拟等），可以从多个方面对人才进行立体的评价，减少单一工具的偏差，提升评价与盘点的准确性。

人与工具的制衡：人才评价工具虽然客观但难免机械教条，人的判断虽有洞察但总会带有主观色彩。只有对两者都保持质疑才能充分发挥各自的优势，通过让工具的客观数据结果，服务于人的主观感受评价，才能使"真理越辩越明"，以最终得到更可靠的结论。

通过这三个方面的制衡，我们可以得到比较准确的盘点结果，但是要使人才盘点更有价值，则还需要兼顾更多因素的制衡。

流程公正与结果有效的制衡：绝对公正的流程并不能确保绝对有效的结果，如一人一票选举、统一组织考试、第三方独立评价等，虽然看起来都很公正，但并不一定能真正洞察人才。相反，如果只在乎结果有效，毫不在意流程公正，则又会失信于人。

短期与长期的制衡：由于组织岗位和人才都处在不断变化之中，因此人才盘点工作并非一劳永逸之事，是故需要考虑短期需求与长期机制的平衡，只顾眼前不顾将来，或者不顾现实、好高骛远的做法都是不恰当的。

评价与发展的制衡：人才盘点工作如果只定位于评价与区分人才，则无益于改善组织的人才现状。在人才盘点的各个环节中强化发展的意图和投入，不仅能减少遮盖和伪装，还可以使相关方更有建设性地参与其中，从中受益更多。

成本与产出的制衡："兵马未动，粮草先行"，人才盘点工作需要资源的投入，实施方案从最简到最繁的成本有天壤之别，在机制设计中需要根据目的进行权衡。杀鸡不用牛刀，对组织有限资源的浪费是极大的"犯罪"。相反，没有丝毫投入，却想要硕果累累也不可能。

构建组织的人才盘点机制，需要以这些"制衡"为基础，兼顾相关方的需求，方能使之具有生命力，持续为组织构建人才竞争优势。

12.5　人才盘点的设计流程

作者基于过往实践的经验，总结了一个用于指导思考并设计人才盘点项目的模型。这个模型主要包括四个步骤，任何一个读者都可以根据这个流程，来设计一份适合所在组织的人才盘点方案。

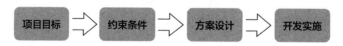

项目目标　➡　约束条件　➡　方案设计　➡　开发实施

1. 项目目标

人们采取行动，一定会有原因，也一定会有结果，但是不一定有目标。比如，你冲着一个人发火，肯定是因为他惹你不开心了，也一定会产生什么后果，但你发火的时候可能并没有想好是为了什么。我们很容易陷入"是什么"和"怎么做"的泥潭，而忽略"为了什么"。简单如吃饭一事，不想清楚为了什么而吃饭，饭也吃不好：假如是工作间隙补充能量，烧烤配啤酒的方案就不太妥当；或者庆祝新春阖家团圆时，吃泡面也不太合时宜。"为了什么"决定了"怎么做"是否正确。

在设计人才盘点机制的四个步骤中，我们最容易出错的不是方案设计或开发实施，而是对项目目标的把握，目标错了所有工作都是白费力气。如果只是为了追求管理的时髦，或者为了一些模糊的目标而开展人才盘点，那么通常什么都得不到。比如，一家公司的董事长告诉他的首席人力资源官（CHO）："以后我们每个月、每个季度、每年都要开展人才盘点。"如果这位 CHO 不去搞清楚老板的意图，不深入分析组织当前面临的人才挑战，就匆忙地安排设计方案，思考怎么操作，最后很可能是在浪费时间。我们还要经常警醒自己，组织里的很多问题并不能通过人才盘点来解决，至少只有人才盘点是不够的。

对人才盘点目标的思考，可以使我们在规划方案、采取行动时，更像专业运动员，把球踢进球门，而不是像小孩子，只会追着皮球跑。对人才盘点目标的思考由主到次可以分为三个问题。

（1）人才盘点的真实目的是什么？

（2）相关方的主要需求有哪些？

（3）与其他工作的关联是什么？

人才盘点的真实目的，既可以是第 1 章介绍的七种时机中的某种需求，也可以从主要推动方（赞助者）的诉求来考虑。在思考这个问题时，要不断澄清"这是最主要的目的吗""这是应该解决的问题吗"。

相关方的需求，主要从公司领导、部门管理者、参与盘点者，甚至项目成员的角度，分析他们对这项工作有什么样的期望和需求。相关方的需求既包括公开的需求，也包括个人非公开的需求（如公司领导想借此调整一些人员任用，部门管理者期望向公司领导展示工作的困难，项目成员想要在项目中开阔眼界、积累经验等）。人们总是会贪得无厌，提出很多需求，我们要抓住主要的部分，"伤其十指，不如断其一指"。

除此之外，还需要从人才工作完整性的角度出发，考虑这件事情与其他工作模块，如招聘、培训、薪酬等的相互关联。项目既要为其他工作留足余地/接口，不能成为工作中的"孤岛"；又要清晰界定目标边界，不能包罗万象，包括无限责任。

2. 约束条件

如果没有条件的约束，那么我们可以办成任何事，上天入地、长生不老都不成问题。时间、精力、金钱、知识等资源都是短缺的，任何目标的达成，都需要在既有条件的限制下寻找最有效的路径。如果脱离实际情况制定方案，则必然会导致主观主义，进而无法达成目标。约束目标达成的条件可以从三个方面来考虑。

（1）项目成功的关键因素是什么？

（2）可投入的资源有哪些？

（3）有哪些阻碍目标达成的因素？

项目成功的关键因素，即最后评价项目是否达标的核心标准。关键因素的构成五花八门，有很多种可能。比如，不用花钱就把事情做了，或者项目进展很快——昨天说今天做明天就完成，甚至只是老板觉得自己的想法得到了大家的理解等。

除了关键因素的约束，我们采取的行动还会受到资源的制约。资源不仅包括费用、场地、人手等有形的资源，也包括公司领导、部门管理者、外部顾问的意愿和时间等无形的资源。我们很难说哪种资源更重要，有时候"一分钱难倒英雄汉"，有时候约不到领导们的时间也要延迟一个月。

最后，还要思考做好这件事情的阻碍因素，要避免踩雷最好先把地雷找出来。阻碍因素主要来自人的负面因素，如公司领导对360度反馈非常反感，或者前任开展的人才盘点已经伤透了员工的心，或者组织的文化不太坦诚和直接等。在这些阻碍因素中，有的是我们达成目标不得不拆除的地雷，有的地雷太危险暂时不能触碰只能回避。

对约束条件的思考，不仅是对如何达成目标的理性分析，还可以反过来帮助修订目标。如果资源条件很充足，而目标太保守，就是对时机的浪费；如果资源条件很有限，但目标太激进，就是说大话。

3. 方案设计

"兵无常势，水无常形，能因敌变化而取胜者，谓之神。"一份好的人才盘点方案需要在约束条件之下，紧密围绕目标进行针对性的设计，而不是照抄照搬。在人才盘点项目中，方案设计的重点在于对各种工具的了解与整合。在方案设计中需要思考三个问题。

（1）不同工具的优劣势是什么？

（2）应该如何整合工具进行设计？

（3）方案可能的风险和漏洞是什么？

在方案设计的第一步，应当开阔视野，尽可能多地了解各种工具的优势和不足。这一过程尤其要注意两种不利的因素：一是个人内在的无知和偏见；二是外在专业机构的忽悠。**给我们造成麻烦的，一是无知，二是自以为是，后者的麻烦更大。**我们要避免路径依赖，看到过去的成功方法只是众多路径中的一条，而不是万能药方，不能包治百病。当然，我们也不能盲目创新，为了创新而冒险，实际上每次使用新东西，都会带来新问题，最好让问题处于可控的范围。

我们还需要防止被忽悠，就如同杀灭蚊子，化学公司会建议使用杀虫剂，绿植公司会建议在家里种植驱蚊草，家电公司会推荐使用强电压的电蚊拍。只有当我们对各种工具有比较全面、深入的了解时，才能选择适合自己的最佳方案，所以多做一些比较是必要的。

在工具的整合上，需要根据项目目标和约束条件，在相互制衡的基础上，兼顾全面、准确和便捷三个因素。多种工具的整合有三种基本的方式：并联式、串联式和混联式。

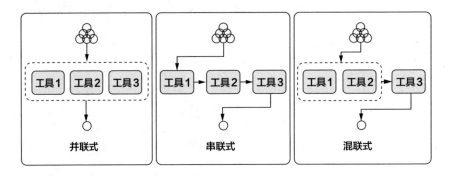

比如，从60个候选人里选出30个后备干部，三种方式的整合设计如下。

➤ **并联式**：对60个候选人全部进行智力测评+360度反馈+述能会，最后综合三种工具的得分进行筛选，选出30个后备干部。在这种方式下，每个候选人都需要参与每个环节，优势是准确性较高，但不足在于成本也相对较高。

➤ **串联式**：先测60个候选人的智力，淘汰10个认知能力落后的；再进行360度反馈淘汰10个群众基础不好的；最后通过述能会从40个候选人里选出30个后备干部。这种方式的成本相对较优，但某些环节误判人才的概率会较大。

➤ **混联式**：为了平衡准确性与成本，可以先并联使用成本和信效度

较低的工具，再串联使用成本和信效度较高的工具。比如，让 60
个候选人先进行智力测评+360 度反馈，淘汰 20 个认知能力和群众
基础都不怎么样的，再通过述能会选出 30 个后备干部。这种方式
里第一轮被淘汰的 20 人，正确拒绝的概率要高于上一种串联的方式。

在方案设计出雏形之后，还需要思考方案实施中的风险因素，尤其
是上一步思考的阻碍因素有没有在方案中予以妥善处理。建议对方案多
做几遍推演，从头到尾审视方案的各个环节，最好邀请尚未深入参与的
专业人士来"找碴儿"，提出各种可能的问题，协助发现方案的漏洞，并
制定出管理风险的预案。

4. 开发实施

开发实施主要根据前期方案设计，准备相应的工具和材料，并组织
完成人才盘点项目。在开发实施的过程中需要关注的三个主要问题如下。

（1）如何进行有效的资源配置？

（2）如何保障工作按照预期产出成果？

（3）有哪些可以优化的地方？

在项目方案的开发过程中，要准备很多东西，如人才评价工具、实
施流程、文件模板、反馈报告、后勤保障、落地应用制度等。要做好这
些事情，需要对已有的资源进行合理的配置：有的工作自己做更好，有
的工作外包更合适；有的工作需要快，有的工作需要精；有的工作必须
放到前面，有的工作延迟一些也无妨……

虽然有了前期的充分思考，但是在开展实施的各个环节，仍然需要
进行经常性的回顾与预演，以确保按照预期产出成果。回顾主要是对目
标的反复对齐，避免做着做着就忘了初衷。预演则是对下一阶段的工作

进行详细展开，既从宏观考虑方案，又从微观考虑工具，既要考虑人的因素，又要考虑物的因素，预知每个关键的细节。

在开发实施的过程中，我们还需要及时进行复盘和总结，尤其是记录意料之外的问题，找到可以优化的地方。这样迭代 1 ~ 2 次，就能得到一份较为完美的解决方案。不过随着环境的变化，完美的方案终究也会过时，所以我们不应执着于这临时的完美，而是要及时做出调整。

12.6　内部的角色分工

社会发展导致的分工和合作，在整个社会和每个组织中，体现为"专业的人做专业的事"。亚当·斯密早在 18 世纪就提出，提高效率的重要源泉是专业化和更细密的分工。因此，虽然我们常说"业务管理者是人才管理的首要责任人"，但在多数组织里，把人才盘点当成工作 KPI 的，还是组织内的人才发展、组织发展、干部管理、企业大学等 HR 部门。

既然是专业的事，就肯定会有专业的深度，做起来不会那么轻松容易，否则这种专业的工作就毫无专业价值可言。在人才盘点中，HR 专业人士要创造专业价值，就需要承担起三种角色，每一种角色都不容易。

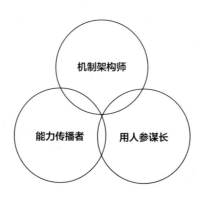

机制架构师：规划组织的人才盘点体系及其中各个模块的工作，在实践中不断优化相关的标准、流程、机制，搭建人才盘点工作的舞台。

能力传播者：将人才工作的理念、知识、技能、方法，在人才盘点的各个环节，赋予各级管理者，培育组织做好人才管理所需的能力和文化。

用人参谋长：使用自身人才评价的专业能力，从不同于业务的专业视角，为组织和部门提供参考意见，加深组织对人才的认识，甚至躬身入局参与人才的最终评定。

这三种角色对 HR 专业人士都很重要，但当前大部分组织的 HR 专业人士，会自我设限于"机制架构师"的角色，而忽略了另外两种。这种"只搭台不唱戏"的做法，产生的价值有限，也很难赢得专业的影响力。作者建议 HR 专业人士要依靠自己的专业实力，赢得在组织内的"专业地位"和"用人建议权"，以更好地推动组织建立人才竞争优势。

基于三个方面的角色定位，在人才盘点的整个周期中，HR 专业人士与业务管理者的分工大致如下。

工作模块	HR 专业人士	业务管理者
方案设计	项目方案的主要设计	最终目标与需求定义
盘点启动	活动的组织和主持	动员与示范、带动
盘点准备	负责信息的收集及准备	支持完成信息的收集
盘点实施	专业视角的评价	最终的人才评价与裁决
后续行动	行动的跟进和落实	反馈、辅导及应用
方案优化	流程、机制优化	需求建议

即使 HR 专业人士在这三个方面都做得很好，也不要居功自傲。相反，应该不遗余力地让各级管理者觉得这是自己的功劳，在各种场合自豪地展示人才工作的成果，只有这样才能把 HR 专业人士的 KPI 变成各级

管理者的责任。但在达成这样的美好目标之前，我们需要赢得一些支持。

12.7　如何赢得支持

人才盘点的工作，如果不能得到内部的广泛支持，特别是公司领导与业务部门的认可和支持，那么是不可能获得成功的。而组织的资源是有限的，做什么不做什么，既需要战略的思考，也不免博弈和平衡。所以，在企业内做人的工作，首先要做的是获得人们（不仅是资源控制者，还包括其他参与者）对此的认可和支持，而不是考虑别的什么"建模""测评""盘点会"等技术问题。

我们难免会夸大自己工作的价值，虽然对待工作"兢兢业业，如霆如雷"，但是如果得不到认可和支持，就会感觉"信而见疑，忠而被谤"，进而心灰意冷，畏缩不前。实际上，人们总是会抗拒变化，做任何事情都会有反对的声音，就算是老板要给大家发钱，人们也会心怀各种不满。**我们应该正视反对意见，这些意见不仅可以磨砺我们的想法，还能帮我们找到漏洞。**我们可以更加积极主动地影响他人，让他人看到我们工作的价值，而不是"酒香不怕巷子深"，关起门来搞工作。如下是常见的影响他人、赢得支持的三种策略。

一是凸显阻碍业务发展的人才痛点。

一项工作对组织的价值，不是这项工作多么专业先进、与众不同，而是它能解决组织发展面临的问题。要使人才盘点工作得到重视和支持，就需要凸显阻碍业务发展的人才痛点，并清晰阐述解决这个痛点的方案和内在逻辑。

本书第1章介绍了七种人才盘点常见的时机（也是痛点），但将这些痛点转化为组织各层级人员对人才盘点工作的支持，有两个关键环节需要打通：一是对人才痛点的感受；二是对解决方案的认同。最终达成共识"这事有必要"和"这样能干成"。

本书其余部分都在论述如何做出高质量的解决方案，所以这里重点分析"对人才痛点的感受"。痛点的展现有两种方式：讲故事和讲规律（也可以叫讲道理）。其中，讲故事几乎能被所有人所接受，但讲规律只有少数人能听得进去。因此，要想讲好规律，最好先讲些故事做铺垫。人才工作者需要会讲故事，柏拉图说过："谁会讲故事，谁就拥有世界。"人们对事物的认知，需要鲜活的画面感来强化，而讲故事最能引人入胜。

只要我们注意观察，就会发现职场中少不了故事。我们要讲好人才的故事，既要讲正面的故事，也要讲反面的故事。讲正面的故事是为了说明做好人才盘点工作的好处，如某个部门的人才优势、某个优秀管理者的实践和效果、某些行动/项目生动的成效、某个员工的行为转变等。讲反面的故事是为了说明不做好人才盘点工作的坏处，如某次客户的投诉、某个团队的员工流失、某个优秀人才被挖角、某个岗位长期空缺的损失等。

二是试点树立组织内部的标杆实践。

人们对未知事物都有不同程度的不安和恐惧，对人才盘点也不例外：公司领导可能担心既劳民伤财又不解决问题，被盘点者可能觉得是要针对自己，业务部门也会担心会不会把自己管理不善的事实给盘出来。

当各方面阻力较大时，我们可以先树立组织内部的标杆实践，用通俗的话来讲，就是先搞试点。"试点"这种伟大的发明，特别适合大型组织开启变革的工作。通过试点的方式来开展人才盘点工作的好处在于：①影响面不太大，就算出了问题也能控制住；②能从中发现一些提前没有想到的问题，也能锻炼队伍，为未来的大面积盘点实施奠定基础；③占用资源不太多，投入比较少，不太影响其他工作的开展；④如果做成了，就可以作为证据来赢得更多支持。

那么选择谁来做第一个吃螃蟹的人？有三种选择的视角：第一种是选择某个事业部/部门；第二种是选择组织的某个层级；第三种是选择某个事业部/部门的某个层级。具体选择哪种方案，有两个因素需要考虑：一是主管领导的意识；二是实际工作的价值（和紧迫性）。如果主管领导对这项工作非常认可，也的确需要通过人才盘点来解决一些迫切的问题，那么试点成功的概率会很大。

借助试点的方式来开展人才盘点工作，实际上是牺牲了时间，但换来了生存的空间。虽然工作推进慢了一点，但终究可以在组织内创造价值。有些从来没有搞过人才盘点的组织，一上来就搞全部几百上千名员工的大盘点，其结局几乎都是不了了之，并且使这项工作再难开始。

三是借助内外部第三方来产生影响。

无论是凸显痛点，还是开展试点，都可以借助第三方的影响力来赢得更多支持。第三方既包括外部的第三方，也包括内部的第三方。外部的第三方包括咨询公司（可以获取一些新的理念和实践）、同地域的非同行标杆企业（做一些相互的交流和展示）、外部专家或其著作（发起内部的学习或研讨）、管理者的私人朋友（给予管理者个人的建议）等。

内部的第三方，则可以是组织内的所有人：可以是业务管理者，也可以是每一名员工。他们可以从各个角度宣传并赢得支持：业务管理者可以从业务发展的紧迫性和产出成果的有效性来说明工作的价值；而员工也可以通过自己对成长/收获的期望或感受，来表达对这项工作的需要和支持。

第三方影响的获取，需要我们在平时构建一张广泛的关系网络。人才工作者作为"精神分裂"的潜在患者，需要在事和人之间、在情和理之间、在老板和员工之间、在领导和下属之间、在团队与个体之间来回游走，这既是我们工作的挑战，也是做好工作的基础。我们可以通过利益联盟、工作互助、情感链接等方式，构建与各方的关系网络，以支持工作的开展。

上述三个方面的策略，都只是技术层面的一些建议。比这些更重要的是，判断当前组织业务发展关键且真实的需求，并通过我们的专业工作来解决这些需求，做正确的事，而不是"为赋新词强说愁"，为做盘点而盘点。初创及快速发展中的组织，其人才工作的核心任务是人才的招募和激励，因此盘点的重点要围绕核心人才的识别及外部人才的储备；在组织到了一定规模之后，文化的凝聚，"问题"员工的优化和处理，关键岗位的盘点和复制，则是盘点要解决的重点；待组织到了更大规模，尤其是等到企业家的创新驱动力和客户的基本需求难以驱动组织的持续发展时，盘点则要在推动组织转型等方面发挥重要的作用。只要我们精准地把握了组织的核心需求，就很容易赢得真正的支持。

总之，构建组织的人才盘点机制，要考虑到人们的各种心态，兼顾各个相关方的需求，通过制衡的机制规避各种风险，并在这个过程中找到真正需要达成的目标，依靠各种专业知识和素养，来最终助力组织构建起人才竞争优势，而不是因为人才盘点很有趣，就让老板拨点预算让我们做做看。

Chapter
13

第13章

*

典型场景方案及案例

作者把曾经做过的各种人才盘点项目做了分类汇总，其中有四类场景最为常见。

1. 后备干部人才盘点

从下一级人才中选拔上一级岗位的后备干部进行储备。

2. 核心岗位人才盘点

盘点组织内人多又重要的岗位，以盘点促进队伍建设。

3. 专业人才晋升盘点

对专业序列的人才进行盘点，以做出职级晋升的决策。

4. 自下而上全员盘点

对组织内所有人才进行盘点，全面了解组织的人才状态。

本章将分为四节，从场景分析、解决方案及案例分享三个方面分别介绍。在所有方案和案例部分，重点介绍以"述能会"为主的综合盘点模式，当然这并非唯一的方案，读者可以在实践中采用其他人才盘点模式，如用测评校准或评价中心来替换述能会，依然是可行的。

13.1　后备干部人才盘点

13.1.1　场景分析

"政治路线确定之后，干部就是决定的因素。"一个组织要想蓬勃发展，除了有清晰有效的战略，还需要各层级干部骨架的健康稳定。组织为了应对人才断档的挑战或潜在风险，通常会在某个层级选拔、储备并培养后备干部，以备未来用人所需。这是最常见的人才盘点场景，是几乎每个组织都在做或要做的事。

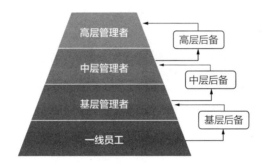

这种人才盘点场景所面临的典型挑战包括以下四项。

➤ 满足基本条件的候选人为数众多，尤其是基层管理者的后备队伍，通常需要从数百人中盘点并选拔出数十人，比例通常可达10 : 1，有些大型企业是50 : 1，甚至100 : 1。

➤ 候选人来自组织的各个部门，专业背景各异，其专业知识、技能、贡献等不具备明显的可比性。

➤ 在稍微有些规模的组织里，中高层管理者对一线员工几乎不太熟悉，如果组织规模很大，则更是连名字都叫不出来。

➤ 盘点与后续的人才管理活动紧密相关，入库之后的培养计划、激励手段、提拔任用和出库除名等工作，需要做整体设计。

13.1.2　解决方案

面对上述挑战，后备干部的盘点与选拔基本上秉持"客观透明，多轮角逐"的原则，典型方案如下。

评价内容	评价方式	工具材料
学历、专业、工作经历、年龄等	基本资质筛选	资质标准文件
基本的智力、知识、技能要求	在线测评/考试	职业智力、360度反馈、各类知识考试等
基本的人际影响和问题分析能力	无领导小组讨论	无领导小组讨论题目
对个人全面技能、素质的评估	述能评价面试	个性潜力测评+述能会+结构化面试
对候选人内在素质的深入考察	高层管理者最终面试	结构化面试+案例分析等

1. 基本资质筛选

基于组织的用人导向，从年龄、司龄、岗龄、项目经验、绩效结果、个人成就、专业证书、职称等方面，规定可以入围的基础标准。这些标准的评价最好是客观的，否则将无法服众。如果一定要有一些无法客观评价的指标，则需要求助部门或事业部层面的管理者进行综合权衡。

2. 在线测评/考试

满足基本条件的候选人，如果数量依然很多，则可以安排在线测评/考试进行进一步筛选。这一环节由于涉及人数较多，因此有三个方面的特别要求：成本要低，时间要快，表面效度要高（参与者觉得这种办法靠谱）。在这种要求下通常采用"智力+知识"考试的方法，对人才进行区分，或者也可以采用360度反馈的方法，收集一些"群众意见"以做判断。

3. 无领导小组讨论

经过前面两个环节的筛选，尤其是在基层后备的盘点与选拔中，如果还有目标储备数量三倍以上的候选人，则可以通过无领导小组讨论的方法，快速淘汰40%~80%的候选人，保留各方面综合素质较强的候选人。

4. 述能评价面试

由多种角色组成评委小组（如业务管理者、HR代表、外部顾问），根据组织的人才标准，结合个性潜力测评结果，开展述能评价面试。通过实践案例和未来规划的讲述与提问，深入评价并讨论以达成共识，最终做出人才判断。这个环节也可以优中选优，筛选出50%左右的候选人。

5. 高层管理者最终面试

经过述能评价面试选出的候选人，已经具有各方面与组织要求较高匹配度的素质。但是出于领导把关、重视参与等目的，还可以安排一次高层管理者最终面试，通过更加具有仪式感的行动，来确定最终名单。高层管理者最终面试部分如果需要淘汰，则比例通常不宜太高，10%～20%即可，否则会极大地增加工作时间。

13.1.3　案例分享

某汽车企业出现了干部队伍结构"老龄化"的风险，中层干部平均年龄接近50岁，基层经理级干部平均年龄也超过40岁。为了补充干部的新鲜力量，解决干部梯队断档的问题，该企业连续三年开展了"基层后备干部选拔"项目。每年筛选50名左右具有管理潜力的优秀人才进行培养，通过连续三年的工作，输出150名左右基层储备管理人才，缓解了企业干部逐渐老龄化的矛盾。

项目总共包括五个环节。

1. 自由报名

报名范围面向企业内所有基层员工，不设部门人数的比例，只要符合如下基本条件均可自由报名，各部门负责人无权否决。

➤ 学历：全日制本科以上，如果对企业有突出贡献则可放宽到大专学历。

➤ 工龄：工作五年以上，且司龄超过三年，时间太短不足以了解企业且缺乏承诺。

➤ 年龄：35岁以内，这是为了促使干部队伍不断年轻化而设置的要求。

➤ 绩效：过去三年绩效全部在B级及以上，且有一个B+级及以上，强调组织的绩效导向。

2. 笔试考核

这个环节主要通过低成本的方式，快速筛选出关心企业情况、具有一定管理常识、认知能力较强的候选人。第一年盘点满足条件自由报名的员工超过800人，他们要先参加一场时长两小时的笔试，笔试内容主要包括企业知识、管理知识及认知能力。

由于符合条件的人数众多，笔试淘汰的比例较高，因此笔试环节全部由外部顾问在内部纪委、工会的监督下，集中保密地命题和阅卷，以保证绝对的公正性。通过笔试淘汰了大部分候选人，留下300人进入面对面的小组面试。

3. 小组面试

大规模的初级人才筛选采用小组面试（无领导小组讨论）的方法更具优势。由于人才水平相对较高，因此小组面试采用较为复杂的"案例式"题目（参见第5章），以提升评价的区分度。这个环节重点评价候选人未来胜任基层管理岗位的三项关键能力。

一是团队领导力，包括换位思考、影响他人、支持团队以达成共同的目标。

二是思维创新力，包括有条理、有逻辑地分析问题，深入洞察问题，并有创新意识。

三是内在驱动力，即渴望表现自我，希望赢得关注，且在工作过程中持续树立高目标。

每项标准都清晰界定了行为等级的评价刻度，以及可观察的有效行为，以帮助评委做出有效的评价。评委由外部顾问、HR代表和两名业务管理者组成。在安排内部评委时要避嫌，除了不参加自己下属的面试，如果有亲属、同学等也需要回避。每组面试结束后，评委基于充分的讨论得到通过名单。

对于在海外或因公无法参加线下小组面试的，设计结构化即时计分访谈题目进行远程视频会议的一对一面试。评价标准及筛选比例均参照线下小组面试。小组面试环节从300个候选人中选出了100人。评委需要对通过者进行评分和评语描述，如果有分歧或不确定之处也要做好记录，以帮助后续其他评委参考或澄清，提升决策的质量。

4. 综合述能

综合述能采用的是"个性潜力测评+述能会"的模式，并无特别之处。唯一特殊的是评委成员的安排：尽量保证外部评委与小组面试相同，以便对人才的评价更加立体深入；而内部评委则要求与小组面试不同，以从多样化的角度进行评价，提升准确性。综合述能环节从100人中筛选了50人进入最终面试。综合述能的评价标准，采用前期构建的领导力素质模型，重点评价五项关键素质，这五项关键素质构成组织"赢未来"的基本要求。

在小组面试和综合述能两个环节，外部顾问和HR代表除了评价候选人，也要对其他内部评委的评价能力进行评价。如果其他内部评委出现

不尊重人才、不认真专注、识人不准确、心态不开放等问题，需要记录详细证据，以辅助后续对其进行反馈，甚至剥夺其面试资格。辅以相应的管理制度，该企业规定管理者要想晋升，必须参加两项关键的人才工作：一是参与足够的对外招聘或内部盘点；二是自己开发课程并亲自教授课程。这一制度也是为了确保其积极踊跃、认真负责地参加盘点活动。

5. 高管面试

由于项目非常强调对后备干部的重视，且后续设置了高管带教的环节，因此最终面试交给了企业高管。这一环节并没有设置明确的淘汰比例，但是 50 个过关斩将的候选人，需要就高管团队提出的十个当前企业面临的问题，提供自己的思考和对策。

活动依然采取小组讨论的方式，4 ~ 6 个候选人参与一个课题的讨论。每个候选人在选择好题目之后有一周的时间，写一页纸的文档，来介绍自己的主要想法，并在小组讨论中发表自己的看法，进行讨论。这种讨论一方面是为了节约高管参与的时间，另一方面是期望这个小组在未来的集中培训中，能对这些问题进行深入的研究，在未来条件成熟时将其付诸实践。

通过持续三年的选拔和培养，该企业从后备人才库中任用了大量基层管理者，也从现有的经理级人才中选拔并培养了一批优秀的中层后备干部，以替换部分跟不上组织要求的中层干部。这两项工作使干部队伍人才断档、后继无人的情况得到了极大的改善。这一过程也转变了企业原有的用人理念，"听话""忠诚""执行力强"不再是最主要的评判标准，而将"思考""协作""激情"等更有助于组织发展所需的能力，放到了一个该有的高度。

13.2　核心岗位人才盘点

13.2.1　场景分析

虽然"革命工作只有分工不同，没有高低贵贱之分"，但在组织里，某些岗位会对组织成功有更大的影响。当一个岗位既有重要的价值贡献，又有庞大的人才数量时，我们就会称之为"核心岗位"。比如，管理咨询公司的顾问、快消品公司的销售（实际上几乎所有公司的销售都是核心岗位）、零售公司的店长、互联网公司的产品经理等。一个组织能否构建起核心岗位的人才管理能力，快速复制更多优秀人才，持续提升组织在这方面的核心能力，是决定其人才竞争力高低的重要条件。

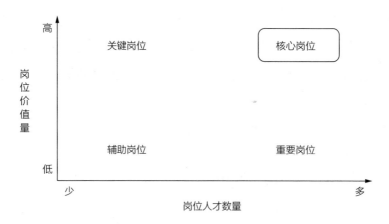

核心岗位人才盘点具有与一般人才盘点所不同的特征。

➤ 评价标准要求更加精细。不同于管理人才盘点更加关注通用共性要求，核心岗位的人才由于做的都是相同的事情，因此其评价标准要求更加具体，否则就无法精准地指导人才的评价和发展。

➤ 盘点过程对评委的相关知识和经验要求较高，否则就无法在提问、评价、反馈等环节进行深入的对话。

➤ 盘点只是服务于核心岗位人才队伍建设的一个环节，很多其他相关工作也需要"多管齐下"，只有这样才能最终达到复制优秀人才的目的。

13.2.2 解决方案

核心岗位的人才盘点，首先需要建立起清晰的岗位画像和人才画像，再以其为核心，开展包括人才盘点在内的其他工作，以达到复制优秀人才的目的。

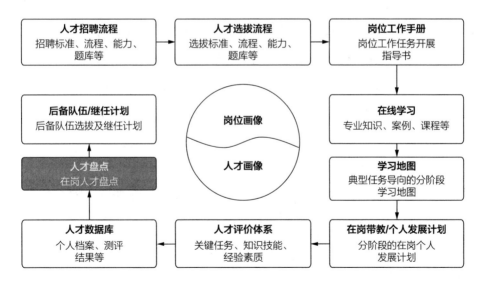

1. 岗位画像

岗位画像是对岗位价值与角色、任务的全面描述，主要回答岗位为什么而存在的问题，具体包括岗位的核心价值、角色、典型任务、子任务、活动、成功关键、职责变化等要素。岗位画像可以通过访谈、观察、研讨会等形式产出。

```
┌─────────────────────────────────────────────────┐
│                    岗位画像                       │
│  ┌───────────────────────────────────────────┐  │
│  │                岗位角色描述                  │  │
│  │   实现岗位价值的核心角色，这是岗位存在的根本意义 │  │
│  └───────────────────────────────────────────┘  │
│  ┌───────────────────────────────────────────┐  │
│  │                典型工作任务                  │  │
│  │    承载岗位价值和角色的典型工作任务及其子任务    │  │
│  └───────────────────────────────────────────┘  │
│  ┌───────────────────────────────────────────┐  │
│  │                工作任务内容                  │  │
│  │   典型工作任务的具体内容，包括任务开展的流程和模块 │  │
│  └───────────────────────────────────────────┘  │
│  ┌───────────────────────────────────────────┐  │
│  │                任务关键点                    │  │
│  │   达成岗位任务的关键点，是衡量和指导工作开展的标准 │  │
│  └───────────────────────────────────────────┘  │
└─────────────────────────────────────────────────┘
```

当组织的业务战略尚未成形，或者组织正在面临转型，业务流程和重点发生了变化，岗位上没有成功的标杆人才，对岗位的画像难以刻画精细时，需要在其中加入一些顶层指引，更多需要自上而下的推导。

2. 人才画像

人才画像是在岗位画像的基础上，对胜任岗位角色所需的心理品质进行的全面描述。这种描述主要包括六个方面的要素：知识、技能、经验、特质、素质和成长阶段。前五个要素是静态的，以标杆人才为蓝本进行刻画；而第六个要素"成长阶段"则是一个动态的指标，能够分析标杆人才的成长规律，描绘人才在不同成熟度阶段下应当具备的知识、技能、经验、特质及素质等级，使人才的评价和发展有更清晰的标准。

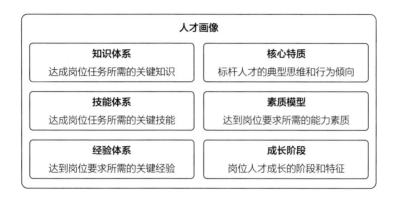

3. 综合盘点

核心岗位的人才盘点，非常容易做到"绩效—潜力—经验"三个要素的立体评价。组织的核心岗位通常会有量化的绩效指标，这些指标可以进行横向的比较。采用在线测评、述能会、评价中心等方式可以对潜力进行准确评价。经验则可以根据人才画像标准，根据个人的履历和业务管理者的了解进行评价。核心岗位人才盘点的九宫格依然以"绩效+潜力"来绘制，但对于人才后续的发展行动，尤其是个人需要积累哪些经验，做哪些调动轮换，则需要结合经验的评价结果进行规划。

4. 行动计划

除了对核心岗位人才进行盘点，以及制定盘点后的继任行动和发展规划，其他有助于复制优秀人才的行动也应当同步开展。包括人才招聘和选拔流程、岗位工作手册、学习资源、学习地图、在岗带教/个人发展计划、人才数据库、体系的持续优化等。

13.2.3 案例分享

某保险公司的银保业务在业内已经处于领先地位，且当前人才队伍以每年40%的速度快速增加。持续保持组织的人才竞争优势不被稀释，塑造更高的竞争壁垒，是该公司做好人才工作的关键挑战。其中，诸如业务总监、渠道经理、客户经理等价值较高、人员数量较多的核心岗位的人才工作，又是重中之重。

该公司希望构建一套可以复制核心岗位标杆人才的人才管理体系，使后备人才的准备度更充分，在岗人才能够加速成长，组织的文化和能力不因人员的快速扩张而弱化。项目从分公司业务总监岗位着手，研究构建了该岗位的岗位画像和人才画像，并基于这两个画像开展了人才盘点及其他落地应用的工作，为优秀业务总监的人才复制奠定了基础。

项目主要包括四个环节。

岗位画像　＞　人才画像　＞　人才盘点　＞　应用体系

1. 岗位画像

人才工作的落脚点是人，但其出发点是事。**一个人才的优秀不是因为其自身的某个特点，而是因为这个特点推动了事情的完成，产生了价值。** 厨师之所以优秀，不会是因为他诗歌写得好，而只能是因为他做菜很好吃，因为做菜才是他的工作任务。由于同一个岗位往往具有完全相同或非常相似的角色与任务，因此通过岗位画像，可以相对清晰地界定岗位产出价值的通用路径。

项目通过调研访谈、小组研讨、沟通交流等方式，立足于当下，着眼于未来，从岗位角色、典型工作任务、子任务、子任务活动、任务关键点等方面，对岗位进行了全面的画像。业务总监的岗位画像包括4种岗位角色、12项典型工作任务、43项子任务、125项子任务活动，示例如下。

岗位角色	典型工作任务	子任务	子任务活动	任务关键点
战略承接与规划者	设计战略达成路径	制定渠道策略	……	……
			……	……
			网点数量的规划	有清晰规划网点具体数量和达成的时间点
			……	……
		……	……	……
……	……	……	……	……

2. 人才画像

基于岗位画像，项目进一步研究与分析了核心岗位标杆的人才画像。人才画像从知识、技能、经验、素质和成长阶段等方向，对人才进行了详细的描述，示例如下。

成长阶段	时长	阶段特征	必要知识	必要技能	核心经验	素质等级
适应期	1~2年	……	……	……	……	……
稳定期	1~2年	……	……	……	……	……
成熟期	1~2年	……	……	……	……	……
突破期	1~2年	……	……	……	……	……

3. 人才盘点

基于上述人才画像，项目重点使用经验、绩效、潜力（含核心特质）指标，对在岗的业务总监和潜在的后备人才进行了盘点。盘点采用"个性潜力测评+述能会"的方法，由内外部的评委对人才进行了深入的讨论和评价。

盘点过程除了评委参加，还邀请了其他业务总监旁听，每个业务总监需要听取至少三个其他区域业务总监的汇报，每个业务总监的汇报也会有至少三个业务总监来旁听。这种开放的设计，主要目的是促进相互的学习，使好的经验和做法得到更多的借鉴，同时也能看到他人不一样的，或者无效的实践。

4. 应用体系

除了基于盘点结果的常规落地应用，项目还基于岗位和人才画像，开发了系统性的应用场景。

- **人才招聘流程**：根据两个画像的成果，重新梳理了人才招聘的流程、评分标准，也对评委进行了人才评价的培训，并设计了一些结构化面试的参考问题库，用以提升人才甄选的精准度，并提升求职者对面试过程的专业性感知。
- **人才选拔流程**：根据画像优化了原有的人才选拔流程，在原有绩效的基础上，重点加上了盘点结果"非六八九不提拔"、经验准备度"少于八成不提拔"、工作任务"没有亮点不提拔"的标准，使人才对自身能力经验和工作的创新创造有更多的关注。
- **岗位工作手册**：把两个画像的内容做成了一本"岗位工作手册"，详细介绍了工作的角色、任务，任务开展的流程、关键点，需要学习的知识、技能，影响长期发展的核心特质、素质，以及需要不断积累的经验等，以指导人才加快各阶段的成长速度。
- **在线学习**：对完成岗位任务所需的各种知识（如产品知识、公司基本法、管理制度、客户分类管理知识等）进行了汇总，并收集了一些实践案例，录制了一些简短的微课，放在系统平台上，供在岗人才随时学习与了解。

> **学习地图及课程开发**：根据两个画像的输入，设计了分阶段的学习地图，采用自学、演练、实践、面授、辅导、测评、研讨、教中学等方式，使学习更有效果。项目根据盘点结果为九宫格中位于6、8、9三个格子的业务总监开发了相应的课程，并对盘点出来的后备人才进行授课。

> **在岗带教/个人发展计划**：针对部分业务总监在某些特定岗位角色和任务上的欠缺，设计了在岗带教的活动，由直接领导针对某些具体任务，按照岗位画像进行逐步的带教，通过讲解、提问、示范、反馈等手段，让人才有序地实施个人发展计划，快速提升人才在具体任务上的理解深度和行为有效性。

> **人才评价体系/人才数据库**：根据两个画像，开发了不同层面的一系列评价指标，如典型工作任务、子任务、知识点、技能项、能力素质、内在个性特质等各种指标。在日常工作的可能环节，系统性地收集并存储这些数据，以便利用这些数据更加有效地开展人才的盘点和发展等工作。

核心岗位人才队伍的建设，应当是组织投入资源最多的重点之一。而要使这项工作取得成效，就必须做好基础性的建设工作。如果基础不牢、方向不对，则后续的各种行动就不可能持续有效。该公司通过对业务总监、渠道经理、客户经理等核心岗位的精耕细作，构建了一整套发现并发展人才的组织能力。这种能力使外部机构想要从公司中获取优秀的人才，即便不是不可能，也要付出非常大的财务代价。

13.3　专业人才晋升盘点

13.3.1　场景分析

生物的进化有分化的趋势，而社会的发展则难免分工。人和人的分工促进了社会发展，而社会发展又进一步促进了分工。这种分工不仅是不同职能的分工，而且现在越来越涉及"管理"与"专业"的分工。两个管理能力和专业能力都是80分的人所组成的团队，绝对不如一个管理能力100分+专业能力60分，和另一个管理能力60分+专业能力100分的人组成的团队。

越来越多的组织，因为专业复杂度和深度增加、人才培养和保留困难、业务规模和队伍扩大等原因，不得不采取双通道的人才管理机制。专业人才管理中的难题，不在于划分发展通道，制定薪酬政策，规划激励举措，而在于标准的制定和人才的定级。如果不能通过清晰的标准和客观的评价，来满足不同职类专业人才公平晋升的需求，人们就不愿意去发展自己的专业能力，更不会坚定信心走专业发展通道。专业人才的晋升盘点挑战有以下三项。

> ➤ 跨专业的复杂性。一个组织内的专业岗位数量极多，隔行如隔山，"当今这个强调专业化的时代，很少有人能深入掌握两个不同领域的知识，从而使自己立于不败之地"[①]。也许有少数人可以做到

---

① [美]理查德·费曼：《费曼讲演录：一个平民科学家的思想》，王文浩译，湖南科学技术出版社2019年版。

"多面手"，但几乎没有人可以成为"多面能手"。

➤ 跨专业的一致性。虽然组织内有不同的专业分工，但是对人才的价值需要有相同的衡量标准，虽然不能做到绝对公平，但是要尽量把不同的事物用一套标准框起来。

➤ 跨专业的独特性。每个专业都有其独特的知识体系、行为原则，这些要素非同行专家难以了解其精妙，这与管理岗位的评价是显著不同的。

13.3.2 解决方案

专业人才的晋升盘点，首先需要有一个清晰的人才标准，描绘清楚各等级的定位和要求，然后通过个人申报或部门推荐等方式形成初步的名单，再通过一些专业资质的审查形成面试评审名单，最后通过专业评委的述能评审，对专业人才进行定级。大概流程如下。

1. 标准构建

专业人才的标准应当适用于组织内部的各个专业方向，具有横向的兼容性，同时要有清晰的等级刻度，使不同专业级别的差别显而易见，具有纵向的区分性，因此这种标准不可能包含具体的知识和技能，只能是比较抽象、概括，具有普适性的标准。专业人才的标准体系源自各个专业级别的职责定位，可以分为三个部分：一是价值贡献；二是专业能力；三是承载前两者但更易于评价的基本资格。

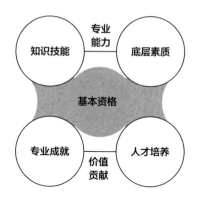

价值贡献主要包括专业成就和人才培养。专业成就主要包括具体工作的成果及组织专业能力的建设。专业人才虽然没有完整的团队管理权限，但需要为团队的人才发展贡献自己的专业力量。专业能力可以简单分成两个部分，即知识技能和底层素质。由于价值贡献和专业能力的直接评价比较困难，但它们会折射到一些客观的指标中，因此还需要构建一些基本资格，用来评价专业人才，如学历、上一职级的时长、项目经验、课程开发与讲授、流程制度优化、专业资质证明、专利、著作等。

2. 申报推荐

各部门的专业人才可以根据基本资格，以及价值贡献和专业能力的要求，通过个人申报或部门推荐，或者两者相结合的方式报名，以形成入围考察名单。

3. 资质审查

满足基本条件的候选人，需要按照要求准备个人详细的证明材料，并由内外部专家一起对这些资质材料进行初步审查，筛选明显不达标的候选人。这一过程可以邀请内部的专家进行简要的评价与反馈，以供审查参考。

4. 述能评审

最后可以由内外部专家一起，对剩余的候选人进行面对面的述能评审，通过听取汇报、提问、讨论等方式，对专业人才的晋升与否做出最终判断。

13.3.3 案例分享

某白酒企业在过去十几年一直非常重视人才的发展，并在此助推下取得了飞速的发展。在解决了干部队伍的储备和年轻化更替之后，作为人才双通道建设的另一条腿，专业人才的评价与晋升就显得非常重要。作为该企业 HR 部门的一项重点工作，专业人才的晋升盘点不仅要解决大量非管理岗位人才的发展和激励问题，也要为干部队伍的建设打好基础，以便未来可以直接从优秀的基层专业人才中筛选后备干部。另外更为迫切的是，组织发起了大量的变革项目，需要各个部门有更多更强的专业人才来承担核心职责。

在这样的背景下，该企业用了几年时间不断创新迭代，形成了一套专业人才晋升盘点的方法，其中最主要的工作流程如下。

1. 标准建立

基于组织对专业人才的要求，以及专业人才成长的固有规律，先明确了各个职级的职责定位，这种定位是比较概括性的，适用于各个专业序列。示例如下。

职级	角色	职责定位
P6	行业专家	……
P5	企业专家	……
P4	部门专家	……
P3	核心骨干	独立负责部门的关键项目或业务模块，通过分析问题、设计方案，解决比较复杂的问题，对部门结果达成和能力提升产生影响
P2	基层骨干	独立、高效、高质量地完成常规工作，提出更好的建议或反馈，对常规工作进行优化，参与项目并在其中发挥专业作用
P1	基础工作者	……

从专业人才的职责定位出发，分别设计了价值贡献和专业能力两个方面的细项标准与等级刻度。其中，素质模型采用 $N+X$ 的标准结构：N 即所有专业职族通用的素质标准，X 即各个专业职族独特的素质标准。示例如下。

通用的素质标准	独特的素质标准	
专业洞察 专业精神 持续学习 专业赋能 系统思考	生产类专业	流程改进
	研发类专业	创新求变
	监管类专业	风险意识
	营销类专业	客户导向
	规划类专业	前瞻思维
	支持类专业	业务导向

专业人才的素质要求与管理者有很大区别：他们对专业知识的掌握、应用、探索更加全面深入，对专业工作也更富激情，热衷于不断学习以提升自己的专业水平，且愿意向他人传授自己的专业知识与经验，还能与他人开展必要的合作，这些是专业人才的通用素质。另外，在各个专业职族，根据其主要任务的性质和特点，可以分析并推导其额外的能力要求，如规划类人才更需要前瞻思维，而支持类人才更需要业务导向等。

即使有较为清晰的描述，价值贡献和专业能力的评价也不是很容易的。因此，基于两者的要求设计一些"硬指标"，更便于落地应用。如下是某一职级的基本资格要求。

项目	要求
学历	研究生/全日制本科
累计工作年限	研究生：8年以上；本科：11年以上
关键项目经验	牵头主导企业级重大项目或活动的经验
培训学习经历	每年取得至少96个学习课时，可包括E-learning课时
专业研究成果	在领域的专业杂志上发表文章1篇以上
上一职级工作绩效	考核结果均在B级及以上，且至少有1个A级及以上
课程开发及授课	开发1门以上专业课程，教授学员人数×学习时数超过500学时

2. 资质筛选

从项目实施的成本与效果两个方面考虑，项目设计了严格的筛选机制，主要包括三个环节。

首先，员工根据学历、司龄、绩效等硬指标要求，以及上述各个职级的职责定位、价值贡献和专业能力要求，自我评估成熟程度，认为可以达到要求的，在部门负责人处自由报名。

其次，符合硬性条件的报名者，会接受一次360度的反馈，由多名了解该专业的相关方匿名评价其专业性。由于评价标准相对清晰，评价者对其也比较了解，因此这种反馈结果具有较大的参考性。

最后，由部门负责人及其副职，结合360度反馈的数据进行合议，推选可以参加后续面试的专业人才。HR部门也会对上述各种软硬指标和反馈结果进行量化综合，如果出现推荐名单与数据排序不相符合的情况，则需要专门说明理由。

3. 述能盘点

通过部门筛选的人才进入述能盘点环节。述能盘点采用的是"个性潜力测评+述能会"的综合盘点模式，述能会由一名外部顾问、一名HR代表、两名业务专家组成评委会，按照严格设计的流程进行盘点。外部顾问和HR代表很难深入评判专业知识和技能，但可以对任务的难度、贡献、基本素质进行侧面的评价。两者更为重要的任务，是在评价过程中给业务专家赋能，并引导营造一种客观公正的氛围。

4. 公示通过

只有得到评委会共同赞成的候选人，才会得到专业职级的晋升。但是在实际晋升以前，该企业还会在企业内部公示通过人员名单，以及相应的评委团队名单，任何对此结果有异议的人都可以反馈存在的问题。这种开放的做法，进一步使参与者感受到开放透明，也使评委负有更大的舆论压力以客观履行自己的职责。当然，这也保护了参与评价的评委，不会陷入他人的怀疑和指责之中。

5. 反馈辅导

在整个人才盘点工作中，为了帮助参与者有进一步的能力成长，项目在多个环节设计了反馈辅导，构建了一套立体的反馈辅导体系。

一是述能提问结束后的即时反馈：对每个人才进行5分钟左右的即时反馈，使其回顾过程中的表现，建立起对自身优势、不足和发展重点的正确认识。

二是对所有人才开展集中反馈：盘点结束后会开展集中的解读研讨会，介绍并澄清专业人才的标准，结合心理测评解读探索自我的内在特质，并引导其建立正确的发展观念。

三是对未通过者进行自愿的一对一反馈：每期项目结束后，所有未通过者都可以自愿申请由外部顾问进行一对一的反馈，详细分析个人的差距，并给出未来的发展建议。这种更加开放的对话，需要评委对自己的决策有充分的证据和十足的信心，当然通过对话也能使员工对待该项工作更为信任。

四是要求管理者与所有参与者沟通工作和成长计划：上述反馈始终无法取代管理者在工作中更加细致的指导，因此项目也要求管理者对当年参加的人才进行辅导：对于通过者要给予更大的责任和挑战，而对于未通过者则要给予更多的指导和帮助。

该企业通过几年的工作，构建了一支远超同行的专业人才队伍，这支队伍在助力组织的业务升级方面发挥了巨大的作用。同时，也培养了一大批专业的内部测评师，这些测评师都是企业内部的管理者和高层级专家，他们不仅能参与内部盘点，也在对外的人才招聘中发挥了很大的价值，更通过这种识人的经验，提升了自身发展人才的意识和能力，并在日常工作中更加注重对人才的有效训练。

13.4 自下而上全员盘点

13.4.1 场景分析

没有企业会忘记对年度财务情况进行统计分析，但只有很少的企业会定期盘点自己的人才价值。其中原因无他，只因人才实在不如钱财容易评价。不过"世之奇伟、瑰怪，非常之观，常在于险远，而人之所罕至焉"，虽然这项工作很有难度，但组织只有通过周期性地对人才进行全面的盘点和管理，了解整个组织的人才情况，解决组织各层级人才储备、关键岗位继任、人才任用、队伍培养等问题，才能塑造别人所没有的人才竞争优势。但是在当前的社会中，只有极少数企业能够做到对全部人才的例行盘点和管理，因为这种管理举措会面临非常严峻的挑战。

➤ 由于涉及范围很广，因此无论组织规模大小，要对全员进行周期性的盘点，工作量自然小不了。

➤ 一旦全员参与，就会对组织的每个人都产生影响，如果存在设计或实施的不合理，那么由此产生的损失也会更大。

➤ 盘点对象包括不同职能、不同层级的人才，因此从评价标准到评价过程，在统一和授权之间的平衡点不太容易把握。

13.4.2　解决方案

要在上述挑战下完成全员的人才盘点，需要组织具备能力、意识、文化、机制等方面的条件。但更重要的是，能够采取一种"去中心化"的方式，发动各部门、各层级负责盘点的开展。采取自下而上、滚动推进的盘点方式，是有效应对这些挑战的最佳方案。

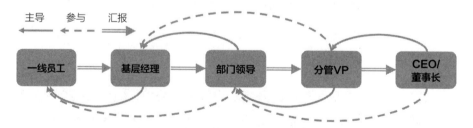

这样的方案根据管理层级的不同步骤略有差异，以一个典型的具有五个管理层级的组织为例，可以采取五个步骤实施盘点。

1. 项目启动及准备

不同于其他人才盘点的场景，全员盘点由于涉及广泛，因此需要设计一系列专门的活动，来提升组织全员对此事的重视度和准备度。这些活动包括但不限于项目启动会、答疑说明、专题培训等。由于项目的复杂性较高，因此需要预留较多的时间来进行各种数据准备、组织协调和后勤支持的筹备工作。

2. 基层经理对一线员工的盘点

全员盘点的模式从基层经理对一线员工的盘点开始，之所以采取自下而上的顺序而非反过来，是因为下一层盘点结果会为上一层盘点所用。在一线员工的述能盘点中，一线员工需要按照模板准备述能材料，并向评委述能汇报，HR代表或外部顾问可以作为评委参加，但评委主要是这些基层经理。部门领导也需要参加这些述能盘点会，主要目的有三：一是可以借机了解下属的识人用人能力；二是可以了解隔级下属的情况；三是可以了解下属功能模块/具体业务的开展情况。

3. 部门领导对基层经理的盘点

在基层经理盘点完一线员工之后，需要形成盘点结果，并整理到自己的述能材料中，参与对自己进行盘点的述能盘点会。此时的评委主要是部门领导，他们对盘点完全负责，分管VP（副总裁）也需要作为评委参加，理由如上。

4. 分管VP对部门领导的盘点

在对基层经理盘点完毕之后，部门领导也需要结合盘点结果，基于

业务发展撰写个人的述能报告，准备接受分管VP的盘点。对部门领导的盘点，由分管VP直接负责，CEO/董事长也需要参与评价。

5. CEO/董事长对分管VP的盘点

对分管VP的盘点流程如上所述。有的组织可能会省略这个部分，不对分管VP进行正式的盘点，但分管VP对管辖下属的盘点，依然要形成正式的结果与行动计划。在最高一级的盘点结束后，需要反过来自上而下地，就之前各层级制订的行动计划进行层层的优化、细化和落实，以使人才盘点的后续工作与组织的战略保持一致，并得到有效执行。

13.4.3 案例分享

某航空公司在重资产的经营模式下，期望探索进一步提升HR价值的可能性。该公司先在一家分公司开启了全员人才盘点与发展项目试点。盘点对象主要包括三个层级：一线员工、基层经理、中层干部。这次盘点对分公司而言，既要对整个公司的人才情况摸底了解，又要从中识别两个层级的高潜力后备人才；对总公司而言，则重在探索建立一套完善的人才管理机制。

基于长远视角下盘点模式可内化的前提，项目设计主要包括六个环节。

前期准备 〉 数据收集 〉 员工盘点 〉 经理盘点 〉 中层盘点 〉 后续行动

1. 前期准备

标准构建：通过人才标准的研究与分析，公司期望未来能够选拔并培养一批在业务上能驾驭复杂、顾全大局，以绩效为导向，在思维上不断变革创新，具有战略思维和客户意识，在团队管理上能激励团队和发展他人，并且以身作则，展现优良品德的干部队伍。素质标准如下。

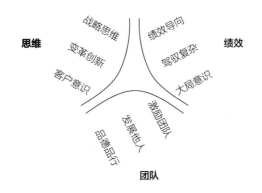

360度反馈题目开发：要让公司的人才标准在内部有更为广泛的认识，就需要应用这些标准来评价和选拔人才。在人才盘点项目中根据素质模型设计了360度反馈题目，用以评价中基层干部在这些素质上的行为表现。

项目启动暨盘点培训：召集了全公司各级管理者开展人才盘点项目启动会，对项目的背景、目标和意义进行了宣贯，介绍了项目流程和各自的工作内容，以及使用的工具、方法的核心概念和应用技巧。

相关模板准备：前期准备工作还包括述能盘点会模板、评委手册、员工发展档案等工具表单的设计。

2. 数据收集

在各个层级的盘点开始前，准备了两个方面的基础数据。

一是从公司的人力资源信息系统中导出所有人员的基本信息，并整理分发给相应的使用者，主要包括岗位情况、工作经历、学习经历、过往绩效表现、人口学变量等基本信息。

二是组织完成相应的测评活动。本次盘点主要使用三个工具：个性潜力测评、360度反馈、领导有效性调研。其中，一线员工只做个性潜力测评，基层经理与中层干部则使用三个工具从特质、行为和结果三个方面进行立体的评价。

根据这些基础数据，要提前准备两张表：基本信息表和上级评价表。基本信息表以上述第一个方面的信息为主，但需要适当更新一线员工的主要成就和主要经验，可以由一线员工本人进行调整，并提交上级确认使用。

员工发展档案——基本信息表示例如下。

个人基本信息					
照片		姓名		部门	
		性别		职级	
		出生日期		直接上级	
		职位		入司时间	
		籍贯		任现职时间	
		政治面貌		本专业年限	
教育经历					
学历	入学时间	毕业时间	学校	院系	专业
工作经历					
开始时间	结束时间	公司	部门	职位	岗位工作年限
个人主要成就					
开始时间	结束时间	完成主要项目或成果描述		本人的角色和作用	

（续表）

个人主要经验		
经验及说明	经验及说明	经验及说明

上级评价表由直接上级完成，各级管理者需要结合上述测评结果，对下级进行预先的深入思考和评价，完成对其素质表现、能力优势、成长阻碍、发展重点及其他方面的评价，并初步设计其发展目标和行动计划等。

员工发展档案——上级评价表示例如下。

人才总体评价					
业绩		三年绩效	2020 年	2021 年	2022 年
领导有效性					
素质		业绩表现	素质潜力		
经验丰富度			低	中	高
离职风险		优秀			
调动意愿		胜任			
岗位重要性		待提升			
素质评价		360 度反馈	个性潜力测评	上级终评	评论
维度一：思维	战略思维				
	变革创新				
	客户意识				
维度二：团队	激励团队				
	发展他人				
	品德品行				
维度三：绩效	绩效导向				
	驾驭复杂				
	大局意识				

（续表）

对优势不足和发展重点的评价与建议					
能力优势					
成长阻碍					
发展重点					
个人发展计划					
发展目标	行动计划	完成时间	资源支持	成功标志	如何监督

3. 员工盘点

由于一线员工数量太多，为了节约时间和成本，项目采用测评校准的模式盘点一线员工：先由基层经理（直接上级）进行预盘点，然后在基层经理的述能过程中进行校准确认。基层经理在预盘点时，需要充分考虑一线员工过去的绩效、经验，参考个性潜力测评的数据，结合自己日常的观察与了解，完成对一线员工的提前评价。

为了更好地帮助基层经理完成这项工作，项目不仅在一开始就做了相关概念、工具、流程的说明，还在准备过程中及准备完成后，提供全周期的专业支持。尤其是在准备完成后，评委会对基层经理所准备的材料进行详细的审阅和建议，以确保相关的理解是正确的。

4. 经理盘点

基层经理除了要准备员工发展档案，对一线员工进行预盘点，还需要按照模板准备述能汇报的材料。在基层经理的述能盘点会上，评委的构成包括中层干部、分管的公司副总、HR代表及外部顾问。会议先由基

340

层经理进行汇报，接受评委提问，然后和评委一起讨论一线员工的预盘点情况，确定一线员工的最终盘点结果。

一线员工的盘点校准过程，也是对基层经理识人用人能力的评价过程。校准完成后，评委会对基层经理做发展性的反馈与建议，再讨论基层经理的优势不足和最终盘点结论。这一过程的主要负责人是其直接上级，其他评委作为顾问为其提供参考意见。

5. 中层盘点

在对基层经理的盘点结束后，中层干部需要根据盘点结果准备自己的述能报告。他们需要向分管的公司副总汇报，同时分公司的总经理也会参会详细了解他们的情况。项目第一年并没有盘点副总，但在第二年副总也要向总经理汇报自己所分管业务和团队的情况，并且总公司组织部会派专人参加。

6. 后续行动

盘点完成后开展了一系列的落地行动，其中主要是三件事情：一是将盘点出来的优秀人才组成一个高潜力人才培养班，开展一系列活动，加速他们的成长；二是上级向下级沟通与反馈其个人情况，细化个人发展计划，并在未来一年的工作中落实这一计划；三是对试点的方案进行总结和优化，并推广到其他分公司。

组织识人用人文化和能力的构建，需要在持续的实践中才能内化，就如同"与善人居，如入芝兰之室，久而不闻其香，即与之化矣；与不善人居，如入鲍鱼之肆，久而不闻其臭，亦与之化矣"。在实践的过程中，需要自上而下地做好示范，客观、认真、准确地评价人才，若不如此，那员工可能会觉得组织用人是暗箱操作。

　　巧匠摹形，大师窃意。以上四种典型场景的方案及案例，只是若干模式和实践中的沧海一粟。管理没有最佳方案，即使标杆企业的"最佳实践"，也不完全具备直接复制的价值。最佳方案，一定是最适合组织发展阶段与特点的方案，需要操刀者实事求是、因地制宜地探索和构建，这需要投入大量的时间和精力，也需要充足的知识和智慧。

后　记

························· ＊ ·························

　　我还在北京师范大学读心理学的研究生时，就已经参与了导师闫巩固老师的很多人才评价项目，包括给新浪开发招聘系统，帮诺和诺德选拔国际管培生，为国家南极科考队选拔越冬队员等。还没毕业，又跟着大师兄李常仓（禾思咨询创始人，《人才盘点》的作者）参与了很多大大小小的咨询项目，接触了很多优秀的企业，如中国国航、中国医药、国家核电、华新水泥、金山软件、太平洋保险、盛大网络等。

　　后来毕了业，想着去甲方近距离地体验人才工作的细节，于是加入了一家军工背景的科技企业做人力资源。可惜由于咨询工作所强化的工作理念和习惯，我难以适应新的文化环境，因此干了不到一年就重新回到了人才管理咨询的老路，并一直持续至今。虽然这些年职业的性质比较单调，一直围绕人的"评价"和"发展"做事情，但接触的企业和案例非常丰富，在这期间与很多人交流过无数关于人的问题。

　　这些问题形形色色，小到"什么是素质"，大到"怎么架构体系"，具体到"评语怎么写"，抽象到"人为什么要工作"……这些问题经常使我猝不及防，有时候觉得"这也是个问题"，但更多的时候觉得"这也是个问题"！

　　这些问题聊得多了，就想更加系统地阐述它们，以便与更多的人进行对话。所以，在上一本关于"发展"的书《成长力觉醒：探寻人生与职业幸福之路》出版后，我就立马着手开始写这本关于"评价"的书。虽然我不奢望此书能使每个满腹狐疑的读者都茅塞顿开，但至少能从理论到实践给予比较系统的描述。一个咨询顾问很容易把自己的书当成广告，"犹抱琵琶半遮面"，但我很真诚地期望读者在看完此书后说："我已对人才盘点这件事情了然于胸，知道该怎么干了。"因此，虽然前面十几章已经写了很多，但还是忍不住再补充一个后记给一些建议。

1. 经常考虑责任而不是任务

一个人的生命，一半为自己，一半为他人，人与人之间责任的消除，就意味着人性的泯灭。同样，在个人与组织之间，也应该强调彼此的责任，尤其是作为人才工作者或团队管理者，我们更要经常考虑自己对组织和员工的责任。**责任是做到，而非做了，是结果，而非过程。**每年都做人才盘点，可能只是完成了任务，并没有尽到为组织保障人才供应的责任。

责任的履行除了雷厉风行地解决问题，更要注意防患于未然。当我们没有选择，或者虽然有很多选择但没有一个选项是好的时，都是因为没有提前布局，使自己陷入了末路。这个时候即使力挽狂澜，也不免要付出巨大的代价。"断指以存腕，利之中取大，害之中取小也"，但不断指岂不更好？所以能解决问题固然有价值，但能避免问题才是更大的价值。

可能有人会想"问题不严峻，功劳不突出"，就像扁鹊三兄弟："长兄于病视神，未有形而除之，故名不出于家。中兄治病，其在毫毛，故名不出于闾。若扁鹊者，镵血脉，投毒药，副肌肤，闲而名出闻于诸侯。"只有当解决的问题是别人造成的时，问题的难易才与贡献的大小相关。如果我们已经在其位谋其政，依然发生意外的严重问题或已有问题的恶化，那也是我们的失职。

2. 有效定义目标、问题和策略

我们的责任需要我们去解决问题，真正有效地解决自己应该解决的问题，做对的事情。**有的人没有聚焦到自己的关键责任，工作目标搞错了，就好像一个科学家很擅长赚钱，或者一个咨询顾问很会打麻将，这都不会为其赢得尊重。**还有的人一直在努力解决问题本身，而没有解决问题背后的底层因素：员工流失多，就增加招聘的要求；人们没工作，就倡导少用机器多用人；工作效率低，就提高考核的标准……这些做法都是扬汤止沸，不会根本解决问题。

按照心理学家丹尼尔·卡尼曼的观点，我们的头脑里有两个系统：自主自动、经验直觉、快速反应的系统1和专注受控、深思熟虑、慢速反应的系统2[①]。系统1是我们头脑中既有的成熟脚本，可以让我们快速行动，但很容易犯错。在系统1的影响下我们很容易形成思维的定式，如认为进攻就要往前冲，防守就要向后退，突围就要快速跑。这种完全忽略实际情况而自动自发的思考和行动，会给我们带来巨大的损失。

在规划人才盘点的工作时，我们需要经常按下暂停键，避免被系统1快思考而劫持，而是要调动系统2进行慢思考，**想清楚工作的真正目标，要解决的根本问题，以及实际有效的策略。**履行自己的责任除了一腔热血，也要经常带着脑子，别让它处在待机状态。

3. 兼顾机制流程和文化能力

组织里每项工作的成果，大概等于"协作机制＋人员能力＋机会运

---

① ［美］丹尼尔·卡尼曼：《思考，快与慢》，胡晓姣等译，中信出版社2012年版。

气"的总和。我们无法通过烧香拜佛搞来红运当头，也不能寄希望于人们能力的突飞猛进，但我们可以构建一个良好的机制。借用经济学家弗里德利希·冯·哈耶克的观点："机制的运行不依赖于发现好人来管理，也不依赖于所有的人会变得比现在更好，但是它会利用各种各样具有复杂性的人们，他们有时好，有时坏，有时聪明，更多的时候是愚蠢的。"①

一个好的机制，应当放大人们的善，约束人们的恶，发挥人们的所长，避免人们的无能。所以，机制要符合组织人群的特点，如果人们更有善意、更有能力，那么机制就可以宽松些、复杂些，如果人们更有恶意、更没能力，那么机制就要更严格、更简单。机制应当随着环境的变化而变化，但如果经常反复或颠覆，也会降低机制的效果。

机制与流程可以使工作事半功倍，可我们还是要对人有积极的期望。虽然人的能力成长缓慢，但比运气还是要可控一些。管理和教育都可以改变人的行为，但教育带来的效果会更加持久有效。**一个人由衷地做一件事情，肯定要好过生硬地被迫营业。**这也是为什么"能力内化"是很多中国企业做好人才盘点的关键成功要素。通过文化和能力的塑造，也可以反过来促进机制和流程发挥更好的作用。

4. 想方设法促进有效执行

工业革命的基础，就是把复杂的工作分解为简单重复的事情，然后让机器来完成这些操作。**如果没有精确的执行，那么再伟大的概念也发挥不出应有的价值**②。同样在一场很多人参与的活动中，要借助他人来完成工作，就必须考虑到执行的有效性。我们经常会把方案设计得很完

---

① [英]弗里德利希·冯·哈耶克：《个人主义与经济秩序》，邓正来编译，复旦大学出版社2012年版。
② [美]沃尔特·艾萨克森：《创新者》，关嘉伟等译，中信出版社2017年版。

美，但忽略了执行者的心理和行为，最终导致方案无法按照计划实施，这不是执行者的问题，而是方案设计者的过错。

很多工作（尤其是人才工作）都是"妥协"的艺术，既要追求各种极致的可能，又要兼顾各种现实的可行，最后很可能发现次优的才是最好的。100分的方案和20%的执行，只能得到20分的结果；60分的方案如果能有60%的执行，就能得到36分的结果。在绝大多数情况下，人们的执行都达不到理想的效果：戒烟戒不掉，减肥还长肉，订单谈不妥，业绩不增长，赚钱不够花……所以我们应当经常刻意要求自己高估执行的困难。

人们不执行或执行不力的原因，无非三个方面：价值上不认可，能力上不会做，条件上不具备。我们可以通过利益关联、价值宣贯、工具支撑、流程简化、教育培训、降低标准、聚焦目标等方式，来增强人们的意愿，降低任务的难度，提升行动的能力，减少资源的需求，以使工作有效执行。

5. 赢取尽量多人的支持

选择次优并不是躺平摆烂，关注执行也不是放弃品质要求，有时候我们要在可靠的基础上追求革新，但更多时候我们要在革新的前提下追求可靠。我经常听到人们说"我们之前不是这样的，我们之前不能那样做"，诚然其中有一些是暂时无法突破的约束条件，但如果我们全部因循守旧，那么事情的结果就不会有任何改变。当我们不屈服于现实，按照心中的理想来开展工作时，又会面临一个巨大的障碍，就是人们心里普遍存在的，把理想主义视为"不切实际"的意识形态。

人才工作最大的阻碍就是人，以及人们内心的假设和信念，所以很多时候我们工作的过程，就是先解决"一些人的问题"，再解决"另一些

人的问题。解决人的问题的方法有很多，但核心原则只有一个——让人们从中得到好处，立马到手的好处或清晰可见的好处。

当我们没有那么多筹码，又要在组织里引发一场人才革命时，就要先争取关键人物的支持，播下火种，并逐渐造势。用格兰诺维特的"骚乱模型"来描述[1]，就是先争取两个意愿最强的管理者，然后形成一股局部的风气，使另外三个观望的管理者愿意加入，并逐渐影响更多摇摆不定甚至坚决反对的管理者加入进来。"理想主义者"仅靠自己的努力和能力很难实现理想，因此只有把人才工作的成果、功劳和价值广泛地分享给其他人，使大家紧密绑定"利出一孔"，最终才能精诚合作"力出一孔"，把人才工作做好。

6. 人才工作者的自我修养

由于人很复杂，所以人才工作者要解决的问题也很繁杂：既要激励先进，又要鞭答落后；既要识别谎言，又要建立信任；既要顾全大局，又要细致入微……面对这些场景，人才工作者要有自己的武器库，这个武器库里自然不能有"班门弄斧、两面三刀、临阵磨枪、口蜜腹剑"，而是要尊重人才、洞悉人性和管理造诣。这三个方面需要不断修炼，方能使我们在面临繁杂的问题时表现得游刃有余。

➤ **尊重人才**：站在人才评价者的角度，我们很容易有高人一等的感觉，尤其是经验稍微丰富时，就会产生"上帝视角"的错觉，喜欢通过对人才的刁难来彰显自己的优越感。这种想法非常错误，相反，我们需要尊重人才，平等又真诚地为人才的发展做考虑，

---

[1] [美]斯科特·佩奇：《模型思维》，贾拥民译，浙江人民出版社2019年版。

即使遇到"冥顽不化、愚蠢至极"的人，也要保持良知和善心，**既要精确"度人"，又要尽力"渡人"。**

➤ **洞悉人性**：做人的工作要洞悉人性，了解人的内在心理特点和规律。虽然我们很难像预测行星轨迹一样准确地预测人的行为，但当我们掌握了个体和群体行为背后的内在原因与规律时，我们至少能预测他们大概的行为方向和临场反应，并有可能通过有效的干预手段，来引导或改变他们的行为。

➤ **管理造诣**：人才既是我们工作的目标，也是达成目标的手段，人才工作既不能脱离对人性的考量，也不能脱离业务经营的常识。我们要把人放到具体的业务环境中去考虑，时刻思考业务对人才的真正需求，而这需要对组织业务、岗位职责有深入的理解，不断强化自身的管理造诣。

我们经常被工作和生活搞得心烦意乱，向往诗和远方，岂不知美丽的田园下面是污臭的淤泥，开阔的海洋总是腥气满天，诗意生活的背后也有鸡飞狗跳。事情有好的一面就一定会有坏的一面，工作也是如此，成就的背后是艰辛，挑战的背后是机遇。人才工作有很多挑战：成果不明显，老板不重视，同事不支持，员工不理解……但这些问题正是我们大显身手的机会。**问题的难度，决定了工作的价值。在市场经济环境下，解决大家都能解决的问题，无法换来丰厚的回报，所以我们应该欢迎困难的问题。**在所有困难中，我们还要正视资源的短缺，这是做任何事都会遇到的麻烦。不过一件事情如果条件齐全、资源充足，那么还要我们干什么？就像一个国家或地区的发展会遭遇"资源陷阱"一样，资源太多也许并非好事，而是"诅咒"。资源越多，人就越不会动脑子思考问题，不需要找到巧妙的杠杆来提升资源的利用效率。**只有把有限的资**

源通过合理的配置，产出尽可能多的成果，才是价值创造的本质，这种
能力才是价值的源泉。

为了真正有助于读者的实践，使其能在工作中通过人才盘点来解决
人才队伍的问题，我很愿意分享书中涉及的一些基本材料和模板，以供
大家使用。但由于这些材料和模板会持续更新迭代，为了避免过时、遗
漏或有错误而无法修补，因此不在书里附加。感兴趣的读者可以关注本
书的同名微信公众号"人才盘点的模式与实践"（PPTalentReview），或者
添加微信号（xiayongjunpptr），获取在人才盘点中可能用到的一些材料和
模板。我也会在平台不定期分享一些围绕"人才评价"和"人才发展"
两个主题的文章，欢迎大家前来探讨与交流。